信息系统管理工程师考试

主 编 薛大龙 刘 伟
副主编 上官绪阳 王建平
　　　　李志生 邹月平

适配**第2版**考纲

32小时通关

中国水利水电出版社
www.waterpub.com.cn
·北京·

内 容 提 要

信息系统管理工程师考试是全国计算机技术与软件专业技术资格（水平）考试（简称"软考"）中的中级资格考试，通过信息系统管理工程师考试可获得工程师职称。

软考目前已经变为机考，同时本科目考试于 2024 年下半年推出了新的考试大纲。本书在全面分析知识点的基础之上，结合新的考试大纲及机考要求，对整个内容架构进行了科学重构。全书采用双色印刷，重点明确，可以极大地提高考生的学习效率。尤其是针对单选题、应用技术等核心考点，分别从理论与实践方面进行了重点梳理，并为了提升考生对知识点的记忆，增加了作者总结的软考速记词。通过学习本书，考生可掌握考试的重点，熟悉试题形式及解答问题的方法和技巧等。

本书可供备考信息系统管理工程师考试的考生学习参考，也可供各类培训班使用。

图书在版编目（CIP）数据

信息系统管理工程师考试 32 小时通关：适配第 2 版考纲 / 薛大龙，刘伟主编. -- 北京：中国水利水电出版社，2025.2. -- ISBN 978-7-5226-3186-8

Ⅰ．C931.6

中国国家版本馆 CIP 数据核字第 2025A9W546 号

责任编辑：周春元　　　加工编辑：王开云　　　封面设计：李　佳

书　　名	信息系统管理工程师考试32小时通关（适配第2版考纲） XINXI XITONG GUANLI GONGCHENGSHI KAOSHI 32 XIAOSHI TONGGUAN（SHIPEI DI 2 BAN KAOGANG）
作　　者	主　编　薛大龙　　刘　伟 副主编　上官绪阳　王建平　李志生　邹月平
出版发行	中国水利水电出版社 （北京市海淀区玉渊潭南路 1 号 D 座　100038） 网址：www.waterpub.com.cn E-mail：mchannel@263.net（答疑） 　　　　sales@mwr.gov.cn 电话：（010）68545888（营销中心）、82562819（组稿）
经　　售	北京科水图书销售有限公司 电话：（010）68545874、63202643 全国各地新华书店和相关出版物销售网点
排　　版	北京万水电子信息有限公司
印　　刷	三河市德贤弘印务有限公司
规　　格	184mm×240mm　16 开本　17.5 印张　422 千字
版　　次	2025 年 2 月第 1 版　2025 年 2 月第 1 次印刷
印　　数	0001—3000 册
定　　价	58.00 元

凡购买我社图书，如有缺页、倒页、脱页的，本社营销中心负责调换

版权所有·侵权必究

全国计算机技术与软件专业技术资格（水平）考试辅导用书编委会

主　任	薛大龙			
副主任	邹月平	姜美荣	胡晓萍	
委　员	刘开向	胡　强	朱　宇	杨亚菲
	施　游	孙烈阳	张　珂	何鹏涛
	王建平	艾教春	王跃利	李志生
	吴芳茜	黄树嘉	刘　伟	兰帅辉
	马利永	王开景	韩　玉	周钰淮
	罗春华	刘松森	陈　健	黄俊玲
	孙俊忠	王　红	赵德端	涂承烨
	余成鸿	贾瑜辉	金　麟	程　刚
	唐　徽	刘　阳	马晓男	孙　灏
	陈振阳	赵志军	顾　玲	上官绪阳
	刘　震	郑　波		

前　　言

本书特点

全国计算机技术与软件专业技术资格（水平）考试历年的全国平均通过率为 10%，软考涉及的知识范围较广，而考生一般又多忙于工作，仅靠官方教程，考生在有限时间内很难领略及把握考试的重点和难点。

本书是根据信息系统管理工程师第 2 版考试大纲编写的，与普通教材相比，本书在保证知识的系统性与完整性的基础上，在易学性、注重考生学习有效性等方面有了大幅度改进和提高。

全书在全面分析知识点的基础之上，对整个学习架构进行了科学重构，可以极大地提高考生学习的有效性。尤其是针对单选题、应用技术等机考环境下的核心考点，分别从理论与实践方面进行了重点梳理。

通过学习本书，考生可掌握考试的重点，熟悉试题形式及解答问题的方法和技巧等。

作者简介

本书由薛大龙、刘伟担任主编，由上官绪阳、王建平、李志生、邹月平担任副主编，各人负责章节如下：第 1～2 章由薛大龙负责，第 3 章由邹月平负责，第 4～8 章由刘伟负责，第 9～12 章由王建平负责，第 13～16 章由李志生负责，第 17～20 章由上官绪阳负责，全书由薛大龙确定架构，各章思维导图由上官绪阳绘制，刘伟统稿，薛大龙定稿。

软考金句王：薛大龙

北京理工大学博士，北京大学客座教授，多所大学特聘硕导，北京市评标专家，财政部政府采购评审专家。曾多次为全国计算机技术与软件专业技术资格（水平）考试提供技术支撑。

薛博士曾多次受邀给中共中央党校、国家农业部、国家工商总局、国家税务总局等单位进行授课，截至目前共受邀给大型国企、上市公司等超过 1000 家企业进行内训，讲授公开课 600 多次，授课学员数超过 118 万人。

薛博士授课幽默风趣，善于利用"抖音讲段子"的风格来讲解很专业的技术类知识点，利用"德云社讲相声"的方式来讲解管理类知识点，利用"唐诗宋词元曲"的方式来编成歌曲谱出知识点，同时针对重要考点编写"速记词或口诀"以增加学员对知识点的记忆，被业内称为"软考金句王"。

软考睿思侠：刘伟

高级工程师，全国计算机技术与软件专业技术资格（水平）考试辅导用书编委会委员，财政部政府采购评审专家，山东省政府采购评审专家。软考资深讲师，信息系统项目管理师，系统规划与管理师，信息系统监理师，系统集成项目管理工程师。主持或参与大型信息化建设项目十余年，具有丰富的实践和管理经验。

多年致力于软考培训事业，曾多次受邀给大型国企、上市公司进行企业内训，拥有丰富的直播及面授培训经验。授课语言精练、逻辑清晰、条理清楚、通俗易懂、突出重点，善于总结规律，研究命题方向，帮助考生快速理解知识要点。授课时善于利用"顺口溜"将难点简单化，利用"实操案例"讲解将疑点清晰化，风趣幽默的风格，更使学习快乐化，被称为"软考睿思侠"。

软考速通侠：上官绪阳

全国计算机技术与软件专业技术资格（水平）考试辅导用书编委会委员，中国软件行业协会 SPMP 授权讲师，信息系统管理工程师，软考信息系统和信息服务系列课程讲师。拥有丰富的直播及面授培训经验，致力于软考培训事业多年，项目管理、系统集成与系统管理经验丰富，具有丰富的企业和高校教学经验。

精于知识要点及考点的提炼和研究，其授课方法独特，轻松有趣，易于理解，善于运用生活案例传授知识要点。尤其擅长带领学员速通拿证，颇有战绩和心得，其学员考试通过率高，备受学员推崇和好评，江湖人称"软考速通侠"。

软考智多星：王建平

全国计算机技术与软件专业技术资格（水平）考试辅导用书编委会委员，高级工程师，系统架构设计师、系统分析师、系统规划与管理师、信息系统项目管理师等。财政部信息化评审专家，十年以上信息化管理从业经验。

软考课程面授名师，多年服务于软考教育领域，理论功底深厚，项目实践经验丰富。多家国企及上市企业授课讲师，授课风趣幽默、深入浅出、语言精练、逻辑清晰，善于在试题中把握要点，总结规律，帮助考生提纲挈领，快速掌握知识要点，深得学员好评，江湖人称"软考智多星"。

软考多面手：李志生

软考面授讲师，工商管理硕士，政府采购评审专家，高级工程师，拥有系统分析师、系统架构设计师、信息系统项目管理师、系统规划与管理师、信息安全工程师、软件评测师、软件设计师、数据库系统工程师、网络工程师、信息系统管理工程师、电子商务设计师、多媒体应用设计师等十余张证书，基础理论知识扎实，有近十年企业内训经验，政务信息化咨询经验十分丰富。因其能讲课程广、持证数量多被称为"软考多面手"。

软考铁娘子：邹月平

全国计算机技术与软件专业技术资格（水平）考试辅导用书编委会副主任,高级工程师,系统分析师，系统架构设计师，信息系统项目管理师，软件设计师，财政部政府采购评审专家；广东省综合评标评审专家；北大博雅客座教授。具备丰富的面授经验，已为多家企业进行近百场内部培训。

邹教授以其精练而深入的语言、清晰而严谨的逻辑，善于在试题中精准捕捉关键要点，总结内在规律，提纲挈领，助力考生快速掌握核心知识，江湖人称"软考铁娘子"。

学习建议

结合考试大纲及各章分值占比，第 1、2、4、11、17～20 章的内容，建议学习时间是每章 1 小时，共 8 小时；第 3、5～10、12～16 章的内容，建议学习时间是每章 2 小时，共 24 小时。

以上学习时间累计共 32 小时，是符合大多数考生的学习计划。但因为每位考生的基础不同，考生还需要结合自己的实际情况，在学完 32 小时之后，针对不熟的知识点，再进行练习，或者强化记忆，直到达到能通过考试的程度。

作者寄语

路虽远，行则将至；事虽难，做则必成。信息系统管理工程师证书是 IT 行业系统管理人员的梦想，只要考生有愚公移山的志气、滴水穿石的毅力，脚踏实地去看书，认认真真学习，积跬步以至千里，积小流以成江海，就一定能够把宏伟目标变为美好现实，使自己真正成为践行中华民族伟大复兴的高级信息化人才。

致谢

感谢中国水利水电出版社的周春元编辑在本书的策划、选题的申报、写作大纲的确定以及编辑出版等方面付出的辛勤劳动和智慧，以及他给予我们的很多帮助。

关注大龙老师抖音，了解最新考试资讯！

编者

2024 年 12 月于北京

目 录

前言

第1章 信息化发展知识点梳理及考点实练 1
- 1.0 章节考点分析 1
- 1.1 信息与信息化考点梳理 2
- 1.2 现代化基础设施考点梳理 6
- 1.3 产业现代化考点梳理 7
- 1.4 数字化转型考点梳理 8
- 1.5 考点实练 10

第2章 信息技术发展知识点梳理及考点实练 11
- 2.0 章节考点分析 11
- 2.1 信息技术及其发展考点梳理 12
- 2.2 新一代信息技术及应用考点梳理 21
- 2.3 考点实练 23

第3章 信息系统架构知识点梳理及考点实练 25
- 3.0 章节考点分析 25
- 3.1 架构基础考点梳理 26
- 3.2 系统架构考点梳理 27
- 3.3 应用架构考点梳理 28
- 3.4 数据架构考点梳理 28
- 3.5 技术架构考点梳理 29
- 3.6 网络架构考点梳理 29
- 3.7 安全架构考点梳理 30
- 3.8 云原生架构考点梳理 32
- 3.9 考点实练 32

第4章 信息系统治理知识点梳理及考点实练 34
- 4.0 章节考点分析 34
- 4.1 IT治理基础考点梳理 35
- 4.2 IT治理体系考点梳理 36
- 4.3 IT治理任务考点梳理 37
- 4.4 IT治理方法与标准考点梳理 37
- 4.5 IT治理的EDM考点梳理 39
- 4.6 IT治理关键域考点梳理 39
- 4.7 考点实练 40

第5章 信息技术服务管理知识点梳理及考点实练 42
- 5.0 章节考点分析 42
- 5.1 IT服务基础特征考点梳理 43
- 5.2 IT服务生命周期考点梳理 45
- 5.3 IT服务质量管理考点梳理 49
- 5.4 考点实练 51

第6章 软件开发过程管理知识点梳理及考点实练 53
- 6.0 章节考点分析 53
- 6.1 基本概念考点梳理 54
- 6.2 软件需求考点梳理 56
- 6.3 软件设计考点梳理 59
- 6.4 软件实现考点梳理 62
- 6.5 部署交付考点梳理 64
- 6.6 全过程管理关注考点梳理 65
- 6.7 软件过程能力成熟度考点梳理 66
- 6.8 软件工厂考点梳理 67
- 6.9 考点实练 68

第7章 系统集成实施管理知识点梳理及考点实练 70
- 7.0 章节考点分析 70

7.1	需求分析与转化考点梳理	71
7.2	设计开发考点梳理	72
7.3	实施交付考点梳理	73
7.4	验证与确认考点梳理	74
7.5	技术管理与资源管理考点梳理	75
7.6	考点实练	75

第8章 信息系统运维管理知识点梳理及考点实练 77

8.0	章节考点分析	77
8.1	运维能力模型考点梳理	78
8.2	运维能力管理考点梳理	79
8.3	运维人员管理考点梳理	80
8.4	运维过程考点梳理	81
8.5	运维资源考点梳理	90
8.6	运维技术考点梳理	92
8.7	智能运维考点梳理	93
8.8	考点实练	96

第9章 云服务及其运营管理知识点梳理及考点实练 98

9.0	章节考点分析	98
9.1	云服务基础考点梳理	99
9.2	云服务规划考点梳理	101
9.3	云服务交付考点梳理	107
9.4	云运维考点梳理	109
9.5	云资源操作考点梳理	115
9.6	云信息安全考点梳理	118
9.7	考点实练	122

第10章 项目管理知识点梳理及考点实练 124

10.0	章节考点分析	124
10.1	启动过程组考点梳理	125
10.2	规划过程组考点梳理	128
10.3	执行过程组考点梳理	132
10.4	监控过程组考点梳理	135
10.5	收尾过程组考点梳理	139
10.6	考点实练	141

第11章 应用系统管理知识点梳理及考点实练 143

11.0	章节考点分析	143
11.1	基础管理考点梳理	144
11.2	运行维护考点梳理	145
11.3	应用系统安全考点梳理	146
11.4	考点实练	148

第12章 网络系统管理知识点梳理及考点实练 150

12.0	章节考点分析	150
12.1	网络管理基础考点梳理	151
12.2	网络日常管理考点梳理	152
12.3	网络资源管理考点梳理	153
12.4	网络应用管理考点梳理	154
12.5	网络安全考点梳理	156
12.6	考点实练	157

第13章 数据中心管理知识点梳理及考点实练 159

13.0	章节考点分析	159
13.1	基础管理考点梳理	160
13.2	机房基础设施管理考点梳理	162
13.3	物理资源管理考点梳理	164
13.4	虚拟资源管理考点梳理	166
13.5	平台资源管理考点梳理	169
13.6	考点实练	171

第14章 桌面与外设管理知识点梳理及考点实练 ... 173

14.0	章节考点分析	173
14.1	概述	174
14.2	台式计算终端运维管理考点梳理	174
14.3	移动计算终端运维管理考点梳理	176
14.4	输入输出设备运维管理考点梳理	177
14.5	存储设备运维管理考点梳理	179
14.6	通信设备运维管理考点梳理	180
14.7	桌面与外设安全考点梳理	182

14.8 考点实练 183

第15章 数据管理知识点梳理及考点实练 184
15.0 章节考点分析 184
15.1 数据管理基础考点梳理 185
15.2 数据战略与治理考点梳理 185
15.3 数据管理组织与职能考点梳理 187
15.4 数据采集与预处理考点梳理 189
15.5 数据存储与容灾考点梳理 190
15.6 数据标准与建模考点梳理 192
15.7 数据仓库和数据资产考点梳理 194
15.8 数据分析及应用考点梳理 195
15.9 数据安全考点梳理 197
15.10 考点实练 198

第16章 信息安全管理知识点梳理及考点实练 201
16.0 章节考点分析 201
16.1 信息安全管理体系考点梳理 202
16.2 风险管理考点梳理 203
16.3 安全策略管理考点梳理 207
16.4 应急响应管理考点梳理 209
16.5 安全等级保护考点梳理 211
16.6 信息安全控制措施考点梳理 213
16.7 考点实练 216

第17章 人员管理知识点梳理及考点实练 219
17.0 章节考点分析 219
17.1 人员管理概述考点梳理 220
17.2 工作分析与岗位设计考点梳理 220
17.3 人力资源战略与计划考点梳理 222
17.4 人员招聘与录用考点梳理 224
17.5 人员培训考点梳理 226
17.6 人员职业规划与管理考点梳理 227
17.7 考点实练 228

第18章 知识管理知识点梳理及考点实练 230
18.0 章节考点分析 230
18.1 知识管理基础考点梳理 231
18.2 获取与收集考点梳理 235
18.3 层次与模型考点梳理 236
18.4 交流与共享考点梳理 240
18.5 转移与应用考点梳理 241
18.6 协同与创新考点梳理 242
18.7 个人知识管理考点梳理 243
18.8 考点实练 245

第19章 IT管理标准化知识点梳理及考点实练 246
19.0 章节考点分析 246
19.1 标准化知识考点梳理 247
19.2 主要标准考点梳理 250
19.3 考点实练 262

第20章 职业素养与法律法规知识点梳理及考点实练 263
20.0 章节考点分析 263
20.1 职业素养考点梳理 264
20.2 法律法规考点梳理 265
20.3 考点实练 269

第1章
信息化发展知识点梳理及考点实练

1.0　章节考点分析

第1章主要学习信息与信息化、现代化基础设施、产业现代化、数字化转型等内容。

根据考试大纲，本章知识点会涉及单项选择题，按以往的出题规律约占4～8分。本章内容属于基础知识范畴，考查的知识点主要来源于考试大纲。本章的架构如图1-1所示。

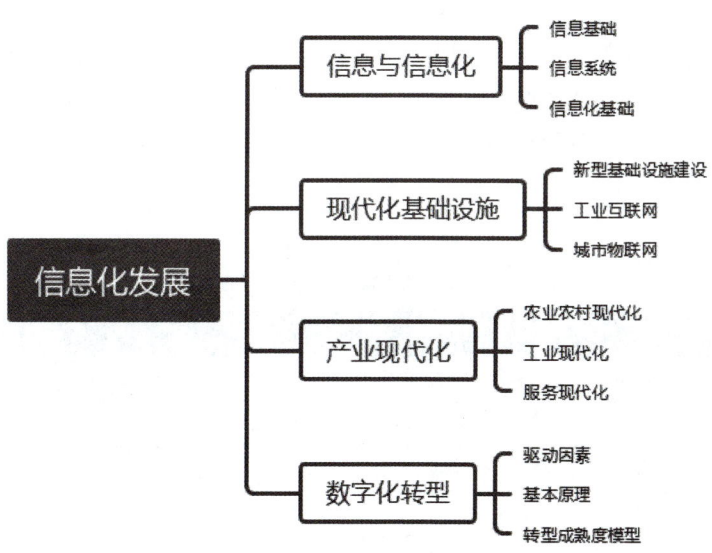

图1-1　本章的架构

【导读小贴士】

信息化是以现代通信、网络、数据库为基础，将所研究对象各要素汇总至数据库，供我们工作、学习、生活和决策等，使用该技术可以极大地提高行为的效率，所以信息系统管理工程师要了解信息化基础知识。

1.1 信息与信息化考点梳理

【基础知识点】

1. 信息基础

（1）信息的定义。

1）信息是物质、能量及其属性的标示的集合。

2）1948 年，香农在《通讯的数学理论》中指出，信息是用来消除随机不定性的东西。创造宇宙万物的最基本单位是信息。他用概率来定量描述信息的公式如下：

$$H = -\sum_{i=1}^{n} p(x_i) \log_2 p(x_i)$$

式中，x_i 为 n 个状态中的第 i 个状态；$p(x_i)$ 为出现第 i 个状态的概率；H 为用以消除系统不确定性所需的信息量，即以比特为单位的负熵。

（2）信息的特征。信息的特征有客观性、普遍性、无限性、动态性、相对性、依附性、变换性、传递性、层次性、系统性和转化性等。（速记词：科普无动向，依变传层细，转！）

（3）信息的质量。信息的质量属性有精确性、完整性、可靠性、及时性、经济性、可验证性和安全性等。（速记词：精完可及经验安）

信息的质量属性及解释见表 1-1。

表 1-1 信息的质量属性及解释

信息的质量属性	解释
精确性	对事物状态描述的精准程度
完整性	对事物状态描述的全面程度
可靠性	信息来源合法，传输过程可信
及时性	信息的获得及时
经济性	信息获取、传输成本经济
可验证性	信息的主要质量属性可以证实或证伪
安全性	信息可以被非授权访问的可能性，可能性越低，安全性越高

信息的应用场合不同，其侧重面也不一样。例如，对于软考真题和答案而言，在开考前，其最重要的特性是安全性；在考试结束后考生核对答案时，其最重要的特性是及时性。

（4）信息的传输模型。信息的传输通常包括<u>信源、信宿、信道、编码、解码和噪声</u>等，信息只有流动起来，才能体现其价值。

信息的传输模型如图 1-2 所示。

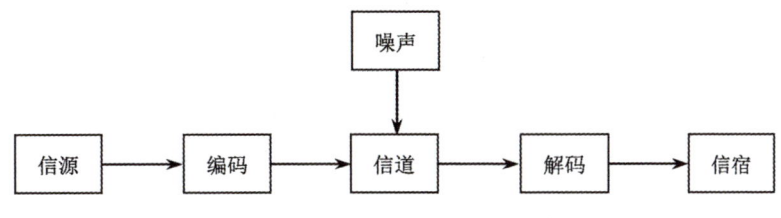

图 1-2　信息的传输模型

2. 信息系统

信息系统一般是指收集、存储、处理和传播各种信息的具有完整功能的集合体。现代信息总是与计算机技术与互联网技术的应用联系在一起，主要是指以计算机为信息处理工具，以网络为信息传输手段的信息系统。

（1）信息系统定义。信息系统是由计算机硬件、网络和通信设备、计算机软件、信息资源、信息用户和规章制度组成的以处理信息流为目的的人机一体化系统。

（2）信息系统发展。1979 年，诺兰通过对 200 多个组织和部门发展信息系统的实践和经验做出总结，提出了信息系统进化的阶段模型，即诺兰模型。

诺兰将计算机信息系统的发展道路划分为 6 个阶段，即：初始阶段、传播阶段、控制阶段、集成阶段、数据管理阶段和成熟阶段。（速记词：初传控集数成）

初始阶段：极个别人具有使用计算机的能力。

传播阶段：数据处理能力得到迅速提高，但数据难以共享。

控制阶段：数据库技术得以应用。

集成阶段：建立集中式的数据库及相应的信息系统。

数据管理阶段：组织选定统一的数据库平台、数据管理体系和信息管理平台，统一数据的管理和使用，各部门基本实现资源整合和信息共享。

成熟阶段：信息系统可以满足组织各个层次的需求，从简单的事务处理到支持高效管理的决策。

其中：前 3 个阶段具有<u>计算机时代</u>的特征，后 3 个阶段具有<u>信息时代</u>的特征，其转折点是进行信息资源规划的时机。

（3）信息系统特性。信息系统是<u>管理模型、信息处理模型和系统实现条件</u>的结合，其抽象模型如图 1-3 所示。

1）管理模型。指系统服务对象领域的专门知识，以及分析和处理该领域问题的模型，又称为对象的处理模型。

2）信息处理模型。指系统处理信息的结构和方法。

3）系统实现条件。指可供应用的计算机技术和通信技术、从事对象领域工作的人员，以及对这些资源的控制与融合。

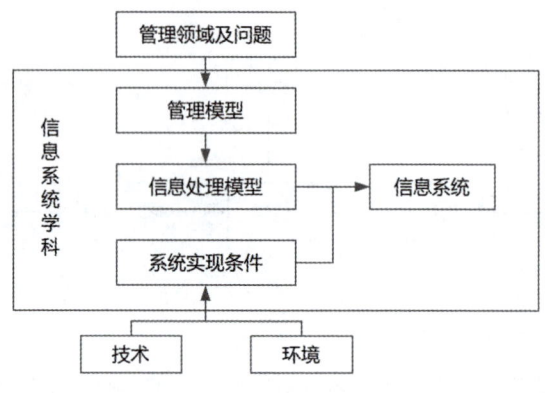

图 1-3　信息系统抽象模型

电子化信息系统的组成部件包括硬件、软件、数据库、网络、存储设备、感知设备、外设、人员以及把数据处理成信息的规程等。对于信息系统而言，信息系统的<u>开放性、脆弱性和健壮性</u>会表现得比较突出。

（4）生命周期。软件的生命周期通常包括<u>可行性分析与项目开发计划、需求分析、概要设计、详细设计、编码、测试、维护等阶段</u>。

信息系统的生命周期可以简化为系统规划（可行性分析与项目开发计划）、系统分析（需求分析）、系统设计（概要设计、详细设计）、系统实施（编码、测试）、系统运行和维护等阶段。（速记词：划分即时运）

（5）信息系统建设原则。

1）高层管理人员介入原则：深入介入信息系统开发建设及运行是首席信息官（Chief Information Officer，CIO）的职责。

2）用户参与开发原则：包括用户有确定的范围、用户参与、用户应当深度参与系统开发等。

3）自顶向下规划原则：自顶向下规划的主要目的是达到信息的一致性。

4）工程化原则：早期的软件产品是一种个体劳动产品，或作坊式的产品，曾在 20 世纪 70 年代出现了软件危机。通过"软件工程"这门学科，在一定程度上解决了软件危机。

5）其他原则：如创新性原则、整体性原则、发展性原则、经济性原则等。

3. 信息化基础

（1）信息化内涵。信息化的核心是要通过<u>全体社会成员</u>的共同努力，在经济和社会各个领域充分应用基于<u>信息技术的先进社会生产工具</u>（表现为各种信息系统或软硬件产品），提高信息时代的社会生产力,并推动生产关系和上层建筑的改革(表现为法律、法规、制度、规范、标准、组织结构等),使国家的综合实力、社会的文明程度和人民的生活质量全面提升。

信息化的内涵包括信息网络体系、信息产业基础、社会运行环境、效用积累过程等。(速记词:内网产社效)

(2)信息化体系。国家信息化体系包括信息技术应用、信息资源、信息网络、信息技术和产业、信息化人才、信息化政策法规和标准规范六个要素,如图1-4所示。(速记词:上鹰下鸡左人右龟,中间织网)

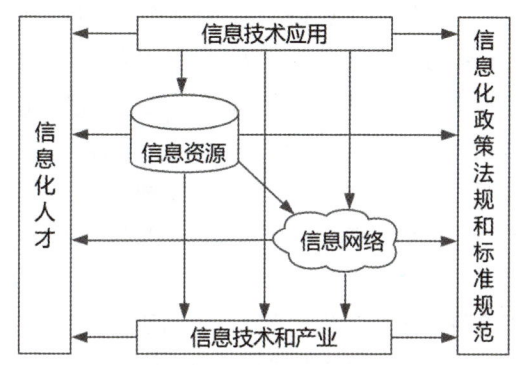

图1-4 国家信息化体系

其中,信息资源是核心、信息技术应用是龙头、信息网络是基础设施、信息技术和产业是国家信息化建设基础、信息化人才是关键、信息化政策法规和标准规范是保障。

(3)信息化趋势。

1)组织信息化趋势。呈现出产品信息化、产业信息化、社会生活信息化和国民经济信息化等趋势和方向。(速记词:品业社国)

产品信息化:物质产品的特征向信息产品的特征迈进;产品具有越来越强的信息处理功能。

产业信息化:农业、工业、服务业等传统产业广泛利用信息技术实现产业内各种资源、要素的优化与重组,从而实现产业的升级。

社会生活信息化:整个社会体系采用先进的信息技术,建立各种互联网平台和网络,生活获得各种便利。

国民经济信息化:指在经济大系统内实现统一的信息大流动,使金融、贸易、投资、计划、营销等组成一个信息大系统,生产、流通、分配、消费等经济的四个环节通过信息进一步连成一个整体。国民经济信息化是世界各国急需实现的目标。

2)国家信息化规划。

《"十四五"国家信息化规划》明确了今后一段时间我国信息化发展重点主要聚焦在数据治理、密码区块链技术、信息互联互通、智能网联和网络安全方面。(速记词:梳密心智王)

1.2　现代化基础设施考点梳理

【基础知识点】

1. 新型基础设施建设（简称"新基建"）

2018 年中央经济工作会议提出"加快 5G 商用步伐，加强人工智能、工业互联网、物联网等新型基础设施建设"，主要包括如下三个方面：（速记词：信融创）

（1）信息基础设施。基于新一代信息技术演化生成的基础设施，包括通信网络基础设施（5G、物联网、工业互联网、卫星互联网。速记词：带"网"的为网络基础设施）。新技术基础设施（人工智能、云计算、区块链。速记词：人云去）。算力基础设施（数据中心、智能计算中心。速记词：带"中心"的为算力）。信息基础设施包括内容的速记词：通心算。

（2）融合基础设施。深度应用互联网、大数据、人工智能等技术，支撑传统基础设施转型升级，进而形成的融合基础设施。包括智能交通基础设施、智慧能源基础设施。（速记词：胶能融，引申场景记忆是橡胶是能够溶解的）

（3）创新基础设施。支撑科学研究、技术开发、产品研制的具有公益属性的基础设施。包括重大科技基础设施、科教基础设施、产业技术创新基础设施，强调"平台新"。（速记词：产科创，产业、科技、科教属于创新基础设施）

2. 工业互联网

（1）内涵和外延。工业互联网是实现人、机、物全面互联的新型网络基础设施，形成智能化发展的新兴业态和应用模式。

从工业经济发展角度看，工业互联网为制造强国建设提供关键支撑。从网络设施发展角度看，工业互联网是网络强国建设的重要内容。

（2）平台体系。工业互联网平台体系具有四大层级：网络是基础，平台是中枢，数据是要素，安全是保障。

1）网络体系是基础，工业互联网网络体系包括网络互联、数据互通和标识解析三部分。

2）平台体系是中枢，工业互联网平台体系包括边缘层、IaaS、PaaS、SaaS 四个层级，相当于工业互联网的操作系统。它的四个作用是数据汇聚、建模分析、知识复用、应用创新。

3）数据体系是要素，工业互联网数据具有重要性、专业性和复杂性等特征，数据的维度和复杂度远超消费互联网，面临采集困难、格式各异、分析复杂等挑战。

4）安全体系是保障，核心任务是通过监测预警、应急响应、检测评估、功能测试等手段确保工业互联网健康有序发展。

（3）融合应用。工业互联网形成了六大类典型应用模式：平台化设计、智能化制造、网络化协同、个性化定制、服务化延伸、数字化管理。（速记词：瓶子网、哥扶树）

3. 城市物联网

（1）物联网与智慧城市。

物联网是指通过信息传感设备，按约定的协议，将任意物体与网络相连接，进行信息交换和通信，以实现智能化识别、定位、跟踪、监管等功能。

智慧城市是指在城市规划、设计、建设、管理与运营等领域中，通过物联网、云计算、大数据、空间地理信息集成等智能计算技术的应用，使得城市管理、教育、医疗、房地产、交通运输、公用事业和公众安全等城市组织的关键基础设施组件和服务更互联、高效和智能，从而为我们提供更美好的生活和工作服务，为企业创造更有利的商业发展环境，为政府赋能更高效的运营与管理机制。

（2）城市物联网应用场景。智慧城市是物联网解决方案的主要应用场景之一，物联网技术采集特定数据，然后数据被用于改善城市的营运，优化城市服务的效率并与市民连接。典型的应用领域包括智慧物流、智能交通、智能安防、智慧能源环保、智能医疗、智慧建筑、智能家居和智能零售等。

1.3 产业现代化考点梳理

【基础知识点】

1. 农业农村现代化

农业现代化是用现代工业装备农业，用现代科学技术改造农业，用现代管理方法管理农业，用现代科学文化知识提高农民素质的过程。

乡村振兴战略聚焦数字赋能农业农村现代化建设，重点建设基础设施、发展智慧农业和建设数字乡村等方面。

2. 工业现代化

（1）新型工业化。与传统的工业化相比，新型工业化有三个重要突破方向：

1）以信息化带动的、实现跨越式发展的工业化。

2）增强可持续发展能力的工业化。

3）充分发挥我国人力资源优势的工业化。

（2）智能制造。

1）智能制造是基于新一代信息通信技术与先进制造技术的深度融合，贯穿于设计、生产、管理、服务等制造活动的各个环节，具有自感知、自学习、自决策、自执行、自适应等功能的新型生产方式，是一种由智能机器和人类专家共同组成的人机一体化智能系统，它在制造过程中能进行智能活动。

2）智能制造能力成熟度模型。智能制造的建设是一项持续性的系统工程，涵盖企业的方方面面。《智能制造能力成熟度模型》（GB/T 39116）明确了智能制造能力建设服务覆盖的能力要素、能力域和能力子域。成熟度等级自低向高分别是一级（规划级）、二级（规范级）、三级（集成级）、四级（优化级）和五级（引领级）。

3. 服务现代化

现代化服务业包括四大类，分别是基础服务、生产和市场服务、个人消费服务、公共服务。

（1）融合形态。

1) 结合型融合，比如在制造过程中，中间投入品中服务投入所占的比例越来越大。

2) 绑定型融合，比如越来越多的制造业实体产品必须和相应的服务产品绑定在一起使用，才能获得完整的功能体验。

3) 延伸型融合，比如以体育文化产业、娱乐产业为代表的服务业引导周边衍生产品的生产需求，从而带动相关制造产业的共同发展。

（2）消费互联网。消费互联网是以个人为用户，以日常生活为应用场景的应用形式，为满足消费者在互联网中的消费需求而生的互联网类型。消费互联网本质是个人虚拟化，以消费者为服务中心。消费互联网的基本属性包括媒体属性和产业属性。

媒体属性：消费互联网由自媒体、社会媒体以及资讯为主的门户网站组成。

产业属性：消费互联网由在线旅行和为消费者提供生活服务的电子商务等其他组成。

1.4 数字化转型考点梳理

【基础知识点】

信息空间成长为第三空间，并与物理空间和社会空间共同构成人类社会的三元空间。

1. 驱动因素

数字化转型是建立在数字化转换、数字化升级的基础上，对组织活动、流程、业务模式和员工能力等方方面面进行重新定义的一种高层次转型。

（1）第四次科技革命。近代人类发展过程中，已经完成了 3 次科技革命，目前正在经历第四次科技革命，每次科技革命都对应一个科学范式。第一科学范式为经验范式，第二科学范式为理论范式，第三科学范式为模拟范式，第四科学范式为数据密集型研究范式。（速记词：经理魔术）

第四科学范式通过新型信息技术的数据洞察，从大数据中自动化挖掘实践经验和理论原理并自行开展模拟仿真，完成基于数据的自决策和自优化，将极大地繁荣应用科学技术。

（2）数据要素的诞生。数据是与土地、劳动力、资本和技术并列的主要生产要素，数据将会是未来社会数字化、智能化发展的重要基础。

（3）信息传播效率突破。社交网络信息传输具有永生性、无限性、即时性以及方向性的特征。永生性指尽管在传播过程中可以控制信息，但它并不会被破坏或消灭。无限性是指信息可以像病毒一样无限地传播下去。即时性是指社交网络信息传播的速度从通信器向接收者传播信息的时间大幅缩短。方向性意味着信息传播具有目的性，某些信息的传播仅是为了传递给特定的人。

（4）社会"智慧主体"快速增加。目前社会的"智慧主体"不只是自然人，它可以是一个互联网账号，一台自动驾驶的汽车、一部智能手机或一个智能机器人。

2. 基本原理

传统发展视角下，组织竞争力的不足主要体现在决策瓶颈、变革制约、知识资产流失、需求响应延迟等。

组织的数字化转型是基于组织既有的治理与管理体系、工艺路径和产品技术、服务活动定义等，打造更加高效的决策效率、更灵活的工艺调度、更多元的产品与服务技术应用和更丰富的业务模式等。

（1）能力因子定义和数字化"封装"。实施数字化转型，组织需要把各项能力和活动进行定义，形成可灵活调度的能力因素，如能力域、能力子域、能力项、能力分项、能力子项。

能力因子的定义可驱动组织的管理精细化，更重要的是能够实现对这些能力因子的数字化"封装"，这种封装不只是对业务流程、工艺过程和技术内容的包装，更是对具体活动的人员、技术、资源、数据、流程的模块化"封装"，形成类似于信息化系统中的对象、类、模块等组件。

（2）基于"互联网+"的调度和决策。通过使用"互联网+"的模式，将沉淀的知识进行数字化提炼，形成数字算法、模型和框架等，让调度和决策脱离你我他等自然人，从而提高调度和决策的效率和科学性。

（3）转型控制。数字化转型不是一个结果，而是一个持续的过程，组织需要有效地管控转型过程。

3. 转型成熟度模型

（1）成熟度模型。数字化转型能力成熟度国家标准《信息技术服务 数字化转型 成熟度模型与评估》（GB/T 43439）给出了各类组织数字化转型的成熟度模型和转型路径。

各类组织数字化转型主要涉及组织、技术、数据、资源、数字化运营、数字化生产、数字化服务。（速记词：足技竖子云生服。场景扩展：足浴技师竖起牌子去进行云原生服务）

（2）成熟度等级。

一级：组织初具转型意识。

二级：组织初步具备基于数据的运营和优化能力。

三级：组织具备数字化转型总体规划并有序实施。

四级：组织将数据作为核心要素，构建算法和模型为业务相关方提供数据智能体验。

五级：组织基于数据持续推动业务活动的优化和创新。

（3）能力发展路径。

一级：应基于市场变化，利用信息技术手段进行客户需求管理；应利用信息技术手段管理销售订单和合同等信息。

二级：应通过信息技术手段编制营销计划等；应通过信息技术手段形成数字化客户档案。

三级：应基于历史数据等进行统计分析，以指导营销；应建立销售、商务、生产与交付、研发与设计等与客户的交互规范，开展满意度调查。

四级：应根据客户需求的变化进行营销预测；通过数字化技术实现与客户的深度交互、产品与服务的个性化定制；应建立客户关系管理系统，开展客户画像绘制等工作。

五级：应动态跟踪客户战略和中长期发展计划，实现自身产品与服务的优化；应通过虚拟现实技术，建立满足营销过程中客户对产品与服务使用场景及使用方式的虚拟体验。

（速记词：一手二段三满意，四画像加五虚拟）

1.5 考点实练

1. $H = -\sum_{i=1}^{n} p(x_i) \log_2 p(x_i)$ 公式是由（　　）提出的。
   A．香农博士　　　B．维纳博士　　　C．薛大龙博士　　　D．薛定谔博士
   答案：A

2. 信息化的内涵不包括（　　）。
   A．信息网络体系　B．信息产业基础　C．信息采集发布　D．效用积累过程
   答案：C

3. 关于工业互联网的平台体系，下列说法错误的是（　　）。
   A．网络是基础　　B．平台是中枢　　C．设备是要素　　D．安全是保障
   答案：C

4. 在制造过程中，中间投入品中服务投入所占的比例越来越大属于（　　）。
   A．绑定型融合　　B．结合型融合　　C．延伸型融合　　D．两化融合
   答案：B

5. （　　）是指通过新型信息技术的数据洞察，从大数据中自动化挖掘实践经验和理论原理并自行开展模拟仿真，完成基于数据的自决策和自优化，将极大繁荣应用科学技术。
   A．第一科学范式　B．第二科学范式　C．第三科学范式　D．第四科学范式
   答案：D

第 2 章
信息技术发展知识点梳理及考点实练

2.0　章节考点分析

第 2 章主要学习信息技术及其发展、新一代信息技术及应用等内容。

根据考试大纲，本章知识点会涉及单项选择题，按以往的出题规律，约占 2～4 分。本章内容属于基础知识范畴，考查的知识点主要来源于考试大纲。本章的架构如图 2-1 所示。

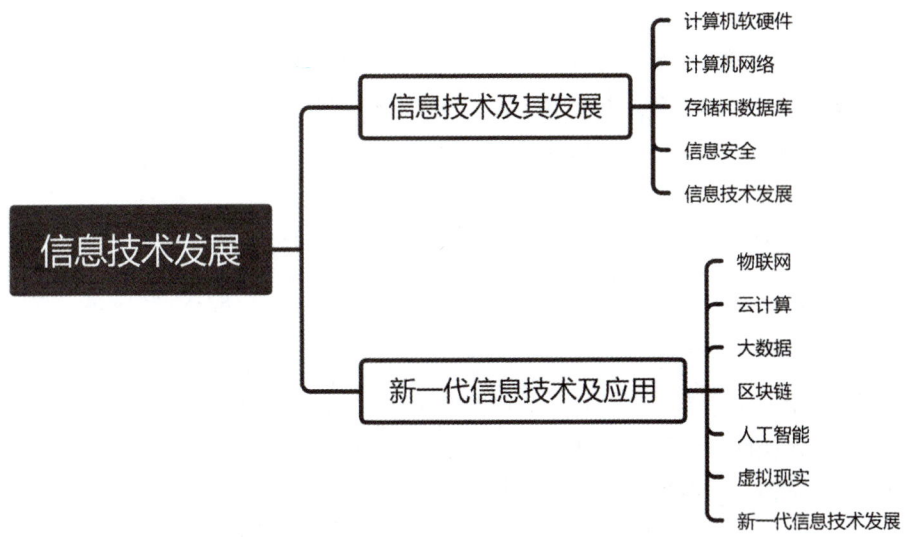

图 2-1　本章的架构

【导读小贴士】

在信息化项目建设过程中,会涉及大量的技术和应用,有的技术对项目的成败影响是至关重要的。本章所要讲述的内容偏重于概念知识,重要知识点有:OSI、TCP/IP、信息安全、存储技术、物联网、大数据、云计算、区块链等。

2.1 信息技术及其发展考点梳理

【基础知识点】

1. 计算机软硬件

(1)计算机硬件是指计算机系统中由电子、机械和光电元件等组成的各种物理装置的总称,为计算机软件运行提供物质基础。

(2)计算机软件是指计算机系统中的程序及其文档,程序是计算任务的处理对象和处理规则的描述;文档是为了便于了解程序所需的阐明性资料。

(3)硬件和软件互相依存,协同发展。硬件是软件赖以工作的物质基础,软件的正常工作是硬件发挥作用的唯一途径。计算机系统必须要配备完善的软件系统才能正常工作,且充分发挥其硬件的各种功能。两者密切交织发展,缺一不可。

(4)计算机硬件主要分为控制器、运算器、存储器、输入设备和输出设备。

(5)计算机软件主要分为系统软件、应用软件、中间件。中间件是位于平台和应用之间的通用服务,这些服务具有标准的程序接口和协议,不管是底层的硬件和系统软件怎样更新换代,只需要将中间件进行升级和更新,应用软件几乎无须任何修改。

2. 计算机网络

计算机网络是将地理位置不同,并具有独立功能的多个计算机系统通过通信设备和线路连接起来,且以功能完善的网络软件(网络协议、信息交换方式及网络操作系统等)实现网络资源共享的系统。

(1)通信基础。一个通信系统包括三大部分:源系统、传输系统和目的系统。

现代关键的通信技术有数字通信技术、传输技术、通信网络技术等。

(2)网络基础。按网络的作用范围划分为个人局域网(PAN)、局域网(LAN)、城域网(MAN)、广域网(WAN)。从网络使用者角度可以将网络分为公用网、专用网。

(3)网络设备。在计算机网络中,按照交换层次的不同,可以分为物理层交换(如电话网)、链路层交换(二层交换:对 MAC 地址进行变更)、网络层交换(三层交换:对 IP 地址进行变更)、传输层交换(四层交换:对端口进行变更)和应用层交换。

网络互联设备有中继器(实现物理层协议转换)、网桥(实现物理层和数据链路层协议转换)、路由器（实现网络层和以下各层协议转换）、网关（提供从最底层到传输层或以上各层的协议转换）和交换机等。表 2-1 是对以上设备的一个总结。

表 2-1　网络互联设备

互联设备	工作层次	主要功能
中继器	物理层	对接收到的信号进行再生和发送，只起到扩展传输距离的作用
网桥	数据链路层	根据帧物理地址进行网络之间的信息转发，可缓解网络通信繁忙度，提高效率。只能够连接相同 MAC 层的网络
路由器	网络层	通过逻辑地址进行网络之间的信息转发，可完成异构网络之间的互联互通
网关	高层（第 4～7 层）	最复杂的网络互联设备，用于连接网络层以上执行不同协议的子网

（速记词：中桥路关，武术忘高）

（4）网络标准协议。网络协议是为计算机网络中进行数据交换而建立的规则、标准或约定的集合。由三个要素即语义、语法和时序组成，语义表示要做什么，语法表示要怎么做，时序表示做的顺序。

1）OSI 协议。OSI 采用分层设计的技术，共分为七层，每层提供一个规范和指引，由各厂家分别提出具体的协议来实现，具体见表 2-2。（速记词：武术忘传会飙鹰）

表 2-2　OSI 七层的主要功能和详细说明

层的名称	主要功能	详细说明	代表协议
应用层	处理网络应用	直接为终端用户服务，提供各类应用过程的接口和用户接口	FTP、SMTP、HTTP、Telnet
表示层	管理数据表示方式	使应用层可以根据其服务解释数据的含义。通常包括数据编码的约定、本地句法的转换，使不同类型的终端可以互相通信，如数据加解密、压缩和格式转换等	GIF、JPEG、DES、ASCII、MPEG
会话层	建立和维护会话连接	负责管理远程用户或进程间的通信，通过安全验证和退出机制确保上下文环境的安全，重建中断的会话场景，维持双方的同步	SQL、NFS、RPC
传输层	端到端传输	实现发送端和接收端的端到端的数据透明传送，TCP 协议保证数据包无差错、按顺序、无丢失和无冗余地传输。其服务访问点为端口	TCP、UDP、SPX
网络层	在源节点和目的节点之间传输	将网络地址（例如，IP 地址）翻译成对应的物理地址（例如，MAC 地址），并决定如何将数据从发送方路由到接收方，以及对网络的诊断等	IP、ICMP、IGMP、ARP、RARP
数据链路层	提供点到点的帧传输	将网络层报文数据分割封装成帧，建立、维持和释放网络实体之间的数据链路，在链路上传输帧并进行差错控制、流量控制等	HDLC、PPP、ATM、IEEE 802.3/.2

续表

层的名称	主要功能	详细说明	代表协议
物理层	在物理链路上传输比特流	通过一系列协议定义了物理链路所具备的机械特性、电气特性、功能特性以及规程特性	FDDI、RS232、RJ-45

2）TCP/IP 协议，是 Internet 的核心，与 OSI 体系结构的对应关系如图 2-2 所示。

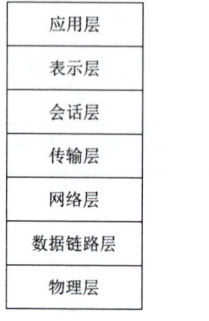

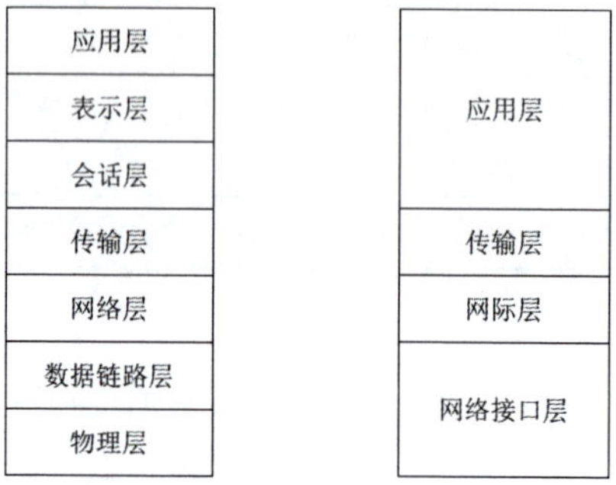

（a）OSI 体系结构　　　（b）TCP/IP 体系结构

图 2-2　OSI 体系结构与 TCP/IP 体系结构的对应关系

在应用层中，TCP/IP 定义了很多面向应用的协议，应用程序通过本层协议利用网络完成数据交互的任务，这些协议见表 2-3。

表 2-3　面向应用的协议

协议名称	功能要点
FTP（文件传输协议）	运行在 TCP 之上，用于网络上两台计算机传送文件，传输模式包括 Bin（二进制）和 ASCII（文本文件），除文本文件外一般用二进制模式传输
TFTP（简单文件传输协议）	建立在 UDP 之上，用于客户机与服务器间简单文件传输，提供不可靠数据流传输服务，不提供存取授权与认证机制，靠超时重传保证数据到达
HTTP（超文本传输协议）	建立在 TCP 之上，用于从 WWW 服务器传输超文本到本地浏览器，可使浏览器更高效、减少网络传输量，能确定传输文档的部分及显示顺序等
SMTP（简单邮件传输协议）	建立在 TCP 之上，提供可靠且有效传输电子邮件服务，建模在 FTP 文件传输服务上，用于传输系统间邮件信息及提供相关通知
DHCP（动态主机配置协议）	建立在 UDP 之上，基于客户机/服务器模型，由 DHCP 服务器集中管理 IP 网络设定数据并处理客户端要求，IP 地址分配方式有固定分配、动态分配和自动分配
Telnet（远程登录协议）	建立在 TCP 之上，基本功能是允许用户登录进入远程计算机系统，新版本可在本地执行更多处理，减少发送到远程计算机的信息数量
DNS（域名系统）	进行域名解析，实现 Internet 上域名与 IP 地址的转换，通过对用户友好的名称查找计算机和服务

续表

协议名称	功能要点
SNMP（简单网络管理协议）	可在多种传输协议上使用，是网络管理规范集合，解决 Internet 上路由器管理问题，已成为网络管理领域工业标准，多数网络管理系统和平台基于此协议
TCP（传输控制协议）	在 IP 协议提供的不可靠数据服务基础上，采用重发技术，为应用程序提供可靠、面向连接、全双工的数据传输服务，用于传输数据量少且对可靠性要求高的场合
UDP（用户数据报协议）	不可靠、无连接协议，保证应用程序进程间通信，错误检测功能弱，用于传输数据量大、对可靠性要求不高但要求速度快的场合

（5）第五代移动通信技术。5G 是具有高速率、低时延特点的新一代移动通信技术。

国际电信联盟（ITU）定义了 5G 的三大类应用场景，即增强移动宽带、超高可靠低时延通信和海量机器类通信。

3. 存储和数据库

存储是计算机系统的重要组成部分，一般以存储器的方式存在，存储器的主要用途是存放程序和数据。

数据库是以一定方式存储在一起，可供多个用户共享，并与应用程序彼此独立的数据的集合。

（1）存储技术。外挂存储根据连接的方式分为直连式存储（Direct-Attached Storage，DAS）和网络化存储（Fabric-Attached Storage，FAS）。网络化存储根据传输协议又分为网络接入存储（Network Attached Storage，NAS）和存储区域网络（Storage Area Network，SAN）。常用存储模式的技术与应用对比见表 2-4。

表 2-4　常用存储模式的技术与应用对比

对比项	DAS	NAS	SAN
安装难易度	不一定	简单	复杂
数据传输协议	SCSI/FC/ATA	TCP/IP	FC
传输对象	数据块	文件	数据块
使用标准文件共享协议	否	是（NFS/CIFS…）	否
异种操作系统文件共享	否	是	需要转换设备
集中式管理	不一定 w	是	需要管理工具
管理难易度	不一定	以网络为基础，容易	不一定，但通常很难
提高服务器效率	否	是	是
灾难忍受度	低	高	高，专有方案

续表

对比项	DAS	NAS	SAN
适合对象	中小组织服务器 捆绑磁盘（JBOD）	中小组织 SOHO 族 组织部门	大型组织 数据中心
应用环境	局域网 文档共享程度低 独立操作平台 服务器数量少	局域网 文档共享程度高 异质格式存储需求高	光纤通道存储区域网 网络环境复杂 文档共享程度高 异质操作系统平台 服务器数量多
业务模式	一般服务器	Web 服务器 多媒体资料存储 文件资料共享	大型资料库 数据库等
档案格式复杂度	低	中	高
容量扩充能力	低	中	高

（2）存储虚拟化。

1）存储虚拟化是"云存储"的核心技术之一。它带给人们直接的好处是提高了存储利用率，降低了存储成本，简化了大型、复杂、异构的存储环境的管理工作。

2）存储虚拟化使存储设备能够转换为逻辑数据存储，隐藏了每个存储设备的特性，形成一个统一的模型，为虚拟机提供磁盘。

3）存储虚拟化技术帮助系统管理虚拟基础架构存储资源，提高资源利用率和灵活性，提高应用正常运行时间。

（3）绿色存储。

1）绿色存储是一个系统设计方案，贯穿于整个存储设计过程，包含存储系统的外部环境、存储架构、存储产品、存储技术、文件系统和软件配置等多方面因素。

2）绿色存储技术的最终目的是提高所有网络存储设备的能源效率，用最少的存储容量来满足业务需求，从而消耗最低的能源。以绿色理念为指导的存储系统最终是<u>存储容量、性能、能耗</u>三者的平衡。

（4）数据结构模型。

1）数据结构模型是数据库系统的核心，描述了在数据库中结构化和操纵数据的方法。

a. 模型的结构部分规定了数据如何被描述（例如，树、表等）。

b. 模型的操纵部分规定了数据的添加、删除、显示、维护、打印、查找、选择、排序和更新等操作。

2）常见的数据结构模型有三种：<u>层次模型、网状模型和关系模型</u>，<u>层次模型和网状模型又统称为格式化数据模型</u>，关系模型则是非格式化数据模型，常见的数据结构模型对比见表 2-5。

表 2-5 常见的数据结构模型对比

名称	特点	优点	缺点
层次模型	使用树结构表示实体集之间的关联，节点代表记录类型，连线表示一对多关系	数据结构简单清晰，查询效率高，可提供良好完整性支持	现实世界中很多联系是非层次性的，操作限制多，结构严密导致命令趋于程序化
网状模型	使用有向图结构表示实体类型及实体间联系，突破了层次模型的树状结构限制	能更直接描述现实世界，表示多种复杂联系，性能较高	结构复杂，用户不易使用，数据独立性差，需指定存取路径
关系模型	使用二维表格表示实体及实体间联系，基于集合论中的关系概念	数据结构单一，关系规范化，理论基础坚实，概念简单，操作方便	存取路径透明导致查询效率可能不如格式化数据模型，需对查询请求进行优化，增加数据库管理系统开发难度

3）数据库根据存储方式可以分为关系型数据库（Structured Query Language，SQL）和非关系型数据库（Not Only SQL，NoSQL）。

a．主流的关系型数据库有 Oracle、DB2、MySQL、Microsoft SQL Server、Microsoft Access 等，支持事务的 ACID 原则，即原子性（Atomicity）、一致性（Consistency）、隔离性（Isolation）、持久性（Durability），这四种原则保证在事务过程当中数据的正确性。（速记词：吃一个圆）

b．NoSQL 是分布式的、非关系型的、不保证遵循 ACID 原则的数据存储系统。NoSQL 数据存储不需要固定的表结构，通常也不存在连接操作。在大数据存取上具备关系型数据库无法比拟的性能优势。常见的 NoSQL 分为键值数据库、列存储数据库、面向文档数据库和图形数据库四种。常用存储数据库的优缺点见表 2-6。

表 2-6 常用存储数据库的优缺点

数据库类型	特点类型	描述
关系型数据库	优点	（1）容易理解。 （2）使用方便。 （3）易于维护
关系型数据库	缺点	（1）数据读写必须经过 SQL 解析，大量数据、高并发下读写性能不足。 （2）具有固定的表结构，因此扩展困难。 （3）多表的关联查询导致性能欠佳
非关系型数据库	优点	（1）高并发，读取能力强。 （2）基本支持分布式。 （3）简单
非关系型数据库	缺点	（1）事务支持较弱。 （2）通用性差。 （3）无完整约束，复杂业务场景支持较差

17

（5）数据仓库。数据仓库的基础概念包括：ETL（清洗/转换/加载）、元数据、粒度、分割、数据集市、操作数据存储、数据模型、人工关系等。

常见的数据仓库体系结构中的术语有：

1）数据源。数据源是数据仓库系统的基础，是整个系统的数据源泉。

2）数据的存储与管理。数据的存储与管理是整个数据仓库系统的核心和真正关键。

3）联机分析处理（On-Line Analytical Processing，OLAP）。OLAP 对分析需要的数据进行有效集成，按多维模型予以组织，以便进行多角度、多层次的分析，并发现趋势。

4）前端工具。前端工具主要包括各种查询工具、报表工具、分析工具、数据挖掘工具以及各种基于数据仓库或数据集市的应用开发工具。其中数据分析工具主要针对 OLAP 服务器，报表工具、数据挖掘工具主要针对数据仓库。

4. 信息安全

（1）信息安全基础。信息安全三要素（CIA）主要包括：

1）保密性：信息不被未授权者知晓的属性。

2）完整性：信息是正确的、真实的、未被篡改的、完整无缺的属性。

3）可用性：信息可以随时正常使用的属性。

CIA 三要素具有其局限性，它关注的重心在信息，但是对于信息系统安全而言，仅考虑 CIA 是不够的。信息必须依赖其存储、传输、处理及应用的载体而存在，因此针对信息系统，安全可以划分为四个层次：设备安全、数据安全、内容安全、行为安全。（速记词：蛇鼠内行）

1）设备安全：信息系统安全的物质基础，包括设备的稳定性（设备在一定时间内不出故障的概率）、可靠性（设备能在一定时间内正常执行任务的概率）和可用性（设备随时可以正常使用的概率），是信息系统安全的基础。

2）数据安全：涉及数据的秘密性、完整性和可用性，保护数据不受损害。

3）内容安全：确保信息内容在政治、法律和道德上健康，符合国家法律法规和道德规范。

4）行为安全：行为安全是一种动态安全，主要包括行为的秘密性、行为的完整性、行为的可控性。

（2）加密和解密。加密技术包括两个元素：算法和密钥。

密钥加密技术的密码体制分为对称密钥体制和非对称密钥体制两种。对称加密的加密密钥和解密密钥相同，而非对称加密的加密密钥和解密密钥不同。

发信者将明文数据加密成密文，只给合法收信者分配密钥。合法收信者接收到密钥和密文后，实行与加密变换相逆的变换恢复出明文，这一过程称为解密（Decryption）。解密在解密密钥的控制下进行。用于解密的一组数学变换称为解密算法。

对称加密技术采用对称密码编码技术，加密和解密使用相同的密钥，简单快捷、密钥短且破译困难，以 DES 算法为典型代表。

非对称加密技术将传统密码密钥一分为二，分为加密钥 Ke 和解密钥 Kd，公开加密钥、保密解密钥，克服传统密码密钥分配困难，RSA 算法应用广泛，其既可用于加密又可用于数字签名。

Hash 函数是将任意长的报文映射为定长的 Hash 码，也称报文摘要，改变报文的任何一位或多位，都会导致 Hash 码的改变。

数字签名是证明当事者的身份和数据真实性的一种信息。利用 RSA 密码可以同时实现数字签名和数据加密。

认证是证实某事是否名副其实或是否有效的一个过程。

认证和加密的区别：认证用以确保报文的完整性，阻止对手的主动攻击，如冒充、篡改、重播等，而加密用以确保数据的保密性，阻止对手的被动攻击，如截取、窃听等。

认证和数字签名的区别：认证是基于某种收发双方共享的保密数据来认证被鉴别对象的真实性，数字签名中用于验证的签名数据是公开的。

认证允许收发双方互相验证其真实性，不准许第三方验收，而数字签名允许收发双方和第三方都能验证。

数字签名具有发送方不能抵赖、接收方不能伪造，以及具有在公证人面前验证签名真伪的能力，而认证则不一定具备。

（3）信息系统安全。主要包括计算机设备安全、网络安全、操作系统安全、数据库系统安全和应用系统安全等，各系统特点见表 2-7。

表 2-7　各系统特点

安全类型	特点
计算机设备安全	除完整性、机密性和可用性外，还包括抗否认性（通过数字签名提供抗否认服务）、可审计性（利用审计跟踪，保存记录和日志发现问题）、可靠性（在规定条件和时间内完成预定功能的概率）
网络安全	是信息安全的关键载体，互联网开放性等特征带来诸多问题，如信息泄露等多种信息安全问题，且网络协议未针对安全专门设计导致问题频出。常见威胁包括网络监听、口令攻击等多种攻击形式
操作系统安全	是计算机系统最基础软件，是资源管理系统，用户通过它获取资源访问权限。安全威胁主要包括计算机病毒（计算机程序中插入的破坏计算机功能和破坏数据，影响计算机使用并且能够自我复制的一组计算机指令或者程序代码，具备感染性、潜伏性、触发性和破坏性等特性）、逻辑炸弹（满足条件时破坏，无传染性）、特洛伊木马（用于盗取信息等，隐秘性强）、后门（非法代码用于侵入）、隐蔽通道（不受安全策略控制的信息泄露路径）
数据库系统安全	是存储等数据的平台，主要是数据库管理系统安全，主要是存储数据的安全问题
应用系统安全	以计算机设备、网络和数据库安全为基础，要采取防病毒等措施保证自身程序和配置文件的合法性和完整性。服务器端应用大部分基于 Web，Web 安全管理是重要内容之一

19

（4）网络安全技术。主要包括：防火墙、入侵检测与防护、虚拟专用网络、安全扫描、网络蜜罐技术等，各技术特点见表 2-8。

表 2-8　各技术特点

网络安全技术	特点
防火墙	建立在内外网络（内网认为安全可靠，外网认为不安全）边界上的过滤机制，监控进出流量，仅允许安全、核准的信息进入，抵制内部安全威胁。 实现技术包括数据包过滤、应用网关和代理服务
入侵检测与防护	包括入侵检测系统（IDS）和入侵防护系统（IPS）。 IDS 监控网络或系统资源，寻找违反安全策略的行为或攻击迹象，发出报警。 IPS 提供主动防护，预先拦截入侵活动和攻击性网络流量
虚拟专用网络（VPN）	靠 ISP、NSP 在公用网建专用安全通道，连接客户机、传输介质、服务器，用隧道技术作传输介质，有 PPTP、L2TP、IPSec 等隧道技术
安全扫描	包括漏洞扫描、端口扫描、密码类扫描等。 使用扫描器软件自动检测远程或本地主机的安全弱点和系统漏洞
网络蜜罐技术	主动防御技术，模拟易受攻击的主机和服务，吸引攻击者，延缓对真正目标的攻击，提供入侵取证信息和研究攻击行为

（5）Web 威胁防护技术。主要包括：Web 访问控制技术、单点登录技术、网页防篡改技术和 Web 内容安全等。

网页防篡改技术包括时间轮询技术、核心内嵌技术、事件触发技术、文件过滤驱动技术等。

Web 内容安全管理分为电子邮件过滤、网页过滤、反间谍软件三项技术。

（6）下一代防火墙。下一代防火墙在防火墙数据包过滤、网址地址转换、协议状态检查以及 VPN 功能的基础上，新增了如下功能：入侵防御系统、基于应用识别的可视化、智能防火墙。

目前随着云计算的深入应用，下一代防火墙的发展面临着巨大挑战，包括网络边界消失、新型架构的涌现和安全人员的不足等。

（7）安全行为分析技术。即用户和实体行为分析技术（User and Entity Behavior Analytics，UEBA），它提供了用户画像及基于各种分析方法的异常检测，结合基本分析方法和高级分析方法，用打包分析来评估用户和其他实体，发现与用户或实体标准画像或行为相异常的活动所相关的潜在事件。

UEBA 系统通常包括数据获取层、算法分析层和场景应用层。

（8）网络安全态势感知。它是一种基于环境的、动态的、整体的洞悉安全风险的能力。安全态势感知的前提是安全大数据。网络安全态势感知的关键技术主要包括：

1）海量多元异构数据的汇聚融合技术。

2）面向多类型的网络安全威胁评估技术。

3）网络安全态势评估与决策支撑技术。

4）网络安全态势可视化等。

5. 信息技术的发展

（1）计算机硬件技术将向超高速、超小型、平行处理、智能化的方向发展，计算机硬件设备的体积越来越小、速度越来越高、容量越来越大、功耗越来越低、可靠性越来越高。

（2）计算机软件越来越丰富，功能越来越强大，"软件定义一切"的概念成为当前发展的主流。

2.2 新一代信息技术及应用考点梳理

【基础知识点】

物联网、云计算、大数据、区块链、人工智能和虚拟现实等是新一代信息技术与信息资源充分利用的全新业态，是信息化发展的主要趋势，也是信息系统集成领域未来的主要业务范畴。

1. 物联网

（1）物联网主要解决物品与物品、人与物品、人与人，或者人与机器、机器与机器的互连。

（2）物联网架构可分为三层：感知层、网络层和应用层。

（3）物联网的关键技术主要涉及传感器技术、传感网和应用系统框架等。

2. 云计算

（1）按照服务提供的资源层次，云计算可以分为 IaaS、PaaS、SaaS。

它们的主要区别：IaaS 提供计算机能力、存储空间等基础设施方面的服务，这种服务模式需要较大的基础设施投入和长期运营管理经验。PaaS 提供虚拟的操作系统、数据库管理系统、Web 应用等平台化的服务，它的重点不在于直接的经济效益，而更注重构建和形成紧密的产业生态。SaaS 提供应用软件、组件、工作流等虚拟化软件的服务。

（2）云计算的关键技术主要涉及虚拟化技术、云存储技术、多租户和访问控制管理、云安全技术等。

3. 大数据

（1）大数据是具有体量大、结构多样、时效性强等特征的数据，处理大数据需要采用新型计算架构和智能算法等新技术。

（2）大数据的主要特征包括：

1）数据海量：大数据的数据体量巨大，从 TB 级别跃升到 PB 级别（1PB=1024TB）、EB 级别（1EB=1024PB），甚至达到 ZB 级别（1ZB=1024EB）。

2）数据类型多样：大数据的数据类型繁多，一般分为结构化数据和非结构化数据。

3）数据价值密度低：数据价值密度的高低与数据总量的大小成反比。

4）数据处理速度快：为了从海量的数据中快速挖掘数据价值，要求对不同类型的数据进行快速的处理。

(3）大数据关键技术主要包含大数据获取技术、分布式数据处理技术和大数据管理技术，以及大数据应用和服务技术。

4. 区块链

（1）区块链技术提供了开放、分散和容错的事务机制，具有去中心化存储、隐私保护、防篡改等特点。

（2）区块链概念可以理解为以非对称加密算法为基础，以改进的默克尔树为数据结构，使用共识机制、点对点网络、智能合约等技术结合而成的一种分布式存储数据库技术。

（3）区块链分为公有链、联盟链、私有链和混合链四大类。

（4）区块链的典型特征：去中心化、多方维护、时序数据、智能合约、不可篡改、开放共识、安全可信。

（5）关键技术。

1）分布式账本。其核心思想是交易记账，由分布在不同地方的多个节点共同完成，而且每一个节点保存一个唯一、真实账本的副本，它们可以参与监督交易合法性，同时也可以共同为其作证；账本里的任何改动都会在所有的副本中被反映出来，理论上除非所有的节点被破坏，否则整个分布式账本系统是非常稳健的，从而保证了账目数据的安全性。

2）加密算法。一般分为散列（哈希）算法和非对称加密算法。典型的散列算法有 MD5、SHA-1/SHA-2 和 SM3，目前区块链主要使用 SHA-2 中的 SHA-256 算法。常用的非对称加密算法包括 RSA、ElGamal、D-H、ECC（椭圆曲线加密算法）等。

3）共识机制。可基于合规监管、性能效率、资源消耗、容错性等技术进行分析。

5. 人工智能

（1）人工智能是指研究和开发用于模拟、延伸和扩展人类智能的理论、方法、技术及应用系统的一门技术科学。

（2）关键技术主要涉及机器学习、自然语言处理、专家系统等技术。

1）机器学习：是一种自动将模型与数据匹配，并通过训练模型对数据进行"学习"的技术。

2）自然语言处理：它研究能实现人与计算机之间用自然语言进行有效通信的各种理论和方法。

3）专家系统：是一种模拟人类专家解决领域问题的计算机程序系统，通常由人机交互界面、知识库、推理机、解释器、综合数据库、知识获取等六个部分构成。

6. 虚拟现实

（1）虚拟现实是一种可以创立和体验虚拟世界的计算机系统。

（2）虚拟现实技术的主要特征包括沉浸性、交互性、多感知性、构想性和自主性。

（3）随着虚拟现实技术的快速发展，按照其"沉浸性"程度的高低和交互程度的不同，虚拟现实技术已经从桌面虚拟现实系统、沉浸式虚拟现实系统、分布式虚拟现实系统等向着增强式虚拟现实系统和元宇宙的方向发展。

（4）关键技术。

1）人机交互技术：利用 VR 眼镜、控制手柄等传感器设备，能让用户真实感受到周围事物存在的一种三维交互技术。

2）传感器技术：是 VR 技术更好地实现人机交互的关键。

3）动态环境建模技术：利用三维数据建立虚拟环境模型。

4）系统集成技术：包括信息同步、数据转换、模型标定、识别和合成等。

7. 新一代信息技术发展

【基础知识点】

《"十四五"国家信息化规划》明确指出，信息化进入加快数字化发展、建设数字中国的新阶段，为未来信息技术的发展指明了方向。

（1）泛在智能的网络连接设施将是网络技术的发展重点。

（2）大数据技术将继续成为未来发展主流。

（3）新一代信息技术的持续创新将成为国家战略。

（4）从信息化技术转向数字化技术，将是未来国家、社会、产业数字化转型的重要支撑。

（5）新一代信息技术将继续深入与产业结合，引领产业数字化转型发展。

（6）新一代信息技术的发展，将有效支撑社会治理现代化的发展。

（7）新一代信息技术的融合发展，将会打造协同高效的数字政府服务体系。

（8）信息技术发展落脚点将更加聚焦"以信息技术健全基本公共服务体系,改善人民生活品质，让人民群众共享信息化发展成果"。

（9）积极参与全球网络空间治理体系改革，推动数字丝绸之路高质量发展，数字领域国际规则研究制定等。

（10）信息技术有序发展的治理体系是基础，网络安全、信息安全、数据安全的监管技术，数字技术的应用审查机制、监管法律体系、网络安全保障体系和技术能力的建设将会成为技术和管理融合的重要方向。

2.3 考点实练

1．网络层的代表协议不包含（　　）。

A．ARP　　　　B．RARP　　　　C．IGMP　　　　D．HTTP

答案：D

2．加密技术包括算法与（　　）。

A．加密设备　　B．明文　　　　C．密钥　　　　D．密文

答案：C

3．淘宝提供商家快速注册服务，属于云计算中的（　　）。

A．IaaS　　　　B．PaaS　　　　C．SaaS　　　　D．DaaS

答案：C

4．区块链的典型特征不包括（　　）。

　　A．集中维护　　　　B．智能合约　　　　C．不可篡改　　　　D．开放共识

答案：A

5．薛大龙博士在线上课堂授课中，利用 VR 眼镜、控制手柄等传感器设备，使学员真实感受到周围事物存在的一种三维交互技术属于（　　）。

　　A．人机交互技术　　　　　　　　　　B．传感器技术

　　C．动态环境建模技术　　　　　　　　D．系统集成技术

答案：A

第 3 章
信息系统架构知识点梳理及考点实练

3.0 章节考点分析

第 3 章主要学习架构基础、系统架构、应用架构、数据架构、技术架构、网络架构、安全架构、云原生架构等内容。

根据考试大纲，本章知识点会涉及单项选择题，约占 4～12 分。本章内容侧重于概念知识，根据以往全国计算机技术与软件专业技术资格（水平）考试的出题规律，概念知识考查知识点多数参照教材，扩展内容较少。本章的架构如图 3-1 所示。

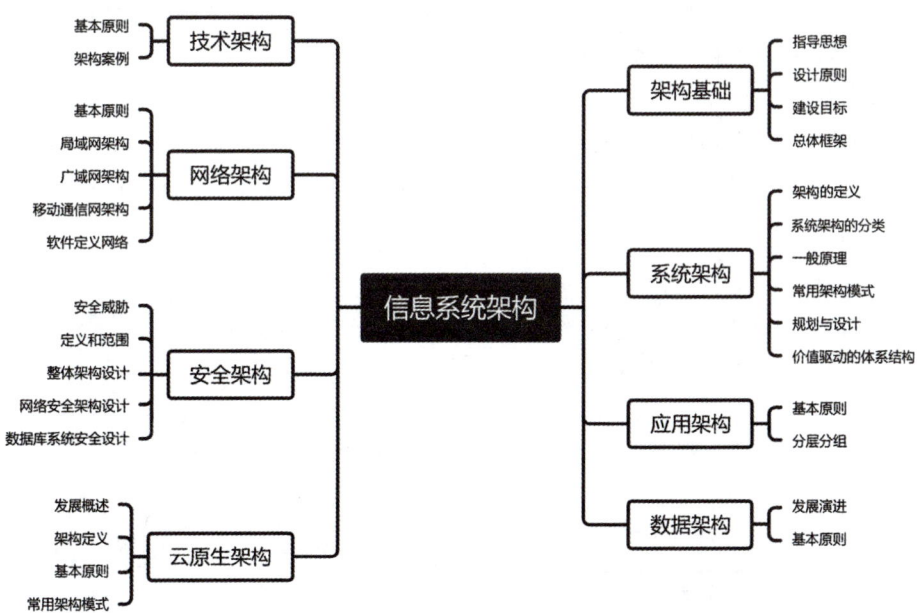

图 3-1 本章的架构

【导读小贴士】

信息系统架构是指体现信息系统相关的组件、关系以及系统的设计和演化原则的基本概念或特性,本章内容对于组织的发展和创新具有重要的意义,它能够提供全面的视角、提高软件质量、提高开发效率。

3.1 架构基础考点梳理

【基础知识点】

1. 指导思想

指导思想是开展某项工作所必须遵循的总体原则、要求和方针等,通过指导思想的贯彻实施,推动项目多元参与者能保持集成关键价值的一致性理解,从而减少不必要的矛盾与冲突。

2. 设计原则

良好的原则是建立在组织的信念和价值观上,并以组织能理解和使用的语言(显性知识方式)表达。设计原则为架构和规划决策、政策、程序和标准制定,以及为矛盾局势的解决提供了坚实的基础。

3. 建设目标

通常相关方高层领导提出的构想、愿景等便是建设目标。信息系统集成架构服务于各项建设目标的达成,各项业务目标都是为建设目标而服务的。

4. 总体框架

信息系统体系架构总体参考框架由四个部分组成,即战略系统、业务系统、应用系统和信息基础设施。(速记词:战略务用基础)。这四个部分相互关联,并构成与管理金字塔一致的层次,如图 3-2 所示。

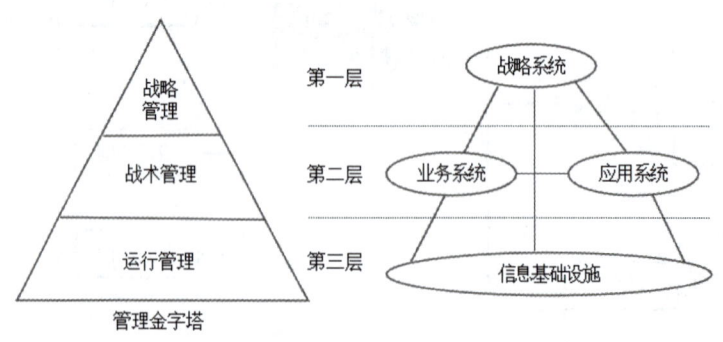

图 3-2 信息系统体系架构的总体框架

3.2 系统架构考点梳理

1. 架构的定义

信息系统架构伴随技术的发展和信息环境的变化，一直处于持续演进和发展中，不同的视角对其定义也不一样，因此对信息系统架构的定义描述，可以从以下六个方面进行理解：①架构是对系统的抽象；②架构由多个结构组成；③任何软件都存在架构，但不一定有对该架构的具体表述文档；④元素及其行为的集合构成架构的内容；⑤架构具有"基础"性；⑥架构隐含"决策"。

2. 系统架构的分类

系统架构的分类如图 3-3 所示。

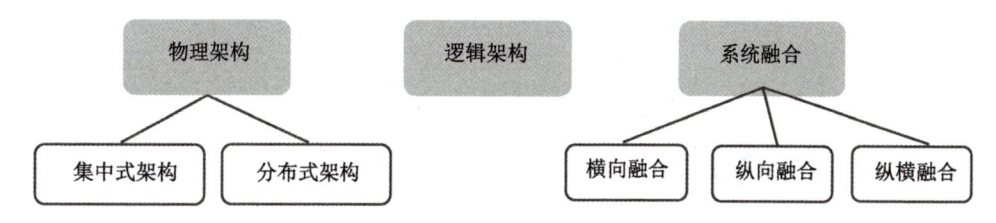

图 3-3 系统架构的分类

3. 一般原理

信息系统架构指的是在<u>全面考虑组织的战略、业务、组织、管理和技术的基础上</u>，着重研究组织信息系统的组成成分及成分之间的关系，建立起<u>多维度分层次的、集成的开放式体系架构</u>，并为组织提供具有一定柔性的信息系统及灵活有效的实现方法。

4. 常用架构模式

常用架构模式主要有单机应用模式、客户端/服务器模式、面向服务架构（SOA）模式、组织级数据交换总线等。（速记词：单客面组）

5. 规划与设计

不同阶段和成熟度条件下的系统集成架构和设计导向见表 3-1。

表 3-1 信息系统架构的分类

集成架构演进	TOGAF 架构开发方法
以应用功能为主线架构	TOGAF 基础
以平台能力为主线架构	ADM 方法
以互联网为主线架构	

6. 价值驱动的体系结构

系统存在的目的是为利益相关方创造价值。

（1）模型概述。价值模型核心的特征可以简化为三种基本形式，即价值期望值、反作用力和变革催化剂。

（2）结构挑战。
- 哪些限制因素影响一个或多个期望值。
- 如果知道了影响，它们满足期望值更容易（积极影响）还是更难（消极影响）。
- 各种影响的影响程度如何，在这种情况下，简单的低、中和高三个等级通常就已经够用了。

最早的体系结构决策产生最大价值才有意义。有几个标准可用于优先化体系结构，建议对重要性、程度、后果和隔离等进行权衡。

（3）模型与结构的联系。价值模型有助于了解和传达关于价值来源的重要信息。它解决一些重要问题，如价值如何流动，期望值和外部因素中存在的相似性和区别，系统要实现这些价值的哪些子集。

架构师通过分解系统产生一般影响的力、特定于某些背景的力和预计随着时间的推移而变化的力，以实现这些期望值。价值模型和软件体系结构的联系是明确而又合乎逻辑的。

3.3 应用架构考点梳理

应用架构的主要内容是规划出目标应用分层分域架构，根据业务架构规划目标应用域、应用组和目标应用组件，形成目标应用架构逻辑视图和系统视图。

1. 基本原则

常用的应用架构规划与设计的基本原则有：业务适配性原则、应用聚合化原则、功能专业化原则、风险最小化原则和资产复用化原则。（速记词：业务应风姿专业）

2. 分层分组

对应用架构进行分层的目的是要实现业务与技术分离，降低各层级之间的耦合性，提高各层的灵活性，有利于进行故障隔离，实现架构松耦合。

应用分层可以体现以客户为中心的系统服务和交互模式，提供面向客户服务的应用架构视图。对应用分组的目的是要体现业务功能的分类和聚合，把具有紧密关联的应用或功能内聚为一个组，可以指导应用系统建设，实现系统内高内聚，系统间低耦合，减少重复建设。

3.4 数据架构考点梳理

数据架构的主要内容涉及数据全生命周期之下的架构规划，包括数据的产生、流转、整合、应用、归档和消亡。

1. 发展演进

数据架构的发展演进为单体应用架构时代→数据仓库时代→大数据时代。

2. 基本原则

数据架构遵循的基本原则包括：①数据分层原则；②数据处理效率原则；③数据一致性原则；④数据架构可扩展性原则；⑤服务于业务原则。（速记词：分小瑜伽服，扩展理解：大家来分一下小号的瑜伽服）

3.5 技术架构考点梳理

技术架构遵循的基本原则包括：①成熟度控制原则；②技术一致性原则；③局部可替换原则；④人才技能覆盖原则；⑤创新驱动原则。（速记词：成绩换新人）

成熟度控制是指尽量采用成熟的技术，而不是最新的技术；技术一致性是指尽量统一使用云环境，减少技术异构；局部可替换是指需要考虑该技术可否长期使用，若退役则对系统造成什么影响；人才技能覆盖是因为信息技术的价值发挥离不开人力资源的配合；创新驱动是指要充分挖掘技术的创新价值。

3.6 网络架构考点梳理

1. 基本原则

网络架构遵循的基本原则包括：①高可靠性；②高安全性；③高性能；④可管理性；⑤平台化和架构化。（速记词：俺管性可平价）

2. 局域网架构

局域网指计算机局部区域网络，是一种为单一组织所拥有的专用计算机网络。其特点包括：覆盖地理范围小、数据传输速率高、低误码率、支持多种传输介质。

（1）单核心架构。单核心局域网通常由一台核心二层或三层交换设备充当网络的核心设备，通过若干台接入交换设备将用户设备（如用户计算机、智能设备等）连接到网络中。

（2）双核心架构。双核心架构通常是指核心交换设备采用三层及以上交换机。核心交换设备和接入设备之间可采用 100M/GE/10GE 等以太网连接。

（3）环形架构。环形局域网是由多台核心交换设备连接成双 RPR（Resilient Packet Ring）动态弹性分组环，构建网络的核心。核心交换设备通常采用三层或以上交换机提供业务转发功能。

（4）层次局域网架构。层次局域网（或多层局域网）由核心层交换设备、汇聚层交换设备和接入层交换设备以及用户设备等组成。

（速记词：单双环层）

3. 广域网架构

（1）单核心广域网。单核心广域网通常由一台核心路由设备和各局域网组成。

（2）双核心广域网。双核心广域网通常由两台核心路由设备和各局域网组成。

（3）环形广域网。环形广域网通常是采用三台以上核心路由器设备构成路由环路，用以连接各局域网，实现广域网业务互访。

（4）半冗余广域网。半冗余广域网是由多台核心路由设备连接各局域网而形成的。

（5）对等子域广域网。对等子域网络是通过将广域网的路由设备划分成两个独立的子域，每个子域路由设备采用半冗余方式互连。两个子域之间通过一条或多条链路互连，对等子域中任何路由设备都可接入局域网络。

（6）层次子域广域网。层次子域广域网结构是将大型广域网路由设备划分成多个较为独立的子域，每个子域内路由设备采用半冗余方式互连，多个子域之间存在层次关系，高层次子域连接多个低层次子域。层次子域中任何路由设备都可以接入局域网。

（速记词：单双环半对层，记忆方法：和上面的相比多了2个字）

4. 移动通信网架构

在移动通信网中，5G 常用业务应用方式包括：5GS（5G System）与 DN（Data Network，数据网络）互联、5G 网络边缘计算等。

5. 软件定义网络

（1）SDN 是一种新型网络创新架构，是网络虚拟化的一种实现方式，它可通过软件编程的形式定义和控制网络，其通过将网络设备的控制面与数据面分离开来，从而实现网络流量的灵活控制，使网络变得更加智能，为核心网络及应用的创新提供了良好的平台。

（2）SDN 的整体架构由下到上（由南到北）分为数据平面、控制平面和应用平面。（速记词：数控鹰）

数据平面由交换机等网络通用硬件组成，各个网络设备之间通过不同规则形成的 SDN 数据通路连接。

控制平面包含了逻辑上为中心的 SDN 控制器，它掌握着全局网络信息，负责各种转发规则的控制。

应用平面包含着各种基于 SDN 的网络应用，用户无须关心底层细节就可以编程、部署新应用。

SDN 中的接口具有开放性，以控制器为逻辑中心，南向接口负责与数据平面进行通信，北向接口负责与应用平面进行通信，东西向接口负责多控制器之间的通信。

3.7 安全架构考点梳理

1. 安全威胁

目前，信息系统可能遭受到的威胁可总结为以下四个方面，如图 3-4 所示。

2. 定义和范围

安全架构是在架构层面聚焦信息系统安全方向上的一种细分。安全性体现在信息系统上，通常的系统安全架构、安全技术体系架构和审计架构可组成三道安全防线。（速记词：系俺婶，扩展记忆，这是俺的婶婶）

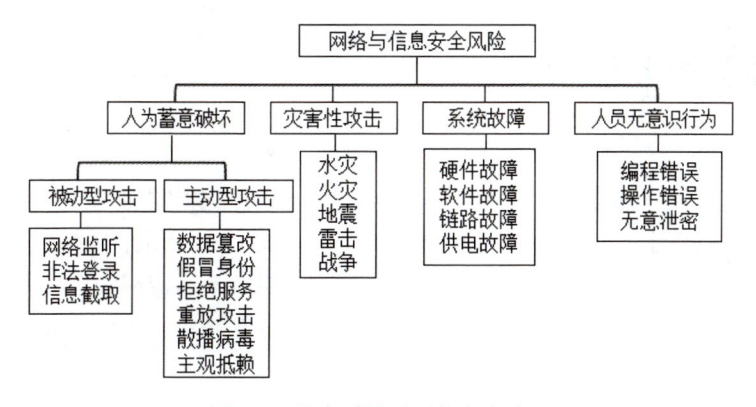

```
                    网络与信息安全风险
         ┌──────────┬──────────┬──────────┐
    人为蓄意破坏  灾害性攻击   系统故障   人员无意识行为
    ┌────┬────┐   水灾       硬件故障    编程错误
  被动型 主动型   火灾       软件故障    操作错误
   攻击  攻击    地震       链路故障    无意泄密
                 雷击       供电故障
  网络监听 数据篡改  战争
  非法登录 假冒身份
  信息截取 拒绝服务
           重放攻击
           散播病毒
           主观抵赖
```

图 3-4　信息系统受到的安全威胁

3. 整体架构设计

构建信息安全保障体系框架包括技术体系、组织机构体系和管理体系等三部分。

WPDRRC 模型六个环节包括：预警（W）、保护（P）、检测（D）、响应（R）、恢复（R）和反击（C）。

三大要素包括：人员、策略和技术。人员是核心，策略是桥梁，技术是保证。

在安全控制系统，可以从物理安全、系统安全、网络安全、应用安全和安全管理等五个方面开展分析与设计工作。

4. 网络安全架构设计

建立信息系统安全体系的目的：将普遍性安全原理与信息系统的实际相结合，形成满足信息系统安全需求的安全体系结构。网络安全体系是信息系统体系的核心之一。

5. 数据库系统安全设计

数据库系统安全设计能保证数据库中的数据不会被有意地攻击或无意地破坏，不会发生数据的外泄、丢失和毁损，保证数据库系统安全的完整性、机密性和可用性。

数据库完整性约束可以通过数据库管理系统（Database Management System，DBMS）或应用程序来实现，基于 DBMS 的完整性约束作为模式的一部分存入数据库中。

数据库完整性设计原则：①静态约束应尽量包含在数据库模式中，而动态约束由应用程序实现；②实体完整性约束和引用完整性约束是关系数据库最重要的完整性约束；③慎用目前主流 DBMS 都支持的触发器功能；④在需求分析阶段就必须制定完整性约束的命名规范；⑤要根据业务规则对数据库完整性进行细致的测试，以尽早排除隐含的完整性约束间的冲突和对性能的影响；⑥要有专职的数据库设计小组，自始至终负责数据库的分析、设计、测试、实施及早期维护；⑦应采用合适的 CASE 工具来降低数据库设计各阶段的工作量。

3.8 云原生架构考点梳理

1. 发展概述

云原生与商业场景的深度融合，主要表现为以下几点：①云原生架构通过对多元算力的支持，满足不同应用场景的个性化算力需求；②通过最新的 DevSecOps 应用开发模式，实现了应用的敏捷开发，提升业务应用的迭代速度，高效响应用户需求，并保证全流程安全；③帮助企业管理好数据，快速构建数据运营能力，实现数据的资产化沉淀和价值挖掘；④保障组织应用在云上安全构建，业务安全运行。

2. 架构定义

云原生架构是基于云原生技术的一组架构原则和设计模式的集合。云原生是面向"云"而设计的应用，因此，技术部分依赖于传统云计算的三层概念，即基础设施即服务（IaaS）、平台即服务（PaaS）和软件即服务（SaaS）。

云原生的代码通常包括三部分：业务代码、三方软件、处理非功能特性的代码。

3. 基本原则

主要包括服务化原则、弹性原则、可观测原则、韧性原则、所有过程自动化原则、零信任原则、架构持续演进等原则。（速记词：肤弹可人，自信演进。扩展记忆：皮肤很好，有弹性，很可人，所以她很自信，并持续下去）

4. 常用架构模式

常用的架构模式主要有服务化架构模式、Mesh（网格）化架构模式、Serverless（无服务器）模式、存储计算分离模式、分布式事务模式、可观测架构、事件驱动等。

3.9 考点实练

1. 在信息系统架构的分类中，（　　）又分为集中式架构和分布式架构。
   A．物理架构　　　B．逻辑架构　　　C．服务架构　　　D．系统融合

   答案：A

2. 下列选项中，不属于数据架构设计的基本原则的是（　　）。
   A．数据分层原则　　　　　　　B．服务于业务原则
   C．创新驱动原则　　　　　　　D．可扩展性原则

   答案：C

3. 常用的应用架构设计原则有（　　）。
   A．业务适配性原则、应用聚合化原则、功能专业化原则、风险最小化原则和资产复用化原则
   B．业务适配性原则、应用聚合化原则、功能专业化原则、风险最小化原则

C．业务适配性原则、应用聚合化原则、功能专业化原则和资产复用化原则

D．业务适配性原则、功能专业化原则、风险最小化原则和资产复用化原则

答案：A

4．WPDRRC 模型三大要素包括人员、（　　）、技术。

　　A．策略　　　　　　B．安全　　　　　　C．服务　　　　　　D．管理

答案：A

第 4 章
信息系统治理知识点梳理及考点实练

4.0 章节考点分析

第 4 章主要学习 IT 治理基础、IT 治理体系、IT 治理任务、IT 治理方法与标准、IT 治理的 EDM、IT 治理关键域等内容。

根据考试大纲，本章知识点会涉及单项选择题及案例分析题，单项选择题预计分值约占 2～3 分。本章内容侧重于概念知识，多数参照教材，扩展内容较少。本章的架构如图 4-1 所示。

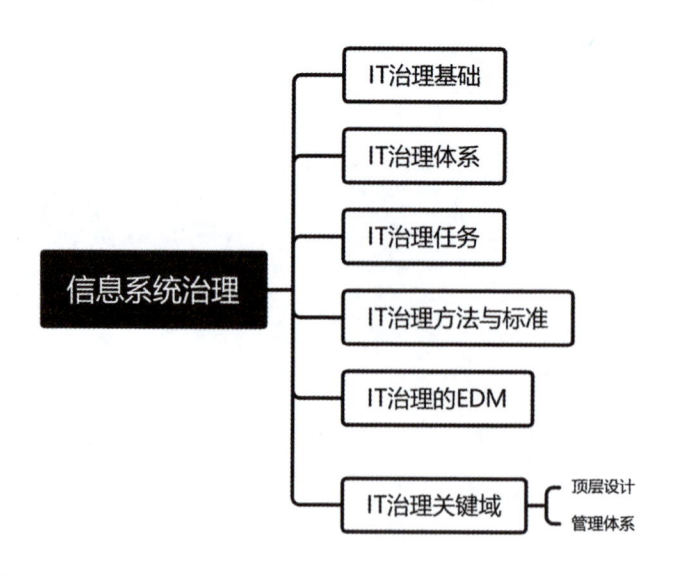

图 4-1 本章的架构

【导读小贴士】

IT治理是描述组织采用有效的机制,对信息技术和数据资源开发利用,平衡信息化发展和数字化转型过程中的风险,确保实现组织的战略目标的过程。本章所要讲述的内容偏重于概念知识。内容比较抽象,读者需要理论结合实践,细心思考。

4.1 IT治理基础考点梳理

【基础知识点】

1. IT治理的驱动因素

(1) IT治理的目标是通过IT治理的决策权和责任影响组织所期望的行为。

(2) 高质量的IT治理能够使组织的IT管理和应用决策与组织期望的行为和业务目标相一致。

(3) 驱动组织开展高质量IT治理因素包括:

1) 良好的IT治理能够确保组织IT投资有效性。

2) IT属于知识高度密集型领域,其价值发挥的弹性较大。

3) IT已经融入组织管理、运行、生产和交付等各领域中,成为各领域高质量发展的重要基础。

4) 信息技术的发展演进以及新兴信息技术的引入,可为组织提供大量新的发展空间和业务机会等。

5) IT治理能够推动组织充分理解IT价值,从而促进IT价值挖掘和融合利用。

6) IT价值不仅仅取决于好的技术,也需要良好的价值管理,场景化的业务融合应用。

7) 高级管理层的管理幅度有限,无法深入到IT每项管理当中,需要采用明确责权利和清晰管理去确保IT价值。

8) 成熟度较高的组织以不同的方式治理IT,获得了领域或行业领先的业务发展效果。

(4) IT治理的内涵主要体现在五个方面:

1) IT治理由组织治理层或高级管理层负责。

2) IT治理强调数字目标与组织战略目标保持一致。

3) IT治理保护利益相关者的权益,对风险进行有效管理,平衡成本提高收益,增强组织的核心竞争力。

4) IT治理是一种制度和机制。

5) IT治理的组成部分包括管理层、组织结构、制度、流程、人员、技术等。

2. IT治理的目标价值及管理层次

(1) IT治理的主要目标包括:保持与业务目标一致、有效利用信息与数据资源、风险管理。

(2) IT治理的管理层次大致可分为三层:最高管理层、执行管理层、业务与服务执行层。(速

记词：高职业）

1）最高管理层的主要职责包括：证实 IT 战略与业务战略是否一致；证实通过明确的期望和衡量手段交付 IT 价值；指导 IT 战略、平衡支持组织当前和未来发展的投资；指导信息和数据资源的分配。

2）执行管理层的主要职责包括：制定 IT 的目标；分析新技术的机遇和风险；建设关键过程与核心竞争力；分配责任、定义规程、衡量业绩；管理风险和获得可靠保证等。

3）业务与服务执行层的主要职责包括：信息和数据服务的提供和支持；IT 基础设施的建设和维护；IT 需求的提出和响应。

4.2　IT 治理体系考点梳理

IT 治理用于描述组织在信息化建设和数字化转型的过程中是否采用有效的机制使得信息技术开发利用能够完成组织赋予它的使命。IT 治理的核心关注 IT 定位和信息化建设与数字化转型的责权划分。

（1）IT 治理体系具体构成。

1）IT 定位：IT 应用的期望行为与业务目标一致。

2）IT 治理架构：业务和 IT 在治理委员会中的构成、组织 IT 与各分支机构的 IT 权责边界等。

3）IT 治理内容：投资、风险、绩效、标准和规范等。

4）IT 治理流程：统筹、评估、指导、监督。

5）IT 治理效果：内外评价等。

（2）IT 治理关键决策包括 IT 原则、IT 架构、IT 基础设施、业务应用需求、IT 投资和优先顺序。[速记词：原架（价）基（鸡）、务（物）资优]

（3）IT 治理体系框架。

1）IT 治理体系框架以组织的战略目标为导向，架起了组织战略与 IT 的桥梁，实现了 IT 风险的全面管理以及 IT 资源的合理利用。

2）IT 治理体系框架包括 IT 战略目标、IT 治理组织、IT 治理机制、IT 治理域、IT 治理标准和 IT 绩效目标等部分，形成一整套 IT 治理运行闭环。

（4）IT 治理核心内容。

1）IT 治理本质上关心实现 IT 的业务价值和 IT 风险的规避。前者是通过 IT 与业务战略匹配来实现的，后者通过在组织内部建立相关职责来实现。

2）IT 治理的核心内容包括组织职责、战略匹配、资源管理、价值交付、风险管理和绩效管理六个方面。（速记词：组战资，交风绩）

（5）建立 IT 治理机制的原则包括简单、透明、适合。（速记词：简头饰）

4.3 IT 治理任务考点梳理

组织的 IT 治理活动定义为统筹、指导、监督和改进。组织开展 IT 治理活动的主要任务聚焦在全局统筹、价值导向、机制保障、创新发展、文化助推五个方面。

（1）全局统筹。统筹规划 IT 治理的目标范围、技术环境、发展趋势和人员责权。组织需要关注 IT 发展的规划、实施、检查和改进全过程，重点包括：①制定满足可持续发展的 IT 蓝图；②实施科学决策、集约管理的策略，实现横向的业务集成和纵向的业务管控，通过内外部的监督，确保 IT 与业务的一致性和适用性；③建立适应内外部信息环境变化的持续改进和创新机制。

（2）价值导向。价值导向包括基于实现有效收益，确保预期收益清晰理解，明确实现收益的问责机制。组织需要建立价值递送规则，确保利益相关者明确相应的权利和义务，包括：①认可信息技术、信息系统和数据在组织中的价值；②识别投资目录，并以相应的方式进行评估和管理；③对关键指标进行设定和监督，并对变化和偏差做出及时回应；④权衡实施成本与预期效益，并随组织内外部环境的变化及时调整。

（3）机制保障。组织可以根据相关法律法规、行业管理和上级监管机构发布的规范文件要求，制定本组织的信息技术治理制度并实施，重点聚焦在：①指导建立规范过程管理和痕迹管理，并向利益相关者公开质量设定举措；②评审 IT 管理体系的适宜性、充分性和有效性；③审计 IT 完整性、有效性和合规性；④监督由审计和管理评审提出的改进内容的实施。

（4）创新发展。指利用 IT 创新开拓业务领域、提升管理水平、改进质量、绩效和降低成本，确保实现战略目标的灵活性和对环境变化的适应性。组织可以建立支持创新的人员、技术、制度、资金、风险、文化和市场需求的机制体系，包括：①创造基于业务团队与 IT 团队的深度沟通以及对内外部环境感知和学习的技术创新环境；②确保技术发展、管理创新、模式革新的协调联动；③对组织创新能力进行评估，并对关键创新要素进行分析和评价；④通过促进创新有效抵御风险，并确保创新是组织文化的组成部分。

（5）文化助推。指组织与利益相关者沟通 IT 治理的目标、策略和职责，营造积极向上、沟通包容的组织文化。按照文化营造、实施和改进的生命周期，保障利益相关者的沟通和透明，包括：①建立与 IT 发展相适应的组织文化发展策略；②营造包括知识、技术、管理、情操在内的积极向上的文化氛围；③根据组织内部环境的变化，评估并改进组织文化的管理。

4.4 IT 治理方法与标准考点梳理

（1）IT 治理方法与标准中，比较典型的是我国信息技术服务标准库（Information Technology Service Standards，ITSS）中 IT 治理系列标准、信息和技术治理框架（COBIT）和 IT 治理国际标准（ISO/IEC 38500）等。

（2）ITSS 中 IT 服务治理。

1）在 IT 治理目标和边界确定的情况下，IT 治理围绕决策体系、责任归属、管理流程、内外评价四个方面，通过相关框架体系的研究，规范和引导组织的 IT 治理完成"做什么""如何做""怎么样""如何评价"等问题。

2）IT 治理通用要求。

a.《信息技术服务 治理 第 1 部分：通用要求》（GB/T 34960.1）规定了 IT 治理的模型和框架、实施 IT 治理的原则，以及开展 IT 顶层设计、管理体系和资源的治理要求。

b. 该标准定义的 IT 治理模型包含治理的内外部要求、治理主体、治理方法，以及信息技术及其应用的管理体系。

c. 在该标准中，IT 治理框架包含信息技术顶层设计、管理体系和资源三大治理域。

3）IT 治理实施指南。

a.《信息技术服务 治理 第 2 部分：实施指南》（GB/T 34960.2）明确顶层设计治理、管理体系治理和资源治理的实施要求。

b. 在该标准中，IT 治理实施框架包括治理的实施环境、实施过程和治理域。

（3）信息和技术治理框架。

1）COBIT 是面向整个组织的信息和技术治理及管理框架。

2）COBIT 框架对治理和管理进行了明确区分。

3）COBIT 中治理目标被列入评估、指导和监控（EDM）领域，在这个领域，治理机构将评估战略方案，指导高级管理层执行所选的战略方案并监督战略的实施。

4）治理目标与治理流程有关，而管理目标与管理流程有关。治理流程通常由董事会和执行管理层负责，而管理流程则在高级和中级管理层的职责范围内。

5）COBIT 设计指南描述了组织如何设计量身定制的组织 IT 治理解决方案。高效和有效的 IT 治理系统是创造价值的起点。

6）COBIT 给出了建议设计流程：

a. 了解组织环境和战略。

b. 确定治理系统的初步范围。

c. 优化治理系统的范围。

d. 最终确定治理系统的设计。

（4）IT 治理国际标准。

ISO/IEC FDIS 38500:2014 提供了 IT 良好治理的原则、定义和模式，为组织的治理机构的成员提供了关于在其组织内有效、高效和可接受地使用信息技术（IT）的指导原则。该标准包括责任、战略、收购、性能、一致性、人的行为六个方面。该标准规定治理机构应通过评估、指导和监督三个主要任务来治理 IT。

4.5　IT 治理的 EDM 考点梳理

（1）治理组织可以通过评估（Evaluate）、指导（Direct）、监视（Monitor），简称 EDM，三个方面来治理 IT。（速记词：平指视）

（2）在使用 EDM 的过程中，需要借鉴和使用 ISO 38500 给出的 IT 治理的 6 个原则，即职责分工、IT 支持组织发展、可获得性、可用性、合规性、以人为本。

（3）EDM 的具体过程包括：
1）评估现在和将来对 IT 的利用情况。
2）对策略和方针的相关准备事项和实施进行指导，以保证 IT 的使用是符合业务目标的。
3）监视方针的符合性，以及对应计划的实际绩效。

4.6　IT 治理关键域考点梳理

IT 治理框架包含信息技术三个治理关键域，分别是顶层设计、管理体系和资源，每个治理域由若干治理要素组成。

1. 顶层设计

（1）战略：组织战略是指组织针对其发展进行的全局性、长远性、纲领性目标的策划和选择。战略为组织如何在不断变化的环境和激烈的竞争挑战中生存并不断发展指明了方向，明确了组织当前和未来有可能出现的各种条件，确定了其发展目标以及实现该目标的路径、方式和方法。

1）战略目标是组织在一定的战略期内总体发展的总水平和总任务。它决定了组织在该战略期间的总体发展的主要行动方向，是组织战略的核心。组织的战略目标是多元化的，包含经济性目标和非经济性目标，也包含定量目标和定性目标。

2）常见的组织总体战略类型主要包括：发展型战略、稳定型战略、紧缩型战略、其他类型战略。

3）组织战略通常具备的特性包括全局性、长远性、纲领性、指导性、竞争性、风险性、相对稳定性。

（2）组织：组织需要建立 IT 治理实施的机制和机构，确保治理团队、机构和人员能力满足 IT 治理的需求。IT 治理机制包括授权机制、决策机制和沟通机制；IT 治理机构包括信息技术战略委员会、信息技术管理和服务机构、业务部门、风险管理部门、审计监督部门等。

1）组织愿景：指明了组织的前进方向、组织未来的业务形态、发展和塑造组织形象所确定的战略道路。

2）组织使命：是管理者为组织确定的较长时期的业务发展的总方向、总目的、总特征和总的指导思想，描述了组织所处的社会价值范畴、当前的业务和宗旨。

3）组织文化：是组织发展过程中凸显的精神特质与内涵，是组织区别于其他组织的关键因素。组织文化是组织最为本质的体现之一，是组织发展的原动力。组织文化有两个基本特征：①组织文化具有浓厚的文化属性和良好的执行性；②组织文化提出了组织发展涉及的制度、行为等措施。

（3）架构：一般认为 IT 规划分为三个层面，即 IT 战略、组织架构与 IT 项目，三部分是相互依托、相互促进的，其中架构是核心。

2. 管理体系

综合时间、空间等各个维度，管理体系要素中主要包括质量管理、项目管理、投资管理、服务管理、业务连续性管理、信息安全管理、风险管理、供方管理、资产管理以及其他管理。

（1）质量管理：质量是产品、服务或成果的一系列内在特征满足需求的程度。质量包括满足客户明示的或隐含的需求的能力。保持关注过程和成果的质量，过程和成果要符合项目目标，并与干系人提出的需求、用途和验收标准保持一致。质量管理更加关注过程的质量，侧重于在过程中提前发现和预防错误及缺陷的发生，具体要实现以下目标：①快速交付成果；②尽早识别缺陷并采取预防措施，避免或减少返工和报废。

（2）业务连续性管理：服务连续性管理是一组与组织持续提供服务的能力相关的活动，主要是在发生自然或人为灾难时继续保持服务有效性的活动。服务连续性管理包括业务连续性管理框架、应急管理与灾难恢复。

（3）信息安全管理：信息安全是指信息的保密性、完整性和可用性的保持。构建信息安全保障体系必须从安全的各个方面进行综合考虑，将技术、管理、策略、工程过程等方面紧密结合，尤其要调动高级管理人员的积极性，协调业务部门和 IT 部门的关系，建立合理的信息安全治理结构与流程。

4.7 考点实练

1. IT 治理的目标是通过 IT 治理的（　　）和责任影响组织所期望的行为。
   A．决策权　　　　B．管理权　　　　C．组织期望　　　　D．战略目标
   答案：A

2. 下列选项中，有关 IT 治理的内涵描述错误的是（　　）。
   A．IT 治理保护利益相关者的权益
   B．IT 治理由组织治理层或高级管理层负责
   C．IT 治理强调信息化目标与高层战略目标保持一致
   D．IT 治理是一种制度和机制
   答案：C

3. IT 治理体系框架以组织的（　　）为导向，架起了组织战略与 IT 的桥梁，实现了 IT 风险的全面管理以及 IT 资源的合理利用。
   A．战略目标　　　B．数字化目标　　　C．业务目标　　　D．风险目标
   答案：A

4. 治理组织可以通过评估、（　　）、监视三个方面来治理。

　　A．测试　　　　　　B．指导　　　　　　C．规划　　　　　　D．检查

答案：B

5. 信息安全是指信息的保密性、（　　）和可用性的保持。

　　A．准确性　　　　　B．安全性　　　　　C．连续性　　　　　D．完整性

答案：D

6. IT 治理的管理层次中，最高管理层的主要职责包括（　　）。

　　A．证实 IT 战略与业务战略是否一致

　　B．证实通过明确的期望和衡量手段交付 IT 价值

　　C．分析新技术的机遇和风险

　　D．指导信息和数据资源的分配

答案：C

第 5 章

信息技术服务管理知识点梳理及考点实练

5.0　章节考点分析

第 5 章主要学习信息技术服务部分，包括 IT 服务基础特征、IT 服务生命周期、IT 服务质量管理。根据考试大纲，本章知识点会涉及单项选择题及案例分析题，单项选择题预计分值 2～3 分。本章内容侧重于概念知识，多数参照教材，扩展内容较少。本章的架构如图 5-1 所示。

```
                         ┌─ 服务的特征
            ┌─ IT服务基础特征 ─┼─ IT服务的内涵
            │                ├─ IT服务的外延
            │                └─ IT服务业的特征
            │
            │                ┌─ 战略规划
            │                ├─ 设计实现
信息技术服务管理 ─┼─ IT服务生命周期 ─┼─ 运营提升
            │                ├─ 退役终止
            │                └─ 监督管理
            │
            │                ┌─ IT服务质量管理过程
            └─ IT服务质量管理 ─┼─ IT服务质量评价模型
                             └─ 常见运维服务质量管理活动
```

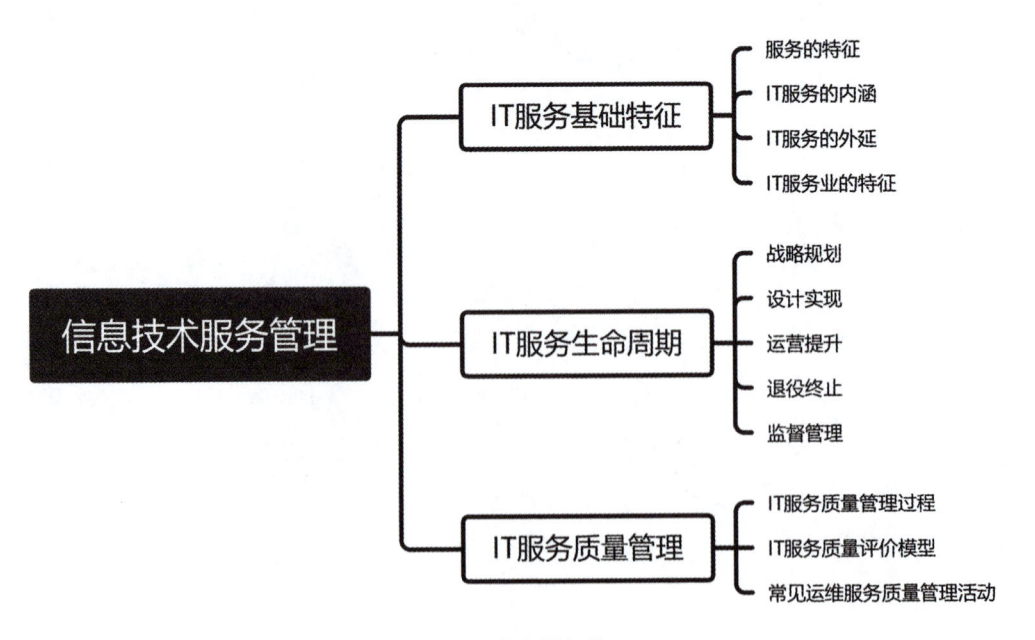

图 5-1　本章的架构

【导读小贴士】

随着以 5G、人工智能、物联网、大数据为代表的新一代信息技术的不断涌现,信息技术服务管理作为支持组织运作、实现组织目标的重要手段,其质量与水平直接影响组织的生存与发展。本章所要讲述的内容,偏概念,侧重于理解,考生要把握住重点记忆部分,拿到该拿分数即可。

5.1 IT服务基础特征考点梳理

【基础知识点】

1. 服务的特征

服务是一种通过提供必要的手段和方法,满足服务接受者需求的过程,其外延是指具备服务本质的一切服务。

服务的特征包括无形性、不可分离性、可变性和不可存储性等(速记词:无不可变),具体见表 5-1。

表 5-1 服务的特征

特征	含义
无形性	指服务在很大程度上是抽象的和无形的,这一特征使得服务不容易向需方展示或沟通交流,因此需方难以评估其质量
不可分离性	又称同步性,指生产和消费是同时进行的,这一特征决定了服务质量管理对服务供方的重要性,其服务的态度和水平直接决定了需方对该项服务的满意度
可变性	也叫异质性,指服务的质量水平会受到相当多因素的影响,因此会经常变化
不可存储性	指服务无法被隐藏起来以备将来使用、转售或退货等

2. IT服务的内涵

IT服务具备本质特征、形态特征、过程特征、阶段特征、效益特征、内部关联性特征及外部关联性特征7个方面的内涵,具体见表 5-2。

表 5-2 服务的内涵

内涵	含义
本质特征	IT服务的组成要素包括人员、过程、技术和资源。就IT服务而言,通常情况下是由具备匹配的知识、技能和经验的人员,合理运用资源,并通过规定过程向需方提供IT服务
形态特征	常见服务形态有IT咨询服务、设计与开发服务、信息系统集成实施服务、数据处理与存储服务、运营服务及其他IT服务等。IT服务在面向IT的服务和驱动的服务两个层面广泛开展

43

续表

内涵	含义
过程特征	IT 服务从项目级、组织级到量化管理级逐步发展，是从计算机单机应用、网络应用、综合管理的逐步提升，具有连续不断和可持续发展的特征
阶段特征	IT 服务是全方位的，无论需方还是供方都需要根据自身需要抓重点、分层次、分阶段地推进 IT 服务，提高 IT 的有效利用
效益特征	对 IT 服务进行深度开发和广泛利用，从整体上提高组织核心竞争力和管理水平，其效益是多方面的
内部关联性特征	保持技术创新和业务模式创新的相互促进、有机融合，实现 IT 服务人才结构优化，建立 IT 服务管理规范，将从机制上为 IT 服务的发展创造条件
外部关联性特征	IT 服务依赖于国民经济和良性竞争的市场环境的形成，依赖于社会信息网络的不断进步，依赖于政府相应的政策支撑、配套人才的培养和产业链上下游组织 IT 应用的逐渐完善

3. IT 服务的外延

IT 服务是"面向 IT 的服务"和"IT 驱动的服务"等服务形态和模式的总和。

（1）面向 IT 的服务：以 IT 为驱动，是服务方利用信息技术向组织提供如何开发、应用信息技术的服务，包括以信息技术为手段提供支持需方业务活动的服务，以及需方自行开展的信息技术服务，比如咨询设计、集成实施和运行维护等 IT 服务。

（2）IT 驱动的服务：侧重于业务应用，是利用信息技术对组织业务的模式、流程和技术进行变革，实现业务"以客户为中心"的转变，同时快速提升业务的竞争力水平。驱动的服务主要包括云服务、数据服务和互联网服务等。

1）云服务，设施即服务（Infrastructure as a Service，IaaS）、平台即服务（Platform as a Service，PaaS）、软件即服务（Software as a Service，SaaS）、知识即服务（Knowledge as a Service，KaaS）、安全即服务（Security as a Service，SECaaS）、数据即服务（Data as a Service，DaaS）等的统称，是对所有与云相关的服务的概括。

2）数据服务，指向需方提供的信息和数据的分析、整理、计算、存储等服务。

3）互联网服务，指通过互联网向用户提供公开性、共享性信息的服务活动。

4. IT 服务业的特征

IT 服务业具备高知识和高技术含量、高集群性、服务过程的交互性、服务的非独立性、知识密集性、产业内部呈金字塔分布、法律和契约的强依赖性以及声誉机制等特征，具体见表 5-3。

表 5-3　IT 服务业的特征

特征	含义
高知识和高技术含量	IT 服务业需要向需方转移高度专业化的知识
高集群性	IT 服务业的出现、发展都集中在大型中心城市

续表

特征	含义
服务过程的交互性	需方参与服务过程,实现隐性知识的传播需要通过专业人员与需方进行大量的互动过程才能完成
服务的非独立性	除了自身具备的知识技术外,IT 服务业会与其他行业机构的技术与成果进行整合
知识密集性	IT 服务业的从业人员需要具备完整的知识结构、丰富的专业知识和实践经验
产业内部呈金字塔分布	IT 服务产品差异性比较大,具有资金需求小、成本低、标准化程度不足等特点,因此进入壁垒相对较低。现代服务业内部结构呈金字塔分布,存在少数大型的组织和多数小型的组织
法律和契约的强依赖性	IT 服务业在提供服务的供方与接受服务的需方间主要以签订服务协议或者契约的形式来确定相关服务事项
声誉机制	需方主要根据供方的声誉来确定对服务的支付意愿。反映供方声誉和质量的证明是决定需方选取和使用的重要因素

5.2　IT 服务生命周期考点梳理

【基础知识点】

IT 服务生存周期是指 IT 服务从战略规划、设计实现、运营提升到退役终止的演变,如图 5-2 所示。

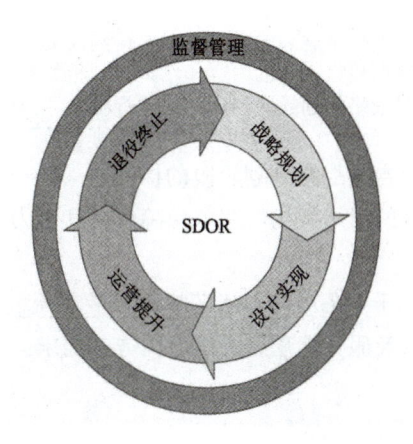

图 5-2　IT 服务生命周期

1. 战略规划

战略规划是从业务战略出发,以需求为中心,对 IT 服务进行全面系统的战略规划,为服务的设计实现做好准备,以确保提供满足需求的服务。

(1) 规划活动。服务战略规划是组织整个 IT 服务发展和能力体系建设之首。在该阶段,需要考虑服务目录、组织架构和管理体系、指标体系和服务保障体系，以及内部评估机制等活动，具体见表 5-4。

表 5-4　规划活动

活动	内容
服务目录	基于组织的 IT 服务发展目标和业务规划，确保可以提供良好稳定的 IT 服务，可以结合自身业务能力、客户需求以及内外部环境策划服务目录。 定义了服务供方所提供服务的全部种类以及服务目标，这些服务包括正在提供的和能够提供的内容
组织架构和管理体系	组织架构与提供的服务内容密切相关，不同的组织架构在管控、成本、创新和效能方面存在巨大差异，需要根据组织总体战略目标和组织治理架构确立，组织架构稳定的周期相对较长，不会频繁调动，这就需要确保一定时期内对 IT 服务能力的支撑情况
指标体系和服务保障体系	确定必要的制度保障，固化对 IT 服务保障能力。这里的制度体系包括组织级的制度，也要包括 IT 服务本身的制度，同时，结合组织整体的质量管理要求，应建立 IT 服务能力审核、监督和检查计划
内部评估机制	（1）服务指标体系大致包括： • 制订各项 IT 服务目标 • 制订目标实施的检查机制 • 制订服务实施结果的测量指标 （2）战略规划阶段的关键成功因素主要包括： • 确保全面考虑业务战略、团队建设、管理过程、技术研发、资源储备的战略规划 • 确保战略规划的内容和结果得到决策层、管理层的承诺和支持 • 确保战略规划的内容和结果得到相关干系人的理解和支持 • 对战略规划的内容和结果进行测量、分析、评审和改进

（2）规划报告。战略规划报告是战略规划阶段的核心成果之一，主要针对已确定的服务目录、服务级别和业务需求来确立相应的组织架构、服务保障体系和能力要素建设等。

2. 设计实现

（1）服务设计。组织需要基于业务战略、运营模式及业务流程特点，设计与开发满足业务发展需求的服务，以确保服务提供及服务管理过程满足需方的需求。

（2）服务部署。

1）衔接服务设计与服务运营的中间活动。

2）根据服务设计和可用于实施的服务设计方案，落实设计和开发服务，建立服务管理过程和制度规范，并完成服务交付等。

3）服务实施不仅可以对某一项具体描述的服务需求进行部署实施，也可以对整体服务要求做相应的部署实施，将服务设计中的所有要素完整地导入组织环境，为服务运营打下基础。

4）服务部署的目标是协调组织组成服务的所有组件，以及与之有关的其他个人、部门或组织，在满足设计环节的要求和限制的前提下，在可接受的时间、成本和质量标准内，确保服务目标和服务需求在组织环境里得到满足。

5）通常情况下，部署实施可分为计划、启动、执行和交付四个阶段。（速记词：记启挚交）

3. 运营提升

服务运营阶段的目的是通过高效的业务关系管理、人员管理、过程管理、技术管理、质量管理以及信息安全管理等，提供优质、可靠、安全性高、需方满意度高的服务，实现需方与供方的双赢。（速记词："业务关系要处好，人员过程协调跑。技术质量都抓好，信息安全不能少。"）

（1）服务运营的关键成功因素主要包括：服务交付结果满足业务运营需求，服务促进了需方业务价值的提升，服务质量的一致性及标准化能力，全面跟踪和理解需方需求变更，具有有效运行的知识管理体系，具有有效的信息安全管理方法、手段和工具。

（2）运营活动。组织根据服务部署情况，全面管理服务运营的要素，持续监督与测量服务，控制服务的变更以及服务运营的风险，以确保服务的正常运行。

（3）要素管理。组织对主要人员、过程、技术、资源等服务运营相关要素进行持续管理。

（4）监督与测量。组织需要对服务运营的目标和计划达成状况进行监督、测量、分析和评价。

（5）风险控制。组织需要通过风险控制对服务运营做出正确的决策，实现服务运营的目标。

4. 退役终止

服务生命周期的最后阶段。在服务退役终止过程中，组织需制订服务终止计划、评估服务终止风险、释放并回收资源、整理项目数据和资料等，确保服务退役终止过程的顺利实施。

（1）制订服务终止计划：组织如果要终止服务，往往需要有书面的服务终止计划。

（2）评估服务终止风险：组织应建立服务终止的风险列表，并对风险等级进行评估，对风险等级较高的风险应制定应对措施方案。在服务退役终止过程中，所面临的风险一般包括数据风险、业务连续性风险、法律法规风险、信息安全风险。

（3）释放并回收资源：组织应做好文件归档，以及财务、人力、基础设施等资源的回收与确认工作。

（4）项目数据处置：组织应与客户协商并明确所有服务数据、项目文档等信息资产的所有权。

5. 监督管理

监督管理贯穿IT服务的全生命周期，且是持续性的，不存在明显的起止时间。监督管理环节的主要活动包括服务风险管理、服务测量、服务质量管理、服务回顾及服务改进。

（1）服务风险管理：风险一旦发生，会对服务产生某种影响。

1）在IT服务提供过程中遇到风险通常包括人员、技术、资源、过程和其他五个方面。

2）风险管理包括策划、组织、领导、协调和控制等活动。（速记词：策组领协控，职场好轻松）

（2）服务测量：服务测量用于获得与服务交付过程相关的各种数据，进而获得服务改进活动所需的各种原始资料。服务测量的主要活动包括人员测量、资源测量、技术测量、过程测量四个方面。

1）人员测量：人员是提供IT服务的基础，应该关注人员培训管理、人员招聘管理、人员绩效管理、人员储备管理、岗位职责管理、人员工作量管理等，具体对应如下测量活动：

- 识别备份工程师的满足度和可用性（现有备份的）。
- 测量人员招聘需求的匹配率（预计招聘的）。
- 收集培训的应用情况。
- 人员能力测量。
- 服务工作量测量（工作配比预测）。
- 岗位职责更新情况。
- 人员绩效考核分配机制测量。
- 实时监控团队工作状态。

2）资源测量：跟踪服务资源现状和变化趋势，针对 IT 服务所涉及的工具、服务台、知识库、备件库等资源进行测量。（速记词：服备工知）

3）技术测量：技术是提供 IT 服务的核心能力要素之一。技术测量活动包括：识别研发规划、识别研发成果、技术手册及 SOP 统计、应急预案实施统计、监控点和阈值统计。

4）过程测量：测量活动至少应该覆盖服务管控和服务执行两个层次。前者主要从业务和用户的视角来测量服务过程，关注服务交付结果；后者主要从技术视角来测量服务过程，关注具体的服务过程和细节。服务管控测量主要指服务级别分析；服务执行测量包括事件统计分析、问题统计分析、变更与发布统计分析、配置统计分析等。

（3）服务质量管理：服务质量是指服务能够满足规定和潜在需求的特征和特性的总和，是 IT 服务能够满足服务需方需求的程度。服务质量管理过程包括质量策划、质量控制、质量保证、质量改进。（速记词：策控保改）

（4）服务回顾：主要目标是为适当的受众回顾各种服务测量数据，并作为后续活动的参考和依据。服务回顾的主要活动有客户回顾和团队内部回顾。

1）客户回顾内容包括：
- 服务合同执行情况。
- 服务目标达成情况。
- 服务绩效（服务级别协议）、成果。
- 满意度调查。
- 服务范围、工作量。
- 客户业务需求的变化。
- 服务中存在的问题及行动计划。
- 上一次会议中制定的行动计划的进展汇报。

2）团队内部回顾内容包括：
- 上周期工作计划回顾。
- 本周期内遇到的特殊或疑难工单。
- 讨论本周内未解决的工单。
- 各小组工作简报。

- 本周期问题回顾。
- 本周期内的工程师 KPI 总结。
- 下周工作计划安排。

（5）服务改进：服务改进的目标是利用管理方针、管理目标、审核结果、服务测量、服务回顾、客户满意度管理、投诉管理及管理评审等活动，促进服务管理能力在有效性和效率方面的持续改进和提升。主要活动包括服务改进设计、服务改进实施、服务改进验证，涉及人员、技术、资源、过程等方面。［速记词：设施验，人技源过全（社师验，人机源过全）］

5.3　IT 服务质量管理考点梳理

1. IT 服务质量管理过程

（1）质量策划。根据质量目标确定工作内容（措施）、职责和权限，然后确定程序和要求，最后才付诸实施的一系列过程。质量管理是指导和控制与质量有关的活动，质量策划是质量管理的一部分，致力于制定质量目标并规定必要的运行过程和相关资源以实现质量目标。质量策划的输入、内容和输出见表 5-5。

表 5-5　质量策划的输入、内容和输出

项目	说明
输入	• 质量方针或上级质量目标的要求 • 顾客和其他相关方的需求和期望 • 与策划内容有关的业绩或成功经历 • 存在的问题点或难点 • 过去的经验教训 • 质量管理体系已明确规定的相关的要求或程序
内容	• 设定质量目标 • 确定达到目标的途径 • 确定相关的职责和权限 • 确定所需的其他资源 • 确定实现目标的方法和工具 • 确定其他的策划需求
输出	• 为什么要进行质量策划或为什么要制订该项质量计划 • 通过质量策划设定质量目标 • 确定下来的各项目具体工作或措施以及负责部门或人员 • 确定下来的资源、方法和工具 • 确定下来的其他内容

（2）质量控制。保证产品和服务质量，并使产品和服务质量不断提高的一种质量管理方法。在组织内部，质量控制是指为达到和保持质量而进行控制的技术措施和管理措施方面的活动。质量控制的要点如下：

- 质量控制范围包括生产过程和质量管理过程。
- 质量控制的关键是使所有质量过程和活动始终处于完全受控状态。
- 质量控制的基础是过程控制。

（3）质量保证。质量保证活动侧重于为满足质量要求提供使对方信任的证据，而质量控制活动侧重于如何满足质量要求。主要内容包括制订质量保证计划、过程与产品质量检查、编制质量保证工作报告和问题跟踪与持续改进。

（4）质量改进。

1) 质量改进是为了消除系统性或者长期性的质量问题，对现有的质量水平在控制的基础上加以提高，使质量达到一个新水平、新高度。

2) 质量控制是质量改进的前提，质量改进是质量控制的发展方向，控制意味着维持其质量水平，改进的效果则是突破或提高。质量控制是面对"今天"的要求，而质量改进是为了"明天"的需要。

3) 质量控制是日常进行的工作，可以纳入"操作规程"中加以贯彻执行。质量改进则是一项阶段性的工作，达到既定目标之后，该项工作就完成了。

4) 质量改进对象：质量改进活动涉及质量管理的全过程，产品质量改进是指改进产品自身的缺陷。

（5）质量改进实施方法。

1) PDCA 实施方法七步骤：明确问题、掌握现状、分析问题产生的原因、拟定对策并实施、确认效果、防止问题再发生并标准化、总结。

2) DMAIC 方法：定义（Define）、测量（Measure）、分析（Analyze）、改进（Improve）、控制（Control）五个阶段构成的过程改进方法。

2. IT 服务质量评价模型

根据《信息技术服务 质量评价指标体系》（GB/T 33850）给出的信息技术服务质量模型，服务质量的五类特性分别为安全性、可靠性、响应性、有形性和友好性。每大类服务质量特性进一步细分为若干子特性。这些特性和子特性适用于定义各类信息技术服务的评价模型，如图 5-3 所示。

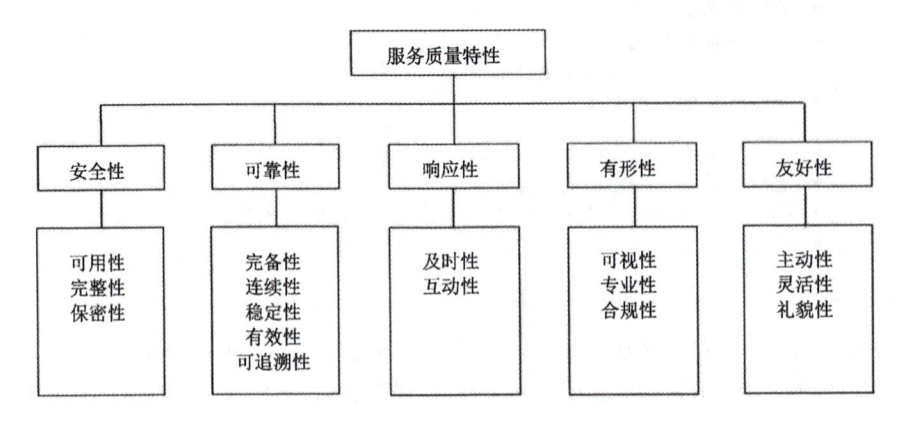

图 5-3 信息技术服务质量模型

3. 常见运维服务质量管理活动

运维服务质量是指服务能够满足规定和潜在需求的特征和特性的总和，运维服务质量管理包括运维服务质量策划、运维服务质量检查和运维服务质量改进等活动。

（1）<u>运维服务质量负责人和运维业务负责人</u>应当定期对运维服务的质量进行整体策划。运维服务质量策划的内容包括：①确定运维服务质量目标；②确定运维服务质量管理的活动；③确定运维服务质量管理相关的职责和权限；④时间安排；⑤形成质量策划文件（正式形式发送相关方）。

（2）常见的运维服务<u>质量管理活动</u>的形式：①项目质量保证；②用户满意度调查；③客户投诉管理；④日常检查；⑤质量文化和质量教育；⑥体系内审及管审。

（3）常见的运维服务<u>质量检查和实施活动</u>包括：①进行满意度调查；②运维各项目质量保证工作实施；③内审；④管理评审；⑤日常检查；⑥质量文化培训。

（4）运维服务<u>质量改进</u>：在运维服务质量改进过程中，运维服务质量负责人和运维业务负责人要定期关注改进情况，一旦出现偏差，要及时给予指导和帮助。

5.4 考点实练

1．在服务的特征中，（　　）特性指服务无法被隐藏起来以备将来使用、转售或退货等。
　　A．无形性　　　　B．不可分离性　　C．可变性　　　　D．不可存储性
答案：D

2．IT 服务是全方位的，无论需方还是供方都需要根据自身需要抓重点，分层次、分阶段地推进 IT 服务，提高 IT 的有效利用，这体现了 IT 服务的（　　）内涵。
　　A．本质特征　　　B．形态特征　　　C．阶段特征　　　D．效益特征
答案：C

3．IT 驱动的服务侧重于业务应用，是利用信息技术对组织业务的模式、流程和技术进行变革，实现业务"以（　　）为中心"的转变。
　　A．服务　　　　　B．客户　　　　　C．业务　　　　　D．驱动
答案：B

4．下列选项中，（　　）不属于 IT 服务生命周期的阶段。
　　A．战略规划　　　B．设计实现　　　C．目标评估　　　D．退役终止
答案：C

5．战略规划是从业务战略出发，以（　　）为中心，对 IT 服务进行全面系统的战略规划，为服务的设计实现做好准备，以确保提供满足需求的服务。
　　A．业务　　　　　B．客户　　　　　C．规划　　　　　D．需求
答案：D

6．在服务回顾阶段，客户回顾内容不包括（　　）。
　　A．本周期内的工程师 KPI 总结　　　　B．客户业务需求的变化

C．服务合同执行情况 　　　　　D．满意度调查

答案：A

7．下列选项中，（　　）不属于质量策划的内容。

A．设定质量目标 　　　　　B．确定达到目标的途径

C．确定所需的其他资源 　　　D．确定下来的资源、方法和工具

答案：D

8．根据《信息技术服务 质量评价指标体系》（GB/T 33850）给出的信息技术服务质量模型，（　　）属于可靠性的内容。

A．互动性　　　B．保密性　　　C．有效性　　　D．礼貌性

答案：C

9．质量控制是指为达到和保持质量而进行控制的技术措施和管理措施方面的活动。以下（　　）不属于质量控制的要点。

A．质量控制范围包括生产过程和质量管理过程

B．消除系统性或者长期性的质量问题

C．质量控制的基础是过程控制

D．质量控制的关键是使所有质量过程和活动始终处于完全受控状态

答案：B

第 6 章 软件开发过程管理知识点梳理及考点实练

6.0 章节考点分析

第 6 章主要学习常见过程模型、软件需求、软件设计、软件实现、部署交付、全过程管理关注、软件过程能力成熟度、软件工厂等内容。

根据考试大纲,本章知识点会涉及单项选择题及案例分析题,单项选择题预计分值 2～3 分。本章内容属于基础知识范畴,考查的知识点大多来源于教材,扩展内容较少,考生需理解和掌握易考知识点。本章的架构如图 6-1 所示。

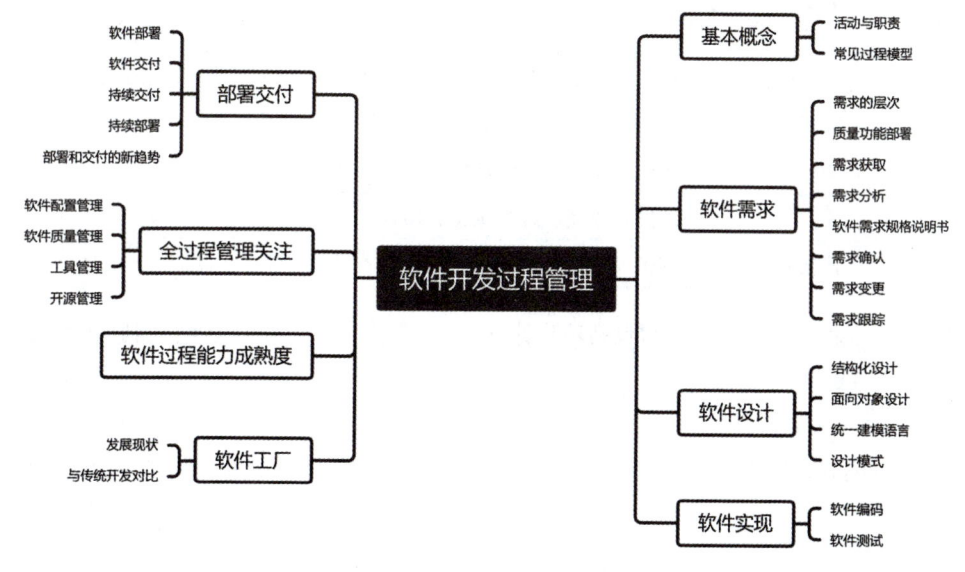

图 6-1 本章的架构

【导读小贴士】

通过对开发过程的有效管理，可以更好地组织和协调人员，合理分配资源，控制项目的进度，保证项目的质量，减少项目的风险，最终实现项目的目标。作为信息系统管理工程师应该对软件开发过程管理的相关内容有所掌握。本章对易考知识点进行了总结，大多都是基础知识、偏概念，准确记忆即可。

6.1 基本概念考点梳理

【基础知识点】

软件开发过程管理需要应用计算机科学、数学及管理科学等原理，以工程化的原则和方法来解决软件问题，其目的是提高软件生产率、提高软件质量、降低软件成本。

1. 活动与职责

（1）软件开发过程通常包括的关键活动见表 6-1。

表 6-1　软件开发过程包括的关键活动

名称	说明
需求分析	需要与客户进行沟通，了解客户的需求，分析项目的目标、范围、时间、成本和质量要求，并制定需求文档
系统设计	需要根据需求文档，设计系统的架构、接口、数据模型和算法，并制定设计文档
编码	需要根据设计文档编写代码，实现系统的功能
测试	需要对系统进行测试，确保系统的功能正确、性能良好和安全稳定
部署	需要将系统部署到生产环境，进行实施和培训
维护	需要对系统进行维护，包括对系统进行监控、备份、恢复、更新等

（2）管理工程师主要职责通常包括项目计划、项目组织、项目执行、项目控制、项目结束。（速记词：计组执控结）

2. 常见过程模型

（1）常见的开发过程模型包括瀑布模型、迭代模型、增量模型、螺旋模型、敏捷模型等，相关说明见表 6-2。

表 6-2　常见的开发过程模型说明

名称		说明
瀑布模型	定义	它将开发过程分为一系列连续的阶段，每个阶段依赖于前一个阶段的完成。这些阶段包括需求分析、系统设计、编码、测试、部署、维护。每个阶段都有明确定义的任务和目标
	优点	• 瀑布模型的流程是线性的，因此易于理解和管理 • 每个阶段有明确的输入和输出，这有助于确保质量和项目管理 • 该模型适用于需求稳定、项目相对简单的情况
	缺点	• 瀑布模型不适用于需求不明确或可能变化的项目 • 如果在开发过程的后期发现问题，可能需要返回到前面的阶段，这将导致时间和成本的增加 • 该模型不适合大型和复杂的项目
迭代模型	定义	迭代模型是一种将开发过程分为一系列重复的迭代的模型，每个迭代包括需求分析、系统设计、编码、测试、部署。在每个迭代完成后，可以得到一个可以运行的系统
	优点	• 迭代模型可以逐步完成系统的开发，可以更灵活地应对需求的变化 • 该模型可以更早地发现和解决问题，降低风险 • 该模型适用于需求不稳定、项目相对复杂的情况
	缺点	• 迭代模型需要更多的管理和控制 • 该模型可能会产生较多的文档 • 该模型可能会导致项目的时间和成本的增加
增量模型	定义	增量模型是将开发过程分为一系列增量的模型，每个增量包括一部分系统的功能。在每个增量完成后，可以得到一个具有部分功能的系统。系统的第一个版本通常包括最重要的功能，后续的版本逐步添加新的功能
	优点	• 增量模型可以逐步完成系统的开发，可以逐步交付系统的功能 • 该模型可以更早地发现和解决问题，降低风险 • 该模型适用于需求不稳定、项目相对复杂的情况
	缺点	• 增量模型需要更多的管理和控制 • 该模型需要在项目开始时确定所有的需求 • 该模型可能会导致项目的时间和成本的增加
螺旋模型	定义	螺旋模型是将开发过程分为一系列迭代的模型，每个迭代包括需求分析、系统设计、编码、测试、部署，并在每个迭代进行风险分析。在每个迭代完成后，可以得到一个可以运行的系统
	优点	• 螺旋模型可以逐步完成系统的开发，可以更灵活地应对需求的变化 • 该模型可以在每个迭代进行风险分析，降低风险 • 该模型适用于需求不稳定、项目相对复杂、风险较高的情况
	缺点	• 螺旋模型需要更多的管理和控制 • 该模型可能会产生较多的文档 • 该模型可能会导致项目的时间和成本的增加
敏捷模型	定义	敏捷模型是一种强调灵活性和快速响应变化的开发模型。敏捷模型包括一系列的敏捷方法和最佳实践，例如 Scrum、Kanban、极限编程（XP）等

续表

名称		说明
敏捷模型	优点	敏捷模型可以灵活地应对需求的变化，提高项目的适应性 该模型强调团队的协作和持续改进 该模型适用于需求不稳定、项目相对复杂、时间敏感的情况
	缺点	敏捷模型需要团队有较高的自我管理能力 该模型可能不适合需求明确、项目相对简单的情况 该模型可能不适合大型和复杂的项目

（2）常见的敏捷方法包括：

1）Scrum。将开发过程分为一系列的迭代，每个迭代称为一个 Sprint（冲刺），通常持续 2～4 周。在每个 Sprint 开始时，需要确定这个 Sprint 需要实现的需求，并制定 Sprint Backlog（冲刺待办列表）。在每个 Sprint 结束时，需要进行 Sprint Review（冲刺评审）和 SprintRetrospective（冲刺回顾）。

2）Kanban。它使用 Kanban Board（看板图）来管理开发过程。Kanban Board 上有一系列的列，每一列代表一个开发过程的阶段。在开发过程中，需要将任务从一列移动到下一列。

3）极限编程（XP）。它强调代码的质量和团队的协作。极限编程包括一系列的最佳实践。

6.2 软件需求考点梳理

【基础知识点】

软件需求是指用户对系统在功能、行为、性能、设计约束等方面的期望。

1. 需求的层次

软件需求就是系统必须完成的事和必须具备的品质。需求是多层次的，包括业务需求、用户需求和系统需求。

（1）业务需求：反映组织机构或用户对系统、产品高层次的目标要求，从总体上描述了为什么要达到某种效应，组织希望达到什么目标。

（2）用户需求：描述的是用户的具体目标，或用户要求系统必须能完成的任务和想要达到的结果，这构成了用户原始需求文档的内容。

（3）系统需求：从系统的角度来说明软件的需求，包括功能需求、非功能需求和约束等。功能规定了开发人员必须在系统中实现的软件功能；非功能需求描述了系统展现给用户的行为和执行的操作等，它包括产品必须遵从的标准、规范和合约，是指系统必须具备的属性或品质；约束是指对开发人员在软件产品设计和构造上的限制。

2. 质量功能部署

质量功能部署（Quality Function Deployment，QFD）将软件需求分为三类：常规需求、期望需求和意外需求。（速记词：常起义）

（1）常规需求：用户认为系统应该做到的功能或性能，实现得越多，用户会越满意。

（2）期望需求：用户想当然认为系统应具备的功能或性能，但并不能正确描述自己想要得到的这些功能或性能需求。

（3）意外需求：意外需求也称为兴奋需求，是用户要求范围外的功能或性能，实现这些需求用户会更高兴，但不实现也不影响其购买的决策。

3. 需求获取

（1）需求获取是确定和理解不同的项目干系人对系统的需求和约束的过程。

（2）需求获取的过程中，只有与用户有效合作、得到软件人员的协助、进行多次沟通讨论才能成功确认需求。

（3）常见的需求获取方法包括用户访谈、问卷调查、采样、情节串联板、联合需求计划等。

（4）需求获取是开发者、用户之间为了定义新系统而进行的交流，需求获取是获得系统必要的特征，或者是获得用户能接受的、系统必须满足的约束。

4. 需求分析

（1）结构化分析（Structured Analysis，SA）：帮助系统分析人员产生功能规约的原理与技术，其建立模型的核心是数据字典。有三个层次的模型，分别是数据模型、功能模型和行为模型（状态模型）。

1）实体联系图（E-R 图）表示数据模型：E-R 图主要描述实体、属性，以及实体之间的关系。

2）数据流图（Data Flow Diagram，DFD）表示功能模型：DFD 从数据传递和加工的角度，利用图形符号通过逐层细分描述系统内各个部件的功能和数据在它们之间传递的情况，来说明系统所完成的功能。

3）状态转换图（State Transform Diagram，STD）表示行为模型：STD 通过描述系统的状态和引起系统状态转换的事件，来表示系统的行为，指出作为特定事件的结果将执行哪些动作。

（2）面向对象分析（Object-Oriented Analysis，OOA）：能正确认识其中的事物及它们之间的关系，找出描述问题域和系统功能所需的类和对象，定义它们的属性和职责，以及它们之间所形成的各种联系。

1）OOA 的五个层次：主题层、对象类层、结构层、属性层和服务层。（速记词：对结主属服）

2）OOA 的五个活动：标识对象类、标识结构、定义主题、定义属性和定义服务。（速记词：对结主属服）

3）在这种方法中定义了两种对象类之间的结构，分别是分类结构和组装结构。分类结构就是所谓的一般与特殊的关系；组装结构则反映了对象之间的整体与部分的关系。

4）OOA 的基本原则主要包括抽象、封装、继承、分类、聚合、关联、消息通信、粒度控制和行为分析。

5）OOA 的基本步骤：确定对象和类、确定结构、确定主题、确定属性、确定方法。

5. 软件需求规格说明书

（1）软件需求规格说明书（Software Requirements Specification，SRS）：在需求分析阶段需要完成的文档，是软件需求分析的最终结果，是确保每个要求得以满足所使用的方法。

（2）SRS 应该包括范围、引用文件、需求、合格性规定、需求可追踪性、尚未解决的问题、注解和附录。

6. 需求确认

（1）在系统分析阶段，检测 SRS 中的错误所采取的任何措施都将节省相当多的时间和资金。

（2）需求验证也称为需求确认，其活动需要确定的内容包括：

- SRS 正确地描述了预期的、满足项目干系人需求的系统行为和特征。
- SRS 中的软件需求是从系统需求、业务规格和其他来源中正确推导而来的。
- 需求是完整的和高质量的。
- 需求的表示在所有地方都是一致的。
- 需求为继续进行系统设计、实现和测试提供了足够的基础。

7. 需求变更

（1）变更控制过程。变更控制过程用来跟踪已建议变更的状态，以确保已建议的变更不会丢失或疏忽。一旦确定了需求基线，应该使所有已建议的变更都遵循变更控制过程。需求变更管理过程如图 6-2 所示。

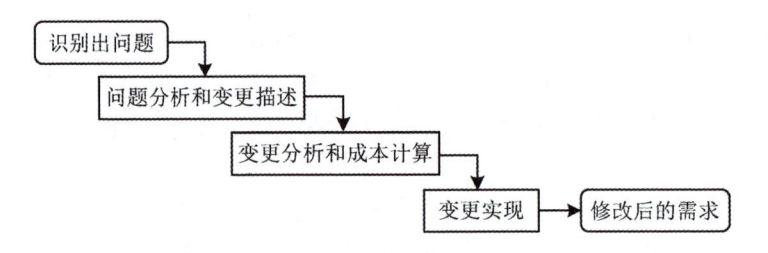

图 6-2 需求变更管理过程

（2）变更策略。常见的需求变更策略主要包括：

- 所有需求变更必须遵循变更控制过程。
- 对于未获得批准的变更，不应该做设计和实现工作。
- 应该由项目变更控制委员会决定实现哪些变更。
- 项目风险承担者应该能够了解变更的内容。
- 绝不能从项目配置库中删除或者修改变更请求的原始文档。
- 每一个集成的需求变更必须能跟踪到一个经核准的变更请求。

（3）变更控制委员会（Change Control Board，CCB）是项目所有者权益代表，负责裁定接受哪些变更。CCB 由项目所涉及的多方成员共同组成，通常包括用户和实施方的决策人员。CCB 是决策机构，不是作业机构，通常 CCB 的工作是通过评审手段来决定项目是否能变更，但不提出变更方案。

8. 需求跟踪

（1）需求跟踪提供了由需求到产品实现整个过程范围的明确查阅的能力。需求跟踪的目的是建立与维护"需求—设计—编程—测试"之间的一致性，确保所有的工作成果符合用户需求。

（2）需求跟踪有正向跟踪和逆向跟踪两种方式。

正向跟踪：检查 SRS 中的每个需求是否都能在后继工作成果中找到对应点。

逆向跟踪：检查设计文档、代码、测试用例等工作成果是否都能在 SRS 中找到出处。

正向跟踪和逆向跟踪合称为"双向跟踪"。不论采用何种跟踪方式，都要建立与维护需求跟踪矩阵（即表格）。

（3）需求跟踪矩阵保存了需求与后继工作成果的对应关系。

6.3 软件设计考点梳理

【基础知识点】

软件设计的目标是根据软件分析的结果，完成软件构建的过程。软件设计是需求的延伸与拓展。需求阶段解决"做什么"的问题，而软件设计阶段解决"怎么做"的问题。

1. 结构化设计

（1）结构化设计（SD）是一种面向数据流的方法，其目的在于确定软件结构。

（2）SD 以 SRS 和 SA 阶段所产生的 DFD 和数据字典等文档为基础，是一个自顶向下、逐层分解、逐步求精和模块化的过程。

（3）SD 方法的基本思想是将软件设计成由相对独立且具有单一功能的模块组成的结构。从管理角度讲，其分为概要设计（总体结构设计）和详细设计两个阶段。

（4）模块结构。

1）信息隐藏与抽象。信息隐藏原则要求采用封装技术，将程序模块的实现细节（过程或数据等）隐藏起来，对于不需要这些信息的其他模块来说是不能访问的，使模块接口尽量简单。

2）模块化。模块是实现功能的基本单位，它一般具有功能、逻辑和状态三个基本属性。其中，功能是指该模块"做什么"，逻辑是描述模块内部"怎么做"，状态是该模块使用时的环境和条件。

3）耦合。表示模块之间联系的程度。紧密耦合表示模块之间联系非常强，松散耦合表示模块之间联系比较弱，非直接耦合则表示模块之间无任何直接联系。

4）内聚。表示模块内部各代码成分之间联系的紧密程度，是从功能角度来度量模块内的联系，一个好的内聚模块应当恰好做目标单一的一件事情。在模块的分解中应尽量减少模块的耦合，力求增加模块的内聚，遵循"高内聚、低耦合"的设计原则。

（5）系统结构图（SC）。

1）又称为模块结构图，它是软件概要设计阶段的工具，反映系统的功能实现和模块之间的联系与通信，包括各模块之间的层次结构，即反映了系统的总体结构。

2）详细设计的主要任务是设计每个模块的实现算法、所需的局部数据结构。详细设计的目标有两个：①实现模块功能的算法要逻辑上正确；②算法描述要简明易懂。

3）设计的基本步骤如下：

- 分析并确定输入／输出数据的逻辑结构。
- 找出输入数据结构和输出数据结构中有对应关系的数据单元。
- 按一定的规则由输入、输出的数据结构导出程序结构。
- 列出基本操作与条件，并把它们分配到程序结构图的适当位置。
- 用伪码写出程序。

4）详细设计的表示工具有图形工具（程序流程图、PAD 图、NS 流程图）、表格工具和语言工具。

2. 面向对象设计

（1）面向对象设计（OOD）是 OOA 方法的延续，其基本思想包括抽象、封装和可扩展性，其中可扩展性主要通过继承和多态来实现。如何同时提高软件的可维护性和可复用性，是 OOD 需要解决的核心问题之一。

（2）常用的 OOD 原则。

1）单职原则：一个类应该有且仅有一个引起它变化的原因，否则类应该被拆分。

2）开闭原则：对扩展开放，对修改封闭。当应用的需求改变时，在不修改软件实体的源代码或者二进制代码的前提下，可以扩展模块的功能，使其满足新的需求。

3）里氏替换原则：子类可以替换父类，即子类可以扩展父类的功能，但不能改变父类原有的功能。

4）依赖倒置原则：要依赖于抽象，而不是具体实现；要针对接口编程，不要针对实现编程。

5）接口隔离原则：使用多个专门的接口比使用单一的总接口要好。

6）组合重用原则：要尽量使用组合，而不是继承关系达到重用目的。

7）迪米特原则（最少知识法则）：一个对象应当对其他对象有尽可能少的了解。其目的是降低类之间的耦合度，提高模块的相对独立性。

（3）在 OOD 中，类可以分为三种类型：实体类、控制类和边界类。

3. 统一建模语言

（1）统一建模语言（UML）是一种定义良好、易于表达、功能强大且普遍适用的建模语言，它融入了软件工程领域的新思想、新方法和新技术。

（2）从总体上来看，UML 的结构包括构造块、规则和公共机制三个部分，见表 6-3。

表 6-3 UML 的结构

组成部分	说明
构造块	UML 有三种基本的构造块，分别是事物（Thing）、关系（Relationship）和图（Diagram）。事物是 UML 的重要组成部分，关系把事物紧密联系在一起，图是多个相互关联的事物的集合
规则	规则是构造块如何放在一起的规定，包括为构造块命名；给一个名字以特定含义的语境，即范围；怎样使用或看见名字，即可见性；事物如何正确、一致地相互联系，即完整性；运行或模拟动态模型的含义是什么，即执行
公共机制	公共机制是指达到特定目标的公共 UML 方法，主要包括规格说明（详细说明）、修饰、公共分类（通用划分）和扩展机制四种

（3）UML 中的事物，也称为建模元素，包括结构事物、行为事物（也称动作事物）、分组事物和注释事物（也称注解事物）。这些事物是 UML 模型中最基本的 OO 构造块。

（4）UML 中的关系。UML 把事物结合在一起，主要有四种关系，分别为：
- 依赖：依赖是两个事物之间的语义关系，其中一个事物发生变化会影响另一个事物的语义。
- 关联：关联描述一组对象之间连接的结构关系。
- 泛化：泛化是一般化和特殊化的关系，描述特殊元素的对象可替换一般元素的对象。
- 实现：实现是类之间的语义关系，其中的一个类指定了由另一个类保证执行的契约。

（速记词：依赖关联，实现泛化）

（5）UML 2.0 中的图。包括类图、对象图、构件图、组合结构图、用例图、顺序图、通信图、定时图、状态图、活动图、部署图、制品图、包图和交互概览图，见表 6-4。

表 6-4　UML 2.0 中的图

种类	说明
类图	描述一组类、接口、协作和它们之间的关系
对象图	描述一组对象及它们之间的关系
构件图	描述一个封装的类和它的接口、端口、以及由内嵌的构件和连接件构成的内部结构
组合结构图	描述结构化类（例如，构件或类）的内部结构，包括结构化类与系统其余部分的交互点
用例图	是用户与系统交互的最简表示形式
顺序图	由一组对象或参与者以及它们之间可能发送的消息构成
通信图	强调收发消息的对象或参与者的结构组织
定时图	也是一种交互图，用来描述对象或实体随时间变化的状态或值，及其相应的时间或期限约束。它强调消息跨越不同对象或参与者的实际时间，而不只是关心消息的相对顺序
状态图	状态图描述一个实体基于事件反应的动态行为，显示了该实体如何根据当前所处的状态对不同的事件做出反应
活动图	本质上是一种流程图
部署图	描述对运行时的处理节点及在其中生存的构件的配置
制品图	描述计算机中一个系统的物理结构
包图	描述由模型本身分解而成的组织单元，以及它们之间的依赖关系
交互概览图	交互概览图是活动图和顺序图的混合物

UML 2.0 中的图中静态视图包括：用例图、对象图、组件图（构件图）、类图、部署图、包图、制品图、组合结构图。（速记词：用对组类部，包制组）

动态视图包括：活动图、状态图、协作图、序列图（通信图）、交互概览图、定时图。（速记词：动态作序，交定）

（6）UML 视图。UML 中有 5 个系统视图（速记词：不用使劲记），用于定义系统架构。
- 逻辑视图：也称为设计视图，它表示了设计模型中在架构方面具有重要意义的部分，即类、子系统、包和用例实现的子集。
- 进程视图：是可执行线程和进程作为活动类的建模，它是逻辑视图的一次执行实例，描述了并发与同步结构。
- 实现视图：对组成基于系统的物理代码的文件和构件进行建模。
- 部署视图：把构件部署到一组物理节点上，表示软件到硬件的映射和分布结构。
- 用例视图：是最基本的功能需求分析模型。

4. 设计模式

设计模式可分为创建型模式、结构型模式和行为型模式三种。

（1）创建型模式：主要用于创建对象，包括工厂方法模式、抽象工厂模式、原型模式、单例模式和建造者模式等。[速记词：单抽元件（建）厂]

（2）结构型模式：主要用于处理类或对象的组合，包括适配器模式、桥接模式、组合模式、装饰模式、外观模式、享元模式和代理模式等。[速记词：外侨（桥）组员（元）戴（代）配饰]

（3）行为型模式：主要用于描述类或对象的交互以及职责的分配，包括职责链模式、命令模式、解释器模式、迭代器模式、中介者模式、备忘录模式、观察者模式、状态模式、策略模式、模板方法模式、访问者模式等。[速记词：观摩（模）对（迭）策，责令解放（访），戒（介）忘台（态）]

6.4 软件实现考点梳理

1. 软件编码

所谓编码，就是把软件设计的结果翻译成计算机可以"理解和识别"的形式——用某种程序设计语言书写的程序。

程序的质量主要取决于软件设计的质量。但是，程序设计语言的特性和编码途径也会对程序的可靠性、可读性、可测试性和可维护性产生深远的影响。

（1）程序设计语言。编码的目的是实现人和计算机的通信，指挥计算机按人的意志正确工作。程序设计语言是人和计算机通信的最基本工具。编码之前的一项重要工作就是选择一种恰当的程序设计语言。

（2）程序设计风格。包括源程序文档化、数据说明、语句结构和输入/输出方法四个方面。

（3）程序复杂性度量。定量度量的结构可以用于比较两个不同设计或两种不同算法的优劣，程序定量的复杂程度可以作为模块规模的精确限度。

（4）编码效率。主要包括程序效率、算法效率、存储效率、I/O 效率。

2. 软件测试

软件测试的目的在于检验其是否满足规定的需求或弄清预期结果与实际结果之间的差别。通过测试发现软件缺陷，为软件产品的质量测量和评价提供依据。测试不能保证发现所有的缺陷。

（1）静态测试。指被测试程序不在机器上运行，只依靠分析或检查源程序的语句、结构、过程等来检查程序是否有错误。静态测试包括桌前检查、代码走查和代码审查。

（2）动态测试。指在计算机上实际运行程序进行软件测试，对得到的运行结果与预期的结果进行比较分析。一般采用白盒测试和黑盒测试方法。

1）白盒测试也称为结构测试，把程序视为透明的白盒，根据内部结构和程序走向来测试。白盒测试包括控制流测试、数据流测试和程序变异测试等。另外，使用静态测试的方法也可以实现白盒测试。白盒测试方法中，最常用的技术是逻辑覆盖。

2）黑盒测试也称为功能测试，把程序视为不透明的黑盒，不考虑内部结构和算法，只检查是否符合 SRS 要求。黑盒测试根据 SRS 所规定的功能来设计测试用例，方法一般包括等价类划分、边界值分析、判定表、因果图、状态图、随机测试、猜错法和正交试验法等。

（3）测试类型。软件测试可分为单元测试、集成测试、确认测试、系统测试、配置项测试和回归测试等类别，见表 6-5。

表 6-5 测试类型说明

测试类型	说明
单元测试	主要对该软件的模块进行测试，目的是检查每个模块是否按照设计说明正确实现
集成测试	一般要对已经严格按照程序设计要求和标准组装起来的模块同时进行测试，明确该程序结构组装的正确性，发现和接口有关的问题
确认测试	主要用于验证软件的功能、性能和其他特性是否与用户需求一致
系统测试	目的在真实系统工作环境下，检测完整的软件配置项能否和系统正确连接，并满足系统/子系统设计文档和软件开发合同规定的要求。系统测试的结束标志是测试工作已满足测试目标所规定的需求覆盖率，并且测试所发现的缺陷已全部归零
配置项测试	配置项测试的对象是软件配置项，配置项测试的目的是检验软件配置项与 SRS 的一致性。进行配置项测试之前，还应确认被测软件配置项已通过单元测试和集成测试
回归测试	目的是测试软件变更之后，变更部分的正确性和对变更需求的符合性，以及软件原有的、正确的功能、性能和其他规定的要求的不损害性

（4）面向对象的测试。OO 系统的测试目标与传统信息系统的测试目标是一致的。与传统的结构化系统相比，OO 系统具有三个明显特征，即封装性、继承性与多态性。

- 封装性决定了 OO 系统的测试必须考虑到信息隐蔽原则对测试的影响，以及对象状态与类的测试序列。
- 继承性决定了 OO 系统的测试必须考虑到继承对测试充分性的影响，以及误用引起的错误。
- 多态性决定了 OO 系统的测试必须考虑到动态绑定对测试充分性的影响。

（5）软件调试。测试成功的标志是发现了错误，根据错误迹象确定错误的原因和准确位置，并加以改正，主要依靠软件调试技术。常用的软件调试策略可以分为蛮力法、回溯法和原因排除法。

6.5　部署交付考点梳理

软件部署是一个复杂的过程，包括从开发商发放产品，到应用者在他们的计算机上实际安装并维护应用的所有活动。这些活动包括<u>软件打包、安装、配置、测试、集成和更新</u>等，是一个<u>持续不断</u>的过程。

1. 软件部署

（1）软件部署的目的是支持软件运行，<u>满足用户需求</u>，使得软件系统能够被直接使用并保障软件系统的正常运行和功能实现，简化部署的操作过程，提高执行效率，同时还必须满足软件用户在功能和非功能属性方面的个性化需求。

（2）软件部署模式分为<u>面向单机软件</u>的部署模式、<u>集中式服务器</u>应用部署和<u>基于微服务</u>的分布式部署。

2. 软件交付

传统软件交付流程通常包括四个步骤：①业务人员会诞生一个关于软件的想法；②开发人员将这个想法变为一个产品或者功能；③经过测试人员的测试之后提交给用户使用并产生收益；④运维人员参与产品或功能的后期运维。

3. 持续交付

（1）持续交付提供了一套更为完善的解决传统软件开发流程所存在问题的方案，主要体现在：
- 在需求阶段，抛弃了传统的需求文档的方式，使用便于开发人员理解的用户故事。
- 在开发测试阶段，做到持续集成，让测试人员尽早进入项目开始测试。
- 在运维阶段，打通开发和运维之间的通路，保持开发环境和运维环境的统一。

（2）持续交付具备的优势主要包括：
- 持续交付能够有效缩短提交代码到正式部署上线的时间，降低部署风险。
- 持续交付能够自动地、快速地提供反馈，及时发现和修复缺陷。
- 持续交付让软件在整个生命周期内都处于可部署的状态。
- 持续交付能够简化部署步骤，使软件版本更加清晰。
- 持续交付能够让交付过程成为一种可靠的、可预期的、可视化的过程。

4. 持续部署

（1）容器技术目前是部署中最流行的技术，常用的持续部署方案有 Kubernetes+Docker 和 Matrix 系统两种。

（2）完整的镜像部署包括三个环节：Build—Ship—Run。
- Build：跟传统的编译类似，将软件编译形成 RPM 包或者 Jar 包。
- Ship：将所需的第三方依赖和第三方插件安装到环境中。
- Run：就是在不同的地方启动整套环境。

（3）蓝绿部署是指新旧版本同时部署，通过域名解析切换到新版本，出现问题可以快速切回旧版本；金丝雀部署是指让少量用户试用新版本并反馈迭代，成熟后所有用户切换到新版本。

5. 部署和交付的新趋势

持续集成、持续交付和持续部署的出现及流行反映了新的软件开发模式与发展趋势，主要表现如下：工作职责和人员分工的转变；大数据和云计算基础设施的普及进一步给部署带来新的飞跃；研发运维的融合。

6.6 全过程管理关注考点梳理

1. 软件配置管理

软件配置管理（Software Configuration Management，SCM）活动的目标就是标识变更、控制变更、确保变更正确实现，并向其他有关人员报告变更。软件配置管理的核心内容包括版本控制和变更控制。

（1）版本控制。是指对软件开发过程中各种程序代码、配置文件及说明文档等文件变更的管理，是软件配置管理的核心思想之一。版本控制最主要的功能就是追踪文件的变更。

（2）软件配置管理活动。包括软件配置管理计划、软件配置标识、软件配置控制、软件配置状态记录、软件配置审计、软件发布管理与交付等活动。（速记词：计标控状审发交）

2. 软件质量管理

（1）软件质量是软件符合明确地叙述的功能和性能需求、文档中明确描述的开发标准以及所有专业开发的软件都应具有的隐含特征的程度。

（2）影响软件质量的三个主要因素：产品运行、产品修改、产品转移。

- 产品运行的质量因素包括正确性、健壮性、效率、完整性、可用性、风险。
- 产品修改的质量因素包括可理解性、可维修性、灵活性、可测试性。
- 产品转移的质量因素包括可移植性、可再用性、互运行性。

（3）软件质量保证（SQA）的关注点集中在一开始就避免缺陷的产生。质量保证的主要目标是：

- 事前预防工作。例如，着重于缺陷预防而不是缺陷检查。
- 尽量在刚刚引入缺陷时即将其捕获，而不是让缺陷扩散到下一个阶段。
- 作用于过程而不是最终产品，因此它有可能会带来广泛的影响与巨大的收益。
- 贯穿于所有的活动之中，而不是只集中于一点。

（4）软件质量保证的目标是以独立审查的方式，从第三方的角度监控软件开发任务的执行。

（5）软件质量保证的主要任务包括：SQA 审计与评审、SQA 报告、处理不合格问题。

3. 工具管理

（1）常用的项目管理工具包括进度管理工具（Microsoft Project、JIRA、Trello 等）、任务管理工具（JIRA、Trello、Asana 等）、资源管理工具（Microsoft Project、Smartsheet、Resource Guru 等）、

风险管理工具（RiskyProject、SAPRiskManagement、Spiceworks 等）。

（2）常用的版本控制工具包括版本管理工具、分支管理工具、冲突管理工具，如 Git、Subversion、Mercurial 等。

（3）代码审查用于保证代码的质量和规范性。代码审查工具可以提高代码审查的效率和质量。常用的包括代码比较工具（Beyond Compare、WinMerge、Meld 等）、代码审查工具（Crucible、CodeCollaborator、Review Board 等）、代码分析工具（SonarQube、Codacy、CodeClimate 等）。

（4）自动化测试是开发过程中的重要环节，用于保证代码的功能和性能。自动化测试工具可以提高测试的效率和质量。常用的包括功能测试工具（Selenium、TestComplete、Ranorex 等）、性能测试工具有（JMeter、LoadRunner、BlazeMeter 等）、安全测试工具有 OWASP ZAP、Burp Suite、Veracode 等。

（5）持续集成是指将代码频繁地集成到主分支，持续交付是指将代码频繁地交付到生产环境。持续集成和持续交付工具可以提高集成和交付的效率和质量。常用的包括持续集成工具（Jenkins、TravisCI、CircleCI 等）、持续交付工具（Jenkins、GoCD、Spinnaker 等）。

4. 开源管理

（1）软件开发过程中如果使用了开源技术，应重点关注开源技术的选择、效果评估、使用规范、知识产权等方面。

（2）项目团队可以建立项目级或组织级的开源软件应用规范和开源软件资源库，在开发过程中严格遵守并使用资源库中的开源软件，以规避知识产权风险。

（3）考虑开源软件的备选方案，降低开源软件与项目的耦合度。

6.7 软件过程能力成熟度考点梳理

由中国电子工业标准化技术协会发布的《软件过程能力成熟度模型》（T/CESA 1159）团体标准，简称 CSMM。CSMM 包括治理、开发与交付、管理与支持、组织管理四个能力域、20 个能力子域、超过 160 个能力要求。

（1）治理：包括战略与治理、目标管理能力子域，用于确定组织的战略、产品的方向、组织的业务目标，并确保目标的实现。

（2）开发与交付：包括需求、设计、开发、测试、部署、服务、开源应用能力子域，这些能力子域确保通过软件工程过程交付满足需求的软件，为顾客与利益干系人增加价值。

（3）管理与支持：包括项目策划、项目监控、项目结项、质量保证、风险管理、配置管理、供应商管理能力子域，这些能力子域覆盖了软件开发项目的全过程，以确保软件项目能够按照既定的成本、进度和质量交付，能够满足顾客与利益干系人的要求。

（4）组织管理：包括过程管理、人员能力管理、组织资源管理、过程能力管理能力子域，对软件组织能力进行综合管理。

（5）CSMM 按照软件过程能力的成熟度水平由低到高演进发展的形势定义了五个等级，见

表 6-6。（速记词：1 初 2 规 3 改进，4 量 5 创往上奔）

表 6-6　成熟度等级的总体特征

等级	结果特征
1级（初始级）	软件过程和结果具有不确定性
2级（项目规范级）	项目基本可按计划实现预期的结果
3级（组织改进级）	在组织范围内能够稳定地实现预期的项目目标
4级（量化提升级）	在组织范围内能够量化地管理和实现预期的组织和项目目标
5级（创新引流级）	通过技术和管理创新，实现组织业务目标持续提升，引领行业发展

6.8　软件工厂考点梳理

1. 发展现状

（1）软件工厂是将软件开发过程转化为工业化的生产过程，通过规模化、标准化、自动化和协作等手段来提高软件开发的效率、质量和可控性。

（2）典型软件工厂由专业人员、基础设施和硬件、工具和技术、流程规范和方法论以及质量管理五方面构成。

2. 与传统开发对比

（1）敏捷交付是软件工厂实现快速、灵活、高质量交付的关键方法之一。它强调通过迭代、协作和自组织的方式，快速响应变化并持续交付软件产品。

（2）软件工厂实现敏捷交付的关键实践包括采用敏捷开发方法、使用用户需求和产品回溯日志、进行迭代开发、实施自动化测试、持续集成和持续交付、关注产品质量和用户反馈、加强团队协作和沟通，以及实现可视化和透明度。

（3）软件工厂的流水线作业是指将软件开发过程划分为不同的环节和任务，并通过流水线的方式将这些环节和任务连接起来，以实现高效、规范和持续的软件开发，每个环节都有明确的输入和输出，环节之间通过任务的流转和流转规则来实现衔接。

（4）流水线作业主要包括环节划分、任务定义、流转规则、并行处理、自动化支持、监控和优化。

（5）通过软件工厂流水线作业的实践，可提高开发效率，降低开发成本，并确保软件质量和交付时间的可控性。

（6）安全可控是指在软件开发和交付过程中，保障软件系统的安全性。

（7）软件工厂确保安全可控的关键实践和原则主要包括安全开发实践、数据和隐私保护、持续集成和持续交付、团队安全培训和安全意识。

（8）协同开发是指团队成员通过有效的协作和协同工具，共同参与软件开发项目，共同解决问题、分享知识和推动项目进展。

（9）协同开发的关键实践和原则主要包括团队协作和沟通、共享知识和经验、协同工具和平台。

（10）软件工厂的建设方法通常是指建设、发展软件工厂所采用的方法和策略，主要包含组织建设、资源部署、业务管理和体系保障。

6.9 考点实练

1. 在常见开发过程模型中，（　　）属于瀑布模型的优点。

   A．可以逐步完成系统的开发，可以更灵活地应对需求的变化

   B．每个阶段有明确的输入和输出，这有助于确保质量和项目管理

   C．可以更早地发现和解决问题，降低风险

   D．可以在每个迭代进行风险分析，降低风险

   答案：B

2. 质量功能部署（QFD）将软件需求分为三类，（　　）是指用户认为系统应该做到的功能或性能，实现得越多，用户会越满意。

   A．常规需求　　　B．期望需求　　　C．意外需求　　　D．功能需求

   答案：A

3. 以下关于变更控制委员会的描述，错误的是（　　）。

   A．项目所有者权益代表，负责裁定接受哪些变更

   B．CCB 由项目所涉及的多方成员共同组成

   C．CCB 是决策机构，不是作业机构

   D．通常 CCB 的工作是通过评审手段来决定项目是否能变更并提出变更方案

   答案：D

4. 在结构化分析中，使用（　　）表示功能模型。

   A．E-R 图　　　B．数据流图　　　C．状态转换图　　　D．数据字典

   答案：B

5. UML 中有四种关系，其中（　　）描述特殊元素的对象可替换一般元素的对象。

   A．依赖　　　B．关联　　　C．泛化　　　D．实现

   答案：C

6. 下列（　　）不属于静态测试。

   A．黑盒测试　　　B．桌前检查　　　C．代码走查　　　D．代码审查

   答案：A

7. 在软件部署交付时，让少量用户试用新版本并反馈迭代，成熟后所有用户切换到新版本，这采用的是（　　）。

   A．蓝绿部署　　　B．金丝雀部署　　　C．滚动发布　　　D．交替部署

答案： B

8. 在成熟度等级的总体特征中，在组织范围内能够稳定地实现预期的项目目标属于（　　）。
   A．初始级　　　　B．项目规范级　　　C．组织改进级　　　D．量化提升级

答案： C

9. 完整的镜像部署包括三个环节，（　　）将所需的第三方依赖和第三方插件安装到环境中。
   A．Build　　　　　B．Ship　　　　　　C．Run　　　　　　D．Matrix

答案： B

第 7 章

系统集成实施管理知识点梳理及考点实练

7.0 章节考点分析

第 7 章主要学习需求分析与转化、设计开发、实施交付、验证与确认、技术管理与资源管理等内容。

根据考试大纲，本章知识点会涉及单项选择题及案例分析题，单项选择题预计分值占 1～2 分，本章内容属于基础知识范畴，考查的知识点多来源于教材，扩展内容较少，考生需理解和掌握易考知识点。本章的架构如图 7-1 所示。

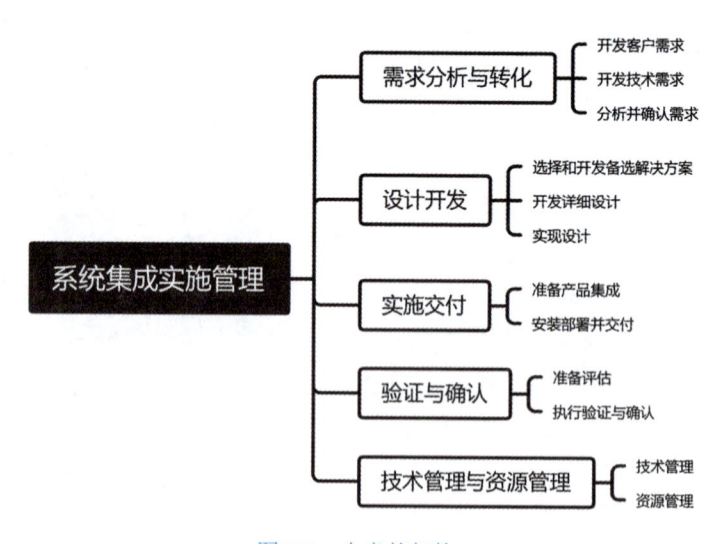

图 7-1 本章的架构

【导读小贴士】

在信息技术及其服务领域中,系统集成实施管理将多个不同的软件、硬件和技术子系统整合到一个完整的系统中,并确保它们能够协同工作,实现预期的业务目标和功能等。随着信息化技术的不断发展和应用,系统集成将在更多的领域得到广泛应用和推广,因此需要大家掌握关于系统集成的相关内容。

7.1 需求分析与转化考点梳理

【基础知识点】

(1)需求分析与转化管理的目的在于挖掘、分析并建立客户、产品与产品组件的具体需要。

(2)需求分析与转化活动主要包括开发客户需求、开发技术需求、分析并确认需求。(速记词:客技需)

(3)干系人的需要与期望以及需求应当被记录,并以纸质文档或电子文档的方式记录和保存。主要关注点包括:

- 划分了优先级的客户需求集合。
- 需求到功能、对象、测试、问题或其他实体的可追溯性得到文档化。
- 识别信息缺失和需求冲突。
- 识别隐含需求。
- 识别客户功能需求与质量属性需求。
- 识别需求约束与限制。
- 识别接口需求。

(4)开发技术需求包括产品与产品组件需求、系统设计需求、集成实施需求、架构需求、功能需求、接口需求、质量需求、性能需求、确定硬件和软件支持环境、设计限制、约束等。

(5)分析并确认需求,对开发客户需求和开发技术需求工作进行分析评估,验证需求,确保需求可实现,并对需求描述进行确认,形成需求规格说明书,以供开发解决方案。

(6)记录需求分析的全过程,从而确保分析活动的有效性及可回溯性等。主要关注点包括分析需求的必要性与充分性的记录、对已识别的干系人的需要与约束进行分析的记录、建立并维护的产品与产品组件需求。

(7)需求分配记录:应将产品与产品组件需求进行分配,并形成技术需求规格说明书,用于开发解决方案。

(8)需求确认记录:对需求的描述应经过客户和干系人的认可和确认。

7.2　设计开发考点梳理

1. 概述

（1）设计开发的目的在于选择、开发、设计并实现对需求的解决方案，从而根据需求分析选择合适的软件、硬件和技术，进行系统的设计和架构规划，确保各个子系统之间能够有效地通信和协作。

（2）设计开发活动聚焦设计解决方案（依据需求规格说明书），并对产品开发进行管理，确保实现的产品、产品组件和（或）选择的商用现货产品符合需求。

（3）设计开发活动主要包括选择和开发备选解决方案、开发所选解决方案的详细设计、将设计实现为产品或产品组件（系统或系统组件）。

2. 选择和开发备选解决方案

（1）选择和开发备选解决方案主要关注点包括：

- 开发解决方案的评价准则，用于评估解决方案。
- 开发备选解决方案。
- 评估并选择解决方案。
- 在上述相关活动中，我们需要重点关注解决方案设计原则和解决方案的选择。

（2）解决方案设计原则：对解决方案的有效获取至关重要，需要提前进行设定。设定时，要确保原则的有效性和时效性等。

（3）解决方案的选择：在选择解决方案之前，应考虑备选解决方案及其相对优势，明确关键需求、设计问题与约束。

3. 开发详细设计

（1）详细设计包括对使用商用现货集成为产品或产品组件的必要信息和所有通过开发、制造、编码等将设计实现为产品或产品组件的必要信息。

（2）产品或产品组件的必要信息包括架构风格与模式、产品分块、产品组件标识、系统状态与模式、主要的组件间接口，以及产品外部接口。

4. 实现设计

（1）实现设计活动主要包括实现产品或产品组件设计、开发支持文档等。

（2）通过正式的技术解决方案，最终将设计实现为产品或产品组件并进行评估。

1）对于完全使用商用现货产品进行集成而无须软件开发或产品制造的项目，正式的技术解决方案主要用于将设计通过安装部署实现为产品或产品组件。

2）对于使用商用现货产品与自制开发的产品进行集成设计的，需评估商用现货产品之间的集成和商用现货产品同自制开发的产品或产品组件进行集成后的兼容性、可用性、安全性、稳定性等。

（3）对于有培训需求的项目，应开发相关培训文档，并对文档的合理性和有效性进行评估。

7.3 实施交付考点梳理

实施交付的目的在于把产品组件组装成产品，或将产品组装为系统，并交付使用。实施交付活动主要包括准备产品集成、安装部署并交付。

1. 准备产品集成

（1）准备产品集成指建立并维护产品集成与安装部署的规范和规程，以及对所需的人员和资源进行确定，并对集成的接口和可能发生的异常事项进行管理。该部分活动主要包括：

- 确定产品集成的方式与顺序。
- 确定参与的相关干系人和具备适当技能的人员。
- 确定产品集成的内部与外部接口。
- 制定产品集成的步骤、规程和技术规范。
- 制定安装部署的步骤、规程和技术规范。
- 制定产品、系统、数据迁移的步骤、规程和技术规范。
- 制定交付规程和准则。

（2）安装部署的规程中应至少定义和明确以下内容：①确认部署的规划、方法和部署工具，组织并实施安装、配置和验证过程，对部署过程中的各种变更进行管理；②确认业务配置环境、人员和工具，并对需方提供的业务需求和数据进行分析，获取、确认配置目标和实现方式，组织和实施业务配置过程并验证业务配置结果；③记录、修正和验证部署过程中发现的问题。

（3）迁移的规程中应至少定义和明确以下内容：①确认迁移的规划、方法和迁移工具，组织并实施迁移；②针对数据的一致性、完整性和准确性，与数据提供方达成一致意见；③分析迁移过程造成的影响，包括对业务的影响、对客户体验的影响、对运维的影响等；④制定完整的迁移流程和回退计划，与干系人明确迁移过程中的分工，并与相关方共同实施迁移演练；⑤评估迁移过程的风险，并与相关方共同制订风险应对计划。

（4）制定交付规程和准则。交付规程和准则中主要包括以下内容：①明确产品组件、产品或系统的交付要求及内容；②明确交付过程和跟踪、确认的方式；③明确对配置内容的交付；④对交付成果进行管理，包括系统、工具、文档、培训、后期维护等。

2. 安装部署并交付

（1）安装部署并交付是指经过验证的产品组件得到装配，经过集成、验证与确认的产品或系统得到交付。该部分活动主要包括：

- 确定待装配的产品或产品组件得到正确识别，并能够正常运行和提供既定的功能。
- 装配产品组件或安装部署产品以形成产品或集成的系统。
- 进行产品、系统、数据迁移。
- 评价装配后的产品或系统。

- 交付产品或系统。

（2）在实施交付活动中，需要重点关注集成产品中的信息安全管理，主要包括：
- 应采用必要的手段、技术和工具对产品集成过程中的信息安全风险进行识别、评估、处置和改进。
- 应在需求分析与转化中，明确对项目目标、交付物的安全需求和约束，以及安全需求实现的条件，确保项目目标、交付物达到满足安全需求的安全目标。
- 必要时应委托有资质的第三方测试单位对系统进行安全性测试，明确安全性测试结果，采用必要的技术和工具保障系统交付的信息安全。

7.4 验证与确认考点梳理

验证与确认的目的在于确保选定的工作产品满足其规定的需求，以及确保选定的产品组件或产品（系统）被置于预期环境中时满足其预期用途。验证与确认活动主要包括准备评估、执行验证与确认。

1. 准备评估

准备评估的主要活动包括确定评估对象、制定评估方法、部署评估环境、明确评估准则与规程等。

（1）验证是确保"正确地做了事"，而确认是确保"做了正确的事"。也可以理解为，验证是要保证做得正确，而确认则要保证做的东西正确。

（2）评估的工作产品、产品与产品组件主要包括：产品与产品组件的需求与设计、产品与产品组件、用户接口、用户手册、培训材料、过程文档、维护、培训以及支持服务相关的部分以及规程和技术规范。

（3）评估的方式主要包括：同行（同级）评审、审查、演示、模拟、测试等。

（4）在软件和硬件系统的集成中最常用的评估方法就是测试以及同行（同级）评审。

（5）建立用于验证与确认所需的评估环境。主要包括：确定用于评估的环境和所需的工具与设备、确定参与评估的干系人、建立评估环境、获取评估的工具和设备。

2. 执行验证与确认

执行验证与确认的主要活动包括确定验证对象、分析评估结果等。

（1）确定验证对象：对选定的工作产品进行验证，或对产品（系统）、产品组件进行确认。具体包括：
- 依据评估方法、评估规程执行验证和确认。
- 对评估中发现的问题和不符合项，依据评估规程进行处理（纠正）。

（2）分析评估结果主要包括：
- 将验证与确认的实际结果与已建立的评价准则进行对比，以确定可接受度。
- 记录分析结果，作为已经进行评估的证据。

- 对于每一工作产品，增量式地分析所有可用的评估结果，以确保需求已经得到了满足。

7.5 技术管理与资源管理考点梳理

1. 技术管理

（1）系统集成过程中需要对组织技术能力进行管理，其目的在于确保组织能够有效管理、积累技术和经验沉淀，用于技术创新和技术改进。

（2）技术管理能够确保项目的<u>技术实现和技术要求得到满足</u>。

（3）在系统集成过程中对技术进行管理主要包括技术选型和规划、技术标准和规范、技术验证和评估、技术团队管理、技术支持和解决方案、技术创新和持续改进。

2. 资源管理

（1）系统集成需要对资源进行管理，其主要目的在于确保计划所定义的、执行过程所必需的资源在需要时可用。它确保项目顺利进行，达成预期目标，并最大限度地提高资源的利用效率。

（2）在系统集成过程中涉及多种资源，主要包括<u>人力、时间、财务、技术、信息、工具和知识资源</u>。

7.6 考点实练

1. 干系人的需要与期望以及需求应当被记录，并以纸质文档或电子文档的方式记录和保存。主要关注点不包括（　　）。

  A．划分了优先级的客户需求集合 B．识别信息缺失和需求冲突
  C．识别客户功能需求与质量属性需求 D．识别显性的需求

答案：D

2. 需求分析与转化活动主要包括开发客户需求、开发技术需求、（　　）。

  A．开发服务需求 B．验证并确认需求
  C．分析并确认需求 D．开发方案需求

答案：C

3. 选择和开发备选解决方案主要关注点不包括（　　）。

  A．开发解决方案的评价准则，用于评估解决方案
  B．开发备选解决方案
  C．验证并确认解决方案
  D．评估并选择解决方案

答案：C

4. 实现设计活动的主要内容不包括（　　）。

  A．实现产品设计 B．准备产品集成

　　　　C．开发支持文档　　　　　　　　　D．实现产品组件设计

答案：B

5．验证与确认中，验证是确保（　　）。

　　　　A．做的东西正确　　　　　　　　B．正确地做了事

　　　　C．做了正确的事　　　　　　　　D．符合相关准则

答案：B

6．评估的方式不包括（　　）。

　　　　A．演练　　　　B．审查　　　　C．模拟　　　　D．演示

答案：A

7．系统集成过程中需要对组织技术能力进行管理，其目的在于（　　）。

　　　　A．确保组织能够有效管理、积累技术和经验沉淀，用于技术创新和技术改进

　　　　B．选择、开发、设计并实现对需求的解决方案

　　　　C．把产品组件组装成产品，或将产品组装为系统，并交付使用

　　　　D．确保选定的工作产品满足其规定的需求

答案：A

第 8 章 信息系统运维管理知识点梳理及考点实练

8.0 章节考点分析

第 8 章主要学习运维能力管理、运维人员管理、运维过程、运维资源、运维技术、智能运维等内容。

根据考试大纲，本章知识点会涉及单项选择题及案例分析题，单项选择题预计分值占 2~3 分，本章内容属于基础知识范畴，考查的知识点多来源于教材，扩展内容较少。考生需理解和掌握易考知识点。本章的架构如图 8-1 所示。

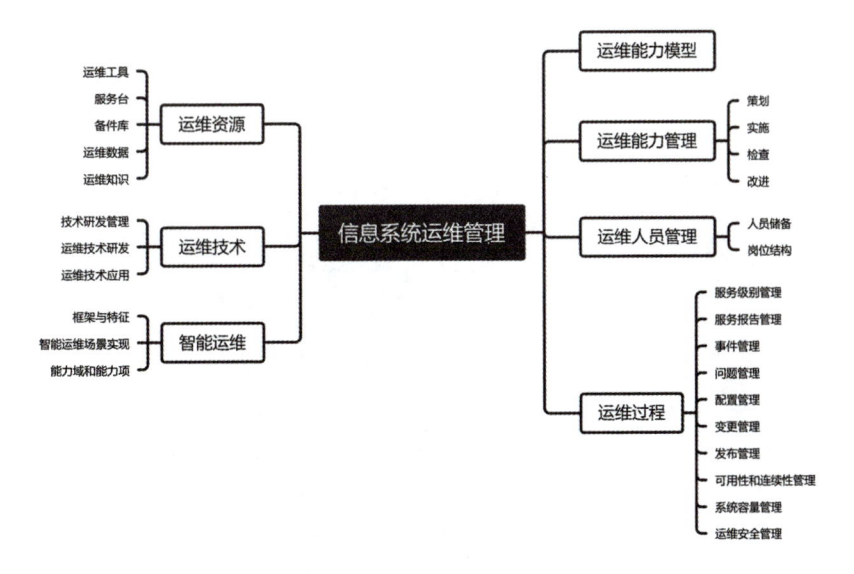

图 8-1 本章的架构

【导读小贴士】

运行维护服务是采用信息技术手段及方法，依据客户提出的服务要求，为其在使用信息系统过程中提出的需求提供的综合服务，是信息技术服务中的一种主要类型。随着组织信息系统建设的不断深入和完善，信息系统运维已经成为各行各业、各组织管理者和相关部门普遍关注的问题。

8.1　运维能力模型考点梳理

【基础知识点】

（1）运维能力是指组织掌握和应用知识技能向客户提供运维服务的水平，其要素包括服务人员、服务技术、服务资源和服务过程。

（2）《信息技术服务 运行维护 第 1 部分：通用要求》（GB/T 28827.1）规定了运行维护服务能力模型，模型包含治理要求、运行维护服务能力体系（MCS）和价值实现，如图 8-2 所示。

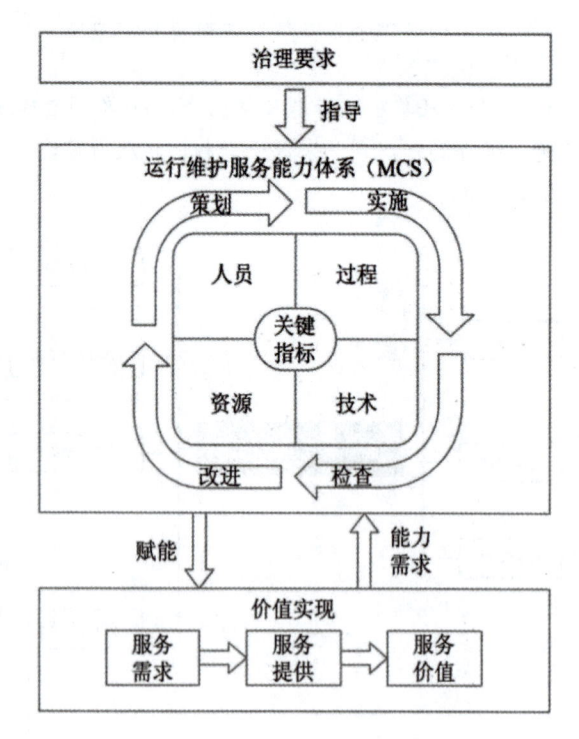

图 8-2　运行维护服务能力模型

8.2 运维能力管理考点梳理

【基础知识点】
1. 策划

（1）运维能力管理指的是围绕能力要素，面向运维全生命周期的总体能力管控机制，通过策划、实施、检查和改进等活动，提升能力要素水平，并持续改进各要素间的相互作用关系和绩效水平，通过各阶段交替循环，实现运维能力持续性的螺旋式上升的管理目标。

（2）运维能力策划需要对组织的运维战略与目标、运维的内容与业务范畴、运维的组织与制度、运维能力要素建设内容、能力体系的检查与改进等，进行完整的策划。在策划环节，需要考虑服务目录、组织架构和管理体系、指标体系和服务保障体系，以及内部评估机制。

（3）服务目录定义了组织所提供服务的全部种类以及服务目标，包括正在提供的和未来能够提供的内容。

（4）服务指标体系的内容包括：
- 制定各项运维服务目标。
- 制定目标实施的检查机制，并测量其有效性，注意必要时需要对目标进行变更。
- 制定服务实施结果的测量指标。

2. 实施

（1）实施阶段是策划成果的具体执行、实施、协调和跟进，实施活动需要与策划阶段制定的方法、内容和目标等保持一致。

（2）组织应根据所制订的各类计划和规章制度进行实施，并确保实施活动被记录，实施结果能满足计划、规章制度以及客户等的要求。

（3）在实施过程中，组织需要建立与客户的有效沟通协调的机制，通过有效的沟通体系，使信息在整个服务提供过程中得到友好传递，在实施过程中，组织与客户之间建立的协调机制是非常重要的。

（4）组织需要确保服务能力管理和服务过程实施可追溯，服务结果可计量或可评估。在服务过程中，始终关注服务交付成果。质量要求是衡量交付物的标准，故提交的交付物要满足其要求。

3. 检查

（1）运维能力检查是能力管理中必要的监督与反馈环节，对策划输出的实施效果进行总结和评价，验证能力管理实施过程的执行效果是否达到了既定的质量目标。

（2）运维能力检查对服务能力策划内容进行有效检查和测量，定期评审服务过程和相关管理体系，是进行运维服务能力改进的基础。检查的目标是监视、测量并评审服务目标的完成情况，分析与能力计划的差距，并为服务能力改进提供输入。

（3）有效的服务能力检查可以通过用户满意度调查和组织内部检查两方面开展。

4. 改进

（1）在运维服务能力改进实施过程中，需要考虑的主要内容包括：①服务能力改进是可识别、可计划和可实施的；②管理层为服务能力改进提供支持；③服务能力改进指标是可测量、可报告、可沟通的；④所有批准改进计划的实施和预定目标的达成。

（2）组织可以采用一定的措施鼓励员工或者客户对其运维服务能力管理提供改进建议。

（3）组织可以通过建立有效的运维服务能力改进体系或服务能力改进机制对运维服务能力进行集中的监控和评估。

（4）运维服务能力改进的一个重要输入是服务保障体系中各项指标的测量和检查结果。

8.3 运维人员管理考点梳理

【基础知识点】

人员管理在运维服务能力建设方面是重点考虑的要素，目的是指导组织根据岗位职责和管理要求"选人做事"。

1. 人员储备

（1）常见的使用储备人员的场景包括人员离职和人员调岗等。

1）人员离职包含两种情况：①离职人员提前向管理层进行了说明，留出招募新人、进行人员岗位交接及培训的时间；②人员突然离职，无法进行完整的工作交接。

2）人员调岗通常出现在组织内部，一般可以提前获悉，能够进行人员补充及岗位交接和培训。

（2）人员储备过程可以分为人员储备需求分析、制订人员储备计划、执行监控与优化改进几个阶段。

（3）人员储备需求分析。

1）在开展人员储备需求分析时，需要考虑如下人员储备影响因素：人员流动性风险、人员容量与技能、骨干与干部培养。

2）在开展人员储备需求分析时，需要识别关键岗位与人员。可以按照以下步骤进行：

- 组建包含人力资源、质量、运维交付以及管理层在内的工作小组。
- 根据运维业务发展的战略和方向，确定识别的主要原则和方针。
- 编制关键岗位和人员识别的主要特征及评价方法。
- 与客户沟通，获取客户的意见以及客户认定的关键岗位和人员。
- 制订具体的识别实施计划，并开展实施工作。

3）常见的人员储备方式包括增量机动储备、人才梯队储备、持续招聘储备、合作机构储备、岗位角色备份、外联与外协等。

（4）制订人员储备计划。

1）人员储备计划的制订通常经历如下过程：

- 获取关键岗位和人员的识别结果。

- 针对每项储备需求明确储备方式。
- 确定储备方式的具体执行方案和措施。
- 定义储备计划实施的关键成功要素及考核指标。
- 储备计划得到管理层的批准，必要时得到客户的批准。

2）人员储备需要包含储备部门信息、储备岗位或人员、储备需求、储备方式、实施责任人、时间属性、完成判断条件、考核指标、变更控制等。

（5）人员储备计划的优化主要考虑如下因素：
- 人员储备计划对运维服务发展需求的满足程度。
- 确保运维交付部门的充分参与。
- 将计划的制订和实施管理措施纳入组织的管理评审中。
- 人才招聘或储备的甄选流程合理性。
- 储备计划满足各过程和业务的程度。
- 关键岗位和人员的储备率达成情况。

2. 岗位结构

根据运维工作的特点，运维人员一般分为管理岗、技术支持岗和操作岗三种岗位。

（1）管理岗：负责对运维服务的实施进行管理，包括服务总监、服务项目经理、质量经理等。管理岗的职责主要有两个方面：①对客户运维服务需求的管理；②对运维服务过程和结果的管理。

（2）技术支持岗：在运维服务过程中提供技术支持，包括主机工程师、网络工程师、数据库工程师、应用系统工程师等。对技术支持人员的能力要求重点在于专业技术能力和对服务需求的响应支持能力。

（3）操作岗：按照运维规范和操作手册，执行运维服务的各个过程，包括呼叫中心热线工程师、系统监控工程师、机房值守人员等。工作有效性关键在于运维规范和操作手册的完整、准确，以及操作人员对事件的判断能力及遵循运维规范和操作手册的执行力度。

8.4 运维过程考点梳理

【基础知识点】

运维过程主要包括服务级别管理、服务报告管理、事件管理、问题管理、配置管理、变更管理、发布管理、可用性和连续性管理、系统容量管理与运维安全管理。

1. 服务级别管理

（1）服务级别管理具体的目标可细化为：
- 定义、记录、协商、监视、衡量、报告和审查提供的 IT 服务级别。
- 维护并保持与客户的关系和沟通。
- 确保为所有 IT 运维服务制定了具体可衡量的目标。

- 监视并改进服务质量，以提升客户满意度。
- 确保 IT 运维服务人员和用户对于所提供的服务级别有着明确的期望。
- 确保在成本合理的情况下，采取主动措施来改进服务级别。

（2）服务级别管理过程的输入、输出、指标及关键成功因素见表 8-1。

表 8-1 服务级别管理过程的输入、输出、指标及关键成功因素

内容	说明
输入	• 来自客户的业务战略、计划和财务计划，以及与其当前和未来要求有关的信息 • 来自组织的服务战略、政策与限制因素等方面的信息 • 与每一项服务相关的影响、优先级、风险和用户数量方面的业务影响分析信息 • 包含预计的变更时间表及所有变更对其服务影响的信息 • 包含有关业务服务、支持性服务和技术间的关系的信息 • 客户反馈、投诉与赞扬 • 来自任意其他过程的建议、信息和输入信息
输出	• 服务目录 • 新签署或变更的服务合同 • 针对 SLA 的标准文档模板与文件 • 针对 SLA 中所包含服务级别达到程度与相关配套信息的服务报告 • 针对所有服务和过程进行优化完善的整体服务改进方案或计划 • 记录并规划服务质量工作的服务质量计划 • 服务审查会议记录与行动计划
指标	• 达成 SLA 目标的数量和百分比 • SLA 应用情况 • SLA 优化情况 • SLA 客观评价成果
关键成功因素	• 清晰定义服务级别管理过程使命和目标 • 具备 IT 和客户业务双方面经验且具有优秀能力的服务级别管理过程经理 • 管理与客户的接口，并把控 IT 服务的整体质量

（3）服务目录：服务目录是组织可以对外提供的服务的清单，清单包括服务的名称、服务方式、服务类型、服务频率、服务价格等信息。服务目录描述组织提供服务交付的内容，为了让服务客户更好地理解，应该以服务客户的语言对服务进行描述，而不是采用技术说明的形式。服务目录中可能包含的一些变量及促进因素如下：

- 对服务进行统一费用结算。
- 确定服务使用费或基于服务能力的收费额。
- 增加一个循环过程中服务消费的数量或单元。
- 确定相似服务提供时的优先次序。
- 获取新的服务或添加附加客户的过程及程序。

（4）服务级别协议（SLA）的主要内容：SLA 是组织和客户之间签订的书面协议，协议中定

义了关键服务目标和双方的职责。SLA 里的信息一般要包括：服务概要描述、有效期和 SLA 的变更控制机制、授权细节、对沟通的描述、在一些紧急行动中被预先授权的相关联系人的详细信息、服务时间、双方协定好的计划内停机、客户的义务和责任、组织的义务和职责、紧急情况下的恢复优先级顺序和业务降级策略、事件上报和通知的过程、投诉程序、服务目标、工作量限制、财务管理细节、术语表、第三方服务提供商和其他相关方提供的服务情况说明、任何 SLA 指定项以外的内容等。

2. 服务报告管理

（1）服务报告管理贯穿于 IT 运维服务管理的所有过程，该过程负责及时、准确、完整、可靠地传达服务管理的信息，为供需双方管理层高效沟通与有效决策提供报告。具体的目标可细化为：

- 统一收集服务衡量相关信息，统一计算服务衡量指标。
- 提供对内运行服务能力衡量的运维分析报告与对外服务客户报告，并提供服务质量的数据支撑关系。
- 通过服务衡量和运维能力衡量，发现服务短板，完善改进提升计划。

（2）服务报告管理过程分成三个子过程，分别是服务报告规划、服务报告创建和服务报告发布。

（3）服务报告管理过程的输入、输出、指标及关键成功因素见表 8-2。

表 8-2　服务报告管理过程的输入、输出、指标及关键成功因素

内容	说明
输入	SLA、服务合同、SLA 需求、客户需求变化、IT 运维服务管理各过程提交的报告
输出	服务报告策略与原则、服务报告计划、服务报告
指标	服务报告过程的完整性、服务报告的及时性、服务报告的准确性、服务报告与客户沟通后的返工率、服务报告按时完成的比例、客户对服务报告的满意度
关键成功因素	清晰的服务报告受众、明确的服务报告主题、简洁的服务报告形式、详实的服务报告内容

3. 事件管理

（1）事件管理的主要目的是有效管理事件，从而实现快速解决事件，事件解决评估是提高组织效能的有效手段，组织需要建立相关的机制、规划，并确保有效实施。

（2）事件管理具体的目标可细化为：快速响应事件请求。在成本允许的范围内尽快恢复正常服务。规范并且有效地记录事件，正确报告进展情况。提供管理信息。

（3）事件管理过程的活动通常包括：事件接收和记录、分类和初步支持、调查和诊断、解决与恢复、事件关闭等。

（4）事件管理过程的输入、输出、指标及关键成功因素见表 8-3。

表 8-3　事件管理过程的输入、输出、指标及关键成功因素

内容	说明
输入	• 通过过程管理工具、纸质文件、邮件、电话和传真等提出的事件 • 事件经理通过事件分析主动发现的事件 • 通过监控系统或日常维护提出的事件 • 问题管理给出的解决方案和应急措施 • 变更管理给出的变更通知
输出	• 事件和事件处理过程及结果的记录 • 提交到知识库的知识 • 客户满意度调查 • 问题管理过程 • 变更管理请求
指标	• 事件的总数目 • 解决事件的平均耗时 • 在规定响应时间内处理完的事件比例 • 处理每个事件的平均成本 • 由一线解决的事件的比例 • 每个服务台员工处理的事件的数量 • 现场/远程解决的事件数目和比例
关键成功因素	• SLA 中明确定义的事件管理目标，合理控制事件解决预期 • 明确定义并划分事件管理过程角色、职责与工作界面 • 卓越的服务支持团队，保障事件处理效率与效果 • 服务导向意识与技能有效落实在事件管理过程各阶段的支持人员行为中 • 提供推动和控制事件管理的整合工具，以提高事件规范性

4．问题管理

（1）问题管理过程负责预测、监控、发现并及时解决 IT 系统和 IT 运维服务中存在的问题和错误，将这些问题和错误对客户和业务的负面影响降至最低，并防止由其引发的事件再次发生。

（2）问题管理的核心是找到根源，减少事件的发生，从而达到优化运维成本、提高运维能效的目的。

（3）问题管理过程具体的目标可细化为：

● 将 IT 系统和 IT 运维服务中的错误引起的事件和问题对业务的影响减小到最低程度。

● 查明事件或问题产生的根本原因，制定解决方案和防止事故再次发生的预防措施。

● 实施主动问题管理，在事故发生之前发现和解决可能导致事故产生的问题。

（4）从问题管理的过程来讲，问题管理过程的范围包括问题控制、错误控制和主动问题管理。

（5）问题管理过程的输入、输出、指标及关键成功因素见表 8-4。

5．配置管理

（1）配置管理的核心工作是识别、记录、控制、更新配置项信息，主要包含配置管理数据库（Configuration Management Database，CMDB）的建立以及配置管理数据库准确性的维护，以支

持运维对象的正常运行。

表 8-4 问题管理过程的输入、输出、指标及关键成功因素

内容	说明
输入	• 未彻底解决的事件，需要通过问题管理过程解决 • 已解决的但需要进行根本原因分析的事件 • 对事件趋势分析的结果 • 虽然尚未发生，问题分析团队主动发现的新问题
输出	• 对相关管理过程的通知 • 关闭的问题单 • 问题解决方案 • 重大问题的审核报告
指标	• 某一期间记录的问题总数量（作为一种控制措施） • 在 SLA 目标内解决的问题百分比（即未解决的问题百分比） • 超出目标解决时间的问题的数量和百分比 • 主要问题的数量（提交数量、关闭数量、积压率） • 添加至已知错误数据库的问题数量 • 已知错误数据库的准确率（通过审核数据库确定） • 策略标准按照类别、影响度、严重性、紧急度和优先级进行细分和比较
关键成功因素	• 明确定义问题管理过程中的角色和职责 • 建立明确的创建问题规则，确保问题能被及时地识别和创建 • 对问题记录单的合理设计，便于有效地记录、跟踪、反馈和汇总问题单 • 明确问题管理和事件管理过程的接口和协同机制 • 进行主动问题管理 • 确保问题管理中积累的经验得到有效的总结提炼和使用 • 对技术人员的培训（技术、过程及业务相关的知识）

（2）在 IT 运维服务中，配置管理数据库可用于故障定位、问题分析、变更影响度分析、故障分析等，因此，配置管理数据库与真实环境的匹配度和详细度非常重要。

（3）在 IT 运维服务中，配置管理的目标是定义并控制 IT 服务和运维对象的组件，维护准确的配置信息，具体包括：

- 所有配置项能够被识别和记录。
- 维护配置项记录的完整性。
- 为其他服务管理过程提供有关配置项的准确信息。
- 核实有关运维对象的配置记录的正确性，并纠正发现的错误。
- 配置项当前和历史状态得到汇报。
- 确保运维对象的配置项的有效控制和管理。

（4）配置管理过程的基本活动主要包括配置管理规划、配置项识别、配置项控制、配置状态报告、配置验证和审计、配置管理回顾及改进等。（速记词：规别状控审回改）

(5)配置管理过程的输入、输出、指标及关键成功因素见表 8-5。

表 8-5 配置管理过程的输入、输出、指标及关键成功因素

内容	说明
输入	配置管理现状、需求、目标、策略、程序文件
输出	配置管理计划、配置管理报告、配置管理数据、配置项列表、配置审计报告
指标	• 配置管理数据库中配置项属性出现错误的比例 • 成功通过配置审验的配置项的比例 • 因变更不当而导致的事故和问题的数量 • 批准和实施一项变更所需要的时间 • 因配置项信息不准确而导致服务失败的次数 • 出现已记录的配置不能找到情形的次数 • 超过给定时间或者变更次数的配置项的列表
关键成功因素	• 超过给定时间或者变更次数的配置项的列表 • 配置管理提供准确的配置信息 • 问题管理提供可靠的问题分析报告和合理的变更请求 • 发布管理和变更管理之间的良好协调 • 明确变更经理的权限和责任 • 组建合理有效的变更咨询委员会

6. 变更管理

(1)变更一般有主动变更和被动变更两种。主动变更是主动发起的变更,常用于提供业务收益,包括降低成本、改进服务以及提高服务的便捷性和有效性等;被动变更常用于解决故障、错误和适应不断变化的环境。

(2)变更管理的目标具体包括:
- 确保使用标准的方法和过程。
- 迅速、平衡、负责任地处理变更,将变更对服务产生的影响降到最低。
- 使变更可以跟踪。

(3)变更管理过程的输入、输出、指标及关键成功因素见表 8-6。

表 8-6 变更管理过程的输入、输出、指标及关键成功因素

内容	说明
输入	• 变更请求基本信息 • 变更请求的描述 • 引起变更的问题解决方案描述以及变更建议 • 变更配置项信息 • 预期计划的实施日期

续表

内容	说明
输出	• 变更审批结果 • 变更实施计划与方案 • 关闭后的变更请求单（RFC） • 变更过程记录 • 未达到预期目标的变更（包括失败的变更），制订后续行动计划，提交原因说明 • 变更对配置管理中配置项的变更记录
指标	• 变更总数。统计期内变更的总数，用于了解系统中记录的变更数量 • 变更分级与分类占比。统计期内各级、各类变更数 / 总变更数 • 变更关闭的数量 / 比例 • 变更失败的数量 / 比例 • 按计划完成的变更占比 • 未审批通过的变更占比 • 由变更引发的事件占比
关键成功因素	• 变更实施对服务质量的不良影响的减少程度 • 由于变更实施而导致的事故减少的数量 • 定期对变更请求和已实施变更进行评审的情况 • 由成功的变更管理所增加的客户业务效益和客户满意度的提高 • 单位时间内完成的变更的数量 • 变更实施的频率 • 被拒绝的变更请求的数量 • 变更撤销的数量 • 变更实施的成本 • 在计划的资源和时间限度内完成的变更的数量

7. 发布管理

（1）发布管理负责计划和实施 IT 运维服务的变更，并且记录该变更的各方面信息。

（2）发布管理负责实施变更的规划、构建、测试以及最终的应用，并保证配置管理数据库得到实时同步更新。发布管理的<u>具体目标</u>如下：

- 设计和监督，以确保软件及其相关硬件的首次运行能够成功进行。
- 设计和实施有效的过程来发布和安装 IT 系统的变更。
- 确保硬件和软件的变更是可追踪的、安全的，并且只有正确的、被授权的和经过测试的版本才能安装。
- 在新版本的规划和首次运行过程中，沟通并管理客户的期望值。
- 联合变更管理，确定发布的确切内容和首次发布计划。
- 利用配置管理和变更管理中的控制过程，在实际 IT 环境中实施 IT 系统的新发布。
- 确认所有最终软件库中软件正本的拷贝是安全可靠的，并且在配置管理数据库中得到了更新。
- 确保所有的运维对象均已得到发布，所有的变更是安全的和可追踪的。

（3）发布管理是为变更管理提供支持的，贯穿变更的整个生命周期，并且发布管理过程的实施应当在变更管理过程的控制下进行。

（4）发布管理可应用于设计开发环境、受控测试环境和实际运行环境三种环境之中。

（5）发布管理过程的输入、输出、指标及关键成功因素见表 8-7。

表 8-7 发布管理过程的输入、输出、指标及关键成功因素

内容	说明
输入	• 经过有效授权的 RFC（变更请求） • 发布包 • 发布政策 • 获得的服务资产和组件及其文档 • 构建模型和计划 • 环境要求和规格，用于构建、测试、发布、培训、灾难恢复、试行和部署 • 发布和部署各阶段的退出和进入标准
输出	• 发布和部署计划 • 已完成的针对发布和部署活动的 RFC • 服务通知
指标	• 用全新或变更服务的相关信息提出更新服务目录要求 • 新测试的服务能力和环境 • 全新或变更的服务管理文档及服务报告 • 服务包，定义了业务/客户对此服务的要求 • 完整、准确的配置项列表，带有对发布包中配置项的审核跟踪，以及全新或变更服务与基础设施配置
关键成功因素	• 所有发布应该记录 • 所有发布要进行编号 • 发布应该进行分类 • 每个发布在建立后，在生命周期的每个阶段都应有发布负责人负责 • 发布过程经理要关注发布的处理情况 • 应该定期对发布过程处理进行回顾 • 要有详细、全面的测试计划和回退计划 • 要关注发布是否引发事件和问题的发生 • 发布后，将发布结果返回引发发布的事件、问题、变更管理过程 • 能够与事件管理、问题管理、变更管理、配置管理进行关联

8. 可用性和连续性管理

（1）可用性：指 IT 服务或其他配置项在需要时执行其约定功能的能力。取决于服务发生故障的频率，以及故障恢复的速度。这些特性通常表示为平均故障间隔时间（Mean Time Between Failures，MTBF）和平均恢复服务时间（Mean Time to Restore Service，MTRS）。

- MTBF：度量服务发生故障的频率。
- MTRS：度量故障后服务恢复的速度。

（2）服务连续性：是在灾难事态或破坏性事件发生后，服务提供者以可接受的预定义级别继续服务运营的能力。连续性取决于服务恢复的时间和数据恢复的时间两个关键因素，即恢复时间目标（Recovery Time Objective，RTO）和恢复点目标（Recovery Point Objective，RPO）。

- RTO：由于业务功能缺失导致对组织产生严重影响之前，服务中断持续的最长时间。
- RPO：活动所使用的必须恢复的信息所指向的点，以使活动在重新开始后能够有效运行。RPO 定义了可容许的数据损失的时间段。如果 RPO 为 30 分钟，则在破坏性事态之前 30 分钟应至少有一个备份，在服务恢复后的服务交付重新开始时，距离破坏性事态之前 30 分钟或更短时间内的数据是可用的。

可用性管理和连续性管理的区别见表 8-8。

表 8-8　可用性管理和连续性管理的区别

可用性管理	连续性管理
专注于高概率风险	重点关注高影响的风险（突发事件，灾难）
更主动	更被动
减少不必要事件的可能性	减少不必要事件的影响
专注于技术解决方案	专注于组织措施
专注于优化	专注于创建冗余
不是组织职能的一部分	通常是组织职能的一部分
常态	不可抗力
平均恢复服务时间（MTRS）、平均故障间隔时间（MTBF）、平均服务事件时间	恢复时间目标（RTO）、恢复点目标（RPO）

9. 系统容量管理

（1）容量管理负责确保 IT 基础设施的容量以最划算的、适时的方式符合不断发展的业务需求。

（2）容量管理的目标主要包括：

- 设计并维护一个恰当且不断更新的容量计划，这个容量计划能够反映出当前和未来的业务需求。
- 就容量和性能相关问题，为业务和 IT 的其他领域提供建议和指导。
- 通过管理服务和资源的性能和容量，确保服务性能成果达到或超过约定的性能目标。
- 协助诊断和解决与性能和容量有关的故障和问题。
- 评估变更对容量计划、服务和资源的性能及容量带来的影响。
- 在成本合理的情况下，确保实施主动测量来改进服务的性能。

（3）容量管理流程所涉及的活动主要包括：

- 监控业务活动模式和服务级别计划，生成服务和组件的性能与容量的定期与临时报告。
- 正确理解客户当前和未来对 IT 资源的需求，并能预测客户未来需求。

- 可以结合财务管理，影响需求管理。
- 采取一些调整活动，以充分使用现有的 IT 资源。
- 制订能够满足服务级别协议的容量计划，让服务提供商能持续提供在 SLA 中约定的服务质量，并提供详细的容量计划时间表，以满足在服务组合和 SLR 中规定的未来的服务。
- 先采取提高服务和组件绩效的活动。

10. 运维安全管理

IT 运维安全管理建设过程通常包括信息安全管理体系策划、风险评估、安全管理体系实施、持续改进等相关内容。

8.5 运维资源考点梳理

【基础知识点】

运维资源指的是组织中用于交付运行维护服务所依存和产生的有形及无形资产，包括运维工具、服务台、备件库、运维数据、最终软件库和运维知识等。运维资源确保运维组织能"保障做事"。

1. 运维工具

运维工具可以固化服务过程的关键环节并留痕，确保运维管理体系和过程"落地"并"固化成果"，包括过程管理工具、监控工具及专用工具。

（1）过程管理工具：运用过程管理工具的目的包括固化运维服务过程和提升组织的工作效率与能力。

（2）常见的监控工具主要包括：网络监控工具、主机监控工具、数据库监控工具、中间件监控工具、存储设备监控工具、备份软件监控工具、机房动环监控工具。

（3）工具的日常管理主要包含工具的日常维护管理、工具运维管理、工具数据管理、工具备件管理、工具培训、工具运行评估、工具使用改进等。

2. 服务台

服务台负责对客户遇到的问题和需求进行响应和处理；是运维服务供需双方的"官方"接口和信息发布点，是组织内部各个团队之间相互协作的纽带和协调者。

（1）服务台的工作内容包括：
- 基于服务水平的要求制定明确的服务质量考核指标，指导服务台日常服务行为。
- 组织建立规范的管理制度、管理过程和管理规则，指导服务台的日常管理工作。
- 组织建立人员培训和人才储备机制，满足运维发展对服务台的要求。
- 具备自动化管理工具，支持日常工作记录的及时性和完整性。
- 组织具备服务质量持续跟踪和优化机制，确保服务质量满足客户的期望。

（2）为实现服务台的组织建设，要根据其所承担的职能设定相应岗位，对相关职责和工作内容进行覆盖。

（3）为确保服务台各岗位能够支撑运维服务能力，应确保各岗位配备人员满足相应岗位技能要求。服务台应具备客户业务和运维服务两方面的经验和能力。

3. 备件库

备件库管理工作主要包括备件响应方式和级别定义、备件供应商管理、备件出入库管理、备件可用性管理等。

（1）备件响应方式和级别定义是指供需双方在运行维护服务中对备件的服务水平的要求。

（2）备件供应商管理的重点是确保备件的质量，因此应就不同的获取渠道对备件质量进行比较，以此对供应商做出评价和选择。

（3）备件出入库管理应将这些不同的备件进行仔细区分和标识；还需对备件的出入时间、领用人、入库人等信息进行实时记录，并定期对库房进行盘点，做到账、物一致。

（4）备件可用性管理主要是为了保证备件出库时的状态正常完好，备件库的管理中应有相应规范，定期对备件进行检测，以确保其功能和性能正常应用。

4. 运维数据

运维数据是指运维活动所涉及的运维对象或者运维操作相关配置、监控、流程、管理、日志的直接相关或间接衍生的数据。

（1）运维数据包括运维管理数据（配置管理数据、流程工单数据、运维知识数据）和运维运行数据（监控指标数据、监控告警数据、运维操作数据、运行日志数据、网络报文数据）两大类。

（2）运维数据的生存周期可包含识别、采集、传输、加工、存储、应用、维护、归档/退役等环节。

（3）运维数据安全管理工作包含安全规范标准、分级安全管理策略、可追溯、风险监测、宣贯培训等内容。

（4）运维数据质量管理工作包含质量目标、责任机制、管理过程、技术手段等内容。

5. 运维知识

通过对知识的有效管理，能够确保知识管理工作规范化，保证知识库信息的准确性、完整性和可用性（速记词：用完确），并能够有效地促进和提高运维人员能力，提升服务质量，减少重复劳动。

（1）运维服务组织需要将获取到的信息数据转化成知识条目，或者根据日常运维工作经验积累整理组合后加以利用，可能的知识来源包括购买、开发、融合、提炼、网络等。

（2）为了便于知识条目的共享与查询，将知识库中的知识条目分类存放，通常按照内容将知识条目分为管理、方法和专业技术三大类。

（3）知识管理的主要过程包括知识提交过程、知识变更过程、知识删除过程等。

（4）知识的共享涉及知识共享文化、知识共享平台、知识共享权限和知识查询检索等几个方面。

（5）知识复用是知识应用的进一步提升，完成知识积累后，通过复用将带来更有价值的知识创新，包括知识提炼和知识融合。

8.6　运维技术考点梳理

【基础知识点】

运维技术指的是组织中为交付运行维护服务而研究和转化的知识、经验、手段、方法的总和。运维技术管理的重点是通过自有核心技术的研发和非自有核心技术的学习，持续提升在运行维护过程中发现问题和解决问题的能力，重点考虑的是提升运行维护效率，技术要素确保运维服务组织能"高效做事"。

1. 技术研发管理

技术研发管理的基本过程可以概括为技术研发规划、技术研发实施、技术研发监控、研发成果应用四个部分。

（1）技术研发规划阶段：工作包括研发需求调研、确定研发目标、制定研发方案、投入产出分析、形成立项报告、评审发布等。

（2）技术研发实施阶段：需要制订具体的实施计划，组织实施技术研发，产出技术研发成果。

（3）技术研发监控：对研发质量、研发成本和研发进度方面进行监控和管理，当实际情况与计划发生偏差时，要及时采取措施，纠正偏差，保证达成研发目标。

（4）研发成果应用：是指技术研发结果被推广运用到运维服务中，并有效改善运维服务水平。

2. 运维技术研发

（1）运维技术研发的目的主要有两个：①通过使用研发成果提高运维服务效率和服务质量；②通过对运维对象相关技术和行业新技术的研究，将其应用到运维服务产品和服务工具中，以丰富和拓展服务范围，推动组织服务的发展。

（2）技术研发不能仅仅理解为运维工具的研发，还包括运维中与发现问题和解决问题相关技术的研发。

（3）与运维相关的 IT 技术研发：运维服务是采用 IT 手段及方法，依据客户提出的服务级别要求，对其所使用的 IT 运行环境、业务系统等提供的综合服务。组织对新技术的研究和应用可以更好地适应运维新需求。

（4）技术规范的研发：服务规范中要对所提供的服务及其特性有清晰的描述，包括人员能力、设施要求、技术和安全要求、有形化要求等，同时要规定每一项服务特性的验收标准，以便进行有效的质量控制。服务提供规范应明确每一项服务活动如何实施才能保证服务规范的实现，是对服务过程的规范化。

（5）发现问题和解决问题相关技术的研发：通过研发一定的技术手段和方法，对运行维护对象进行监控，对运行数据信息进行检查和采样，通过诊断和分析，发现可能存在的问题或隐患，并针对常见技术问题和疑难技术问题编写处理操作手册、问题处理的测试环境、解决问题所配套使用的软硬件工具、问题处理所需的脚本及程序文件、风险控制手册等。发现问题和解决问题相关技术的研发成果可以是便于人工操作的手册，也可以是将经验和方法固化的系统工具。

（6）运行维护工具研发：组织应使用有效工具实施和管理运维服务，包括监控工具、过程管理工具和专用工具，这些工具的研发属于技术研发的范畴，应纳入技术研发管理。

（7）运维服务产品研发：运维服务产品化是组织将运维服务有形化、标准化的设计过程，通过研究服务的基本属性和特征，构建服务产品的组成要素，为服务供需双方建立清晰的、一致的、可评估的服务内容和结果。服务产品的研发往往需要多个部门协同配合，共同参与研发才能完成。

3. 运维技术应用

运维技术应用的关键成功因素主要包括以下几个方面：

（1）建立运维技术应用的管理机制。
（2）运维技术的实施应用。
（3）对技术应用的适宜性和效果进行检查。
（4）对运维技术不断进行优化和改进。

8.7 智能运维考点梳理

【基础知识点】

《信息技术服务 智能运维 第 1 部分：通用要求》（GB/T 43208.1）定义的智能运维，是指具备能感知、会描述、自学习、会诊断、可决策、自执行、自适应等若干人工智能特征的运维服务。

1. 框架与特征

（1）智能运维框架（图 8-3）。

智能运维框架由组织治理、智能运维场景实现、能力域三部分构成。

1）组织治理包括组织策略、管理方针、组织架构、组织文化、相关方需求和期望。

2）智能运维场景实现包括场景分析、场景构建、场景交付和效果评估四个过程。

3）能力域包括数据管理、分析决策、自动控制等，每个能力域由若干能力项构成，每个能力项由人员、技术、过程、数据、算法、资源、知识七个能力要素构成。

（2）智能运维需具备若干智能特征，包括能感知、会描述、自学习、会诊断、可决策、自执行、自适应。

- 能感知：能够灵敏、准确地识别和反映人、活动和对象的状态。
- 会描述：能够直观友好地编排、展现和表达运维场景中的各类信息。
- 自学习：能够挖掘数据、完善模型、总结规律，主动沉淀知识。
- 会诊断：能够对人、活动和对象进行分析定位并判断原因。
- 可决策：能够通过信息搜集、加工和综合分析，给出后续依据或解决方案。
- 自执行：能够对运维场景自动分析、判断、决策和处理。
- 自适应：能够自动适应环境变化，动态调配应对措施，并优化处理。

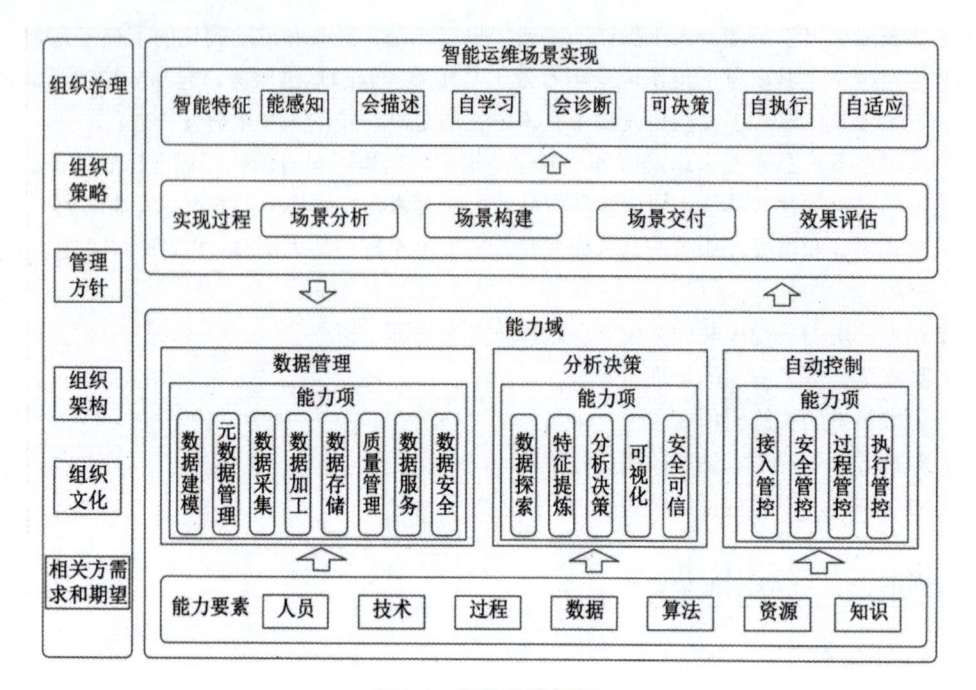

图 8-3　智能运维框架

2. 智能运维场景实现

（1）智能运维场景实现：围绕质量可靠、安全可控、效率提升、成本降低的运维目标，通过场景分析、场景构建、场景交付、效果评估 4 个关键过程，建设智能运维场景（简称"场景"）的一组活动。

（2）场景分析：通过前期调研和评估，确定场景构建方案和计划的过程。组织在进行场景分析时，需遵守以下要求：

- 明确预期场景实现目标。
- 评估场景实现的可行性。
- 识别场景实现的共性需求。
- 评估相关场景对现状的影响。
- 明确场景构建的阶段和步骤。
- 重点评估数据需求。
- 重点评估安全要求。
- 以合理的颗粒度拆解场景涉及的具体活动。
- 基于数据管理、分析决策、自动控制能力域，确定待建设的能力项和待提升的能力要素。
- 设立可评估或可量化的指标。
- 根据场景分析的结论，形成场景构建方案和计划。

（3）场景构建：按既定方案和计划开展场景相关能力建设的过程。组织在进行场景构建时，需遵守以下要求：
- 按照场景构建方案和计划，研发、优化、建设相关能力项。
- 根据具体场景进行能力项组合，重点关注能力项的可复用性。
- 确保场景构建过程可追溯，交付结果可计量或可评估。
- 重点关注数据质量和模型运行效果，如海量数据采集、多源数据集成、复杂模型训练等。
- 对于涉及自动化和批量操作的场景，增加必要的约束措施，设计安全控制点和回退功能。
- 测试和验证关键场景的高可用性，并制定失效补偿措施。
- 将规则知识、专家经验、模型训练结果等固化到信息系统中。
- 关注各系统间的数据打通和流程联动，避免产生数据壁垒。
- 通过敏捷迭代的方式开展场景构建，运维需求与工具研发紧密融合。

（4）场景交付：场景构建完成后进行实施交付及配套活动的过程。组织在进行场景交付时，需遵守以下要求：
- 按既定计划完成场景实施交付，交付物包括交付方案、使用手册、应急预案等。
- 开展培训工作，如场景的使用、运维、应急处理等。
- 开展试点和推广工作。
- 开展测试验收工作。
- 开展关键指标适配、调优工作，如资源交付的效率、根因定位的准确率等。

（5）效果评估：场景交付后检查是否达到预期效果，并设定下阶段迭代目标的过程。组织在进行效果评估时，需遵守以下要求：
- 建立评估机制，组织相关方开展效果评估。
- 评估已建场景是否满足既定目标，对未达目标或指标的情况开展原因分析。
- 与利益相关者建立顺畅的沟通渠道，对意见做好收集与反馈。
- 评估已建场景是否满足运维相关安全要求。
- 制订改进措施和提升计划，并持续改进、快速迭代。

3. 能力域和能力项

按照《信息技术服务 智能运维 第1部分：通用要求》（GB/T 43208.1）的定义，智能运维的能力域包括<u>数据管理、分析决策和自动控制</u>。

（1）数据管理能力域是对运维数据进行全生命周期管理和应用的能力组合，提供高质量、全覆盖、互联融合且满足时效性要求的运维数据。该能力域包括<u>数据建模、元数据管理、数据采集、数据加工、数据存储、质量管理、数据服务、数据安全 8 个能力项</u>。

（2）分析决策能力域是使模型自主对运维场景做出预测、判断、行动的能力组合，通过筛选、整合、加工相关运维数据，综合运用规则和算法模型，为智能运维场景提供判断和决策。该能力域包括<u>数据探索、特征提炼、分析决策、可视化、安全可信 5 个能力项</u>。

（3）自动控制能力域是利用设备、软件、服务等手段提高运维活动执行自动化程度的能力组合，使运维活动按照预期目标自动执行，提升运维效率，减少不必要的人工操作。该能力域包括接入管控、安全管控、过程管控、执行管控4个能力项。

8.8 考点实练

1. 服务指标体系的内容不包括（　　）。
   A．制定各项运维服务目标　　　　B．制定目标实施的检查机制
   C．制定服务实施结果的测量指标　　D．制定目标验收过程的机制
   答案：D

2. （　　）负责按照运维规范和操作手册，执行运维服务的各个过程。
   A．服务岗　　　B．管理岗　　　C．操作岗　　　D．技术支持岗
   答案：C

3. （　　）不属于服务级别管理过程的指标。
   A．SLA应用情况　　　　　　　　B．SLA优化情况
   C．SLA标准文档模板　　　　　　D．SLA客观评价成果
   答案：C

4. 以下关于服务目录中可能包含的一些变量及促进因素，描述错误的是（　　）。
   A．确定不同服务提供时的优先次序
   B．确定服务使用费或基于服务能力的收费额
   C．对服务进行统一费用结算
   D．获取新的服务或添加附加客户的过程及程序
   答案：A

5. （　　）贯穿于IT运维服务管理的所有过程，该过程负责及时、准确、完整、可靠地传达服务管理的信息。
   A．服务级别管理　　　　　　　　B．服务报告管理
   C．服务事件管理　　　　　　　　D．服务变更管理
   答案：B

6. （　　）不属于问题管理过程的输出。
   A．关闭的问题单　　　　　　　　B．对事件趋势分析的结果
   C．问题解决方案　　　　　　　　D．重大问题的审核报告
   答案：B

7. 知识管理的主要过程包括知识提交过程、（　　）、知识删除过程等。
   A．知识变更过程　　　　　　　　B．知识更新过程
   C．知识修改过程　　　　　　　　D．知识新增过程
   答案：A

8．技术研发管理的基本过程中，（　　）工作包括研发需求调研、确定研发目标、制定研发方案、投入产出分析、形成立项报告、评审发布等。

　　A．技术研发规划　　　　　　　　B．技术研发实施
　　C．技术研发监控　　　　　　　　D．研发成果应用

答案：A

9．智能运维需具备若干智能特征，（　　）指能够灵敏、准确地识别和反映人、活动和对象的状态。

　　A．会描述　　　B．自学习　　　C．能感知　　　D．可决策

答案：C

10．自动控制能力域包括接入管控、安全管控、（　　）、执行管控4个能力项。

　　A．质量管控　　　B．过程管控　　　C．数据管控　　　D．特征探索

答案：B

第 9 章

云服务及其运营管理知识点梳理及考点实练

9.0 章节考点分析

第 9 章主要学习云服务运营框架，包括云服务规划、云服务交付、云运维、云资源操作和云信息安全等内容。

根据考试大纲，本章知识点会涉及单项选择题和案例分析题，按以往的出题规律约占 4～8 分。本章内容属于比较重要的内容，考查的知识点主要来源于考试大纲。本章的架构如图 9-1 所示。

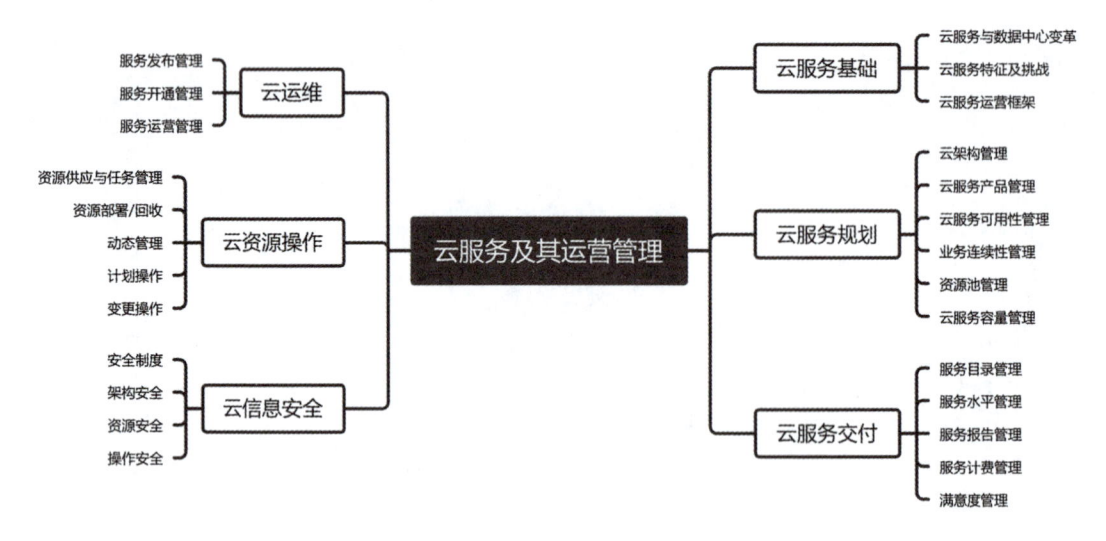

图 9-1 本章的架构

【导读小贴士】

云计算是数字经济的核心基础设施之一，数据中心是实现云服务的基础平台，在传统的数据中心建设模式下，数据中心往往要经历复杂的集成、整合，面临软硬件资源利用率低、IT资源部署时间长、海量异构数据并发处理难、能耗增长成本高及管理日益复杂的挑战。

9.1 云服务基础考点梳理

【基础知识点】

1. 云服务驱动数据中心发展

云服务发展推动传统数据中心向更高效、明确流程和责任的新运营模式转变，通过虚拟化和自动化技术提升IT效率。

2. 云计算数据中心特点

（1）基础环境：数据中心基础设施从大型、单一设计转向模块化设计。

（2）基础架构：资源虚拟化、配置标准化、管理自动化也成为云计算数据中心显著的特点。支持很强的高可用性。云计算数据中心是资源服务为主的运行模式。

（3）运营管理：云计算环境下的运营组织和管理体系发生革命性变化，应用系统与基础架构紧密联系，故障处理、应用发布、日常变更等工作需要作为一个整体来考虑。

总体发展：数据中心的云化是面向服务的过程，涉及技术、人员、资源、过程四个核心要素的持续改进和发展。

3. 云服务特征

云服务需要具备的特征主要包括：

- 随需应变的自助服务。
- 随时随地用任何网络设备访问。
- 多人共享资源池。
- 快速重新部署灵活度。
- 可被监控与量测的服务。
- 计量付费的服务。
- 基于虚拟化技术快速部署资源或获得服务。
- 减少用户终端的处理负担。
- 降低用户对IT专业知识的依赖。

4. 云服务带来的挑战

（1）云服务给数据中心运营带来挑战：随着云计算技术的发展和云服务的广泛使用，数据中心面临业务量激增、业务模式变化、服务级别要求提高、能耗和运维管理成本控制等挑战。

（2）云服务需要优化数据中心运营成本：低成本的数据中心是提供低成本云服务的必要条件。运营者需压缩成本，尤其是能耗和运营管理成本，以保障用户享受高性价比的云服务。

（3）云服务正在重塑数据中心的运营架构：云计算的发展导致业务量、信息量和用户数量快速增长，需要规模化的数据中心支持。基于虚拟化技术的软硬件系统提高了资源使用效率，改变了传统的 IT 交付方式，用户可以按需自助使用 IT 资源，重塑数据中心的运营架构。

（4）云服务对数据中心运营人才的需求提升：云服务的发展增加了对数据中心云计算员工的需求，组织需要精通多种技术、能够制定明智决策的人才。工程师和架构师需要具备创造性思考和工作的能力，特别是在新技术层出不穷的当下。

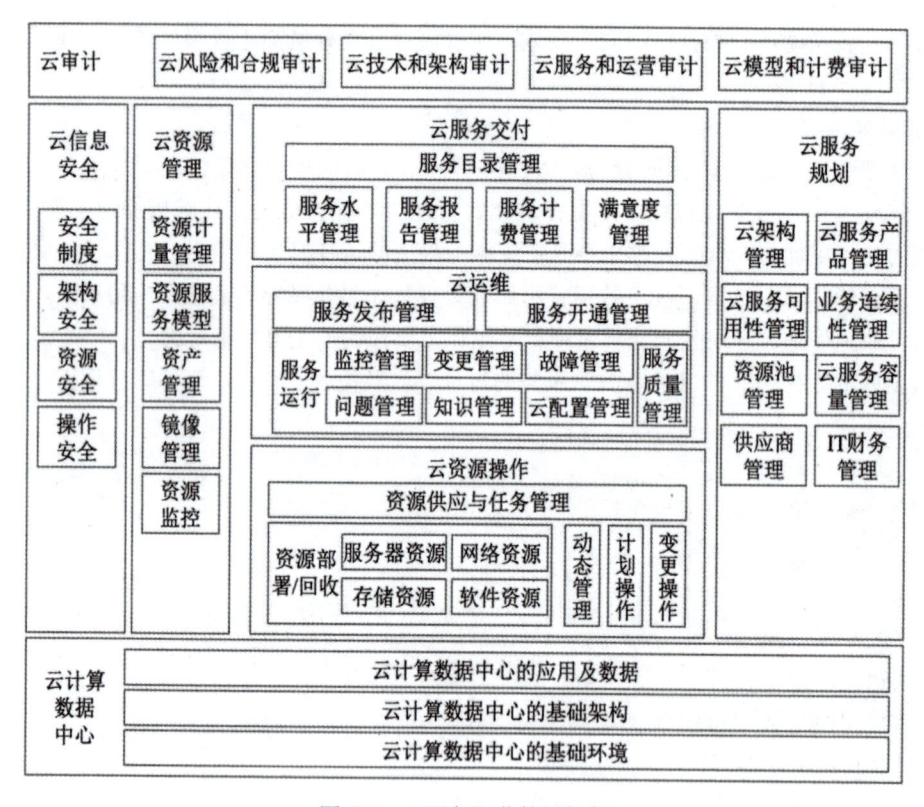

5. **云服务运营管理框架**

云服务运营管理框架如图 9-2 所示。

图 9-2 云服务运营管理框架

云服务需要强调"以交付为主线、以服务和资源为重点、以安全和审计为保障"形成的云服务运营管理框架，云服务重点在服务和资源上，同时还要适应虚拟化技术、弹性计算、绿色智能技术所带来的弹性、动态、自适应的要求。因此，云服务运营管理重点聚焦在 7 个领域，即云服

务规划、云服务交付、云运维、云资源操作、云资源管理、云信息安全和云审计。（速记词：鬼子交运 作安审）

（1）以交付为主线是指从与用户交互角度（服务交付管理）、信息系统管理人员交互角度（服务运维管理）到人员与资源设备交互角度（资源操作管理）的视角，总结云服务从"IT 服务—运维—资源"的价值转变过程中涉及的关键环节的管理要点。

（2）以服务和资源为重点是针对云服务运营管理中关注服务与资源的特点，将指导与管理如何将云资源与人员管理活动封装成服务的管理活动归纳到云服务规划中，同时将如何针对云计算各种服务资源的规划与管理内容归纳到云资源管理中。

（3）以安全和审计为保障是指由于技术与服务的变革，如何有效应对云计算技术带来的安全与审计的挑战，将直接影响到用户对云服务与管理的信心，所以专门规划出了两个不同的管理领域去归纳、总结在云服务中需要考虑的管理要点。

6. 云服务运营管理重点聚焦的 7 个领域

（1）云服务规划：封装云计算资源，设计符合业务需求的云服务，包括容量管理、可用性管理、业务连续性管理、供应商管理、IT 财务管理，以及云服务产品管理和云架构管理。

（2）云服务交付：在传统服务交付的基础上，强化服务计费管理，重点管理资源使用的计费模式和用户服务诉求响应。云服务交付快速且标准化，强调自助化和自动化。

（3）云运维：在传统运维的基础上，强化服务质量管理，引入服务发布管理，关注服务目录、技术模型、资源模型的更新，以及资源供应者管理。

（4）云资源操作：涵盖服务操作的所有内容，包括计划操作和变更操作，并针对云计算特点增加了资源供应、任务管理、资源部署和回收的动态管理。

（5）云资源管理：记录资源状况，扩展配置管理至资源计量管理，并引入资源服务模型和镜像管理。资产管理增加软件资产管理特性，资源监控针对云环境特色进行管理。

（6）云信息安全：与传统信息安全管理类似，但针对云服务特点，安全管理活动分为安全制度、架构安全、资源安全和操作安全四个模块。

（7）云审计：确保云服务管理工作的落实，记录准确合规，包括云风险和合规审计、技术和架构审计、服务和运营审计、模型和计费审计。

9.2 云服务规划考点梳理

【基础知识点】

1. 概述

云服务规划在云服务运营管理框架中承担着云战略的功能，负责对云服务的战略规划、云技术规划与服务能力改进的管理，包括云架构管理、云服务产品管理、云服务可用性管理、业务连续性管理、资源池管理、云服务容量管理等。［速记词：够拼（品）用持（池）续容］

2. 云架构管理

云架构管理主要负责信息系统架构、技术规范和技术标准的日常管理工作。通过架构管理实现管理目标，主要包括：

- 通过统一技术规范，形成技术准入的壁垒，降低技术多样性带来的潜在运营风险。
- 管理各类变更对技术架构带来的变化，保证架构的可控性。
- 跟踪前沿技术，保证信息系统具备一定的技术前瞻性，保护投资等。

云架构管理需要包括应用架构管理、数据架构管理、基础架构管理、技术规范管理和前沿技术研究管理五项管理活动。

（1）应用架构管理。结合业务需求，设计和维护应用架构，主要管理活动包括：

- 业务管理架构和业务需求的研究。
- 应用框架的规划和维护。
- 核心应用架构设计和维护。

（2）数据架构管理。结合业务需求，设计和维护符合业务需求的数据架构，主要管理活动包括：

- 业务管理架构和业务需求的研究。
- 数据架构的规划和维护。
- 数据字典的设计和维护。

（3）基础架构管理。结合应用和数据架构，设计和维护信息技术基础架构，主要管理活动包括：

- 通信和网络架构规划和维护。
- 计算能力的架构规划和维护。
- 存储能力的架构规划和维护。
- 平台软件的架构规划和维护。
- 数据中心基础环境的架构规划和维护。

（4）技术规范管理。结合行业技术现状和前瞻性判断，制定和维护适合的技术规范，主要管理活动包括：

- 通信和网络技术规范制定与维护。
- 服务器和存储系统技术规范制定与维护。
- 平台软件技术规范制定与维护。
- 应用开发和测试技术规范制定与维护。
- 桌面系统技术规范制定与维护。
- 日常操作技术规范制定与维护。
- 数据中心运维规范制定与维护。

（5）前沿技术研究管理。对行业内的新技术和技术发展方向进行储备式研究。

3. 云服务产品管理

云服务产品管理是对云服务产品全生命周期的管理，包含云服务产品规划设计、服务发布、运行操作和服务退役等主要管理活动。云服务产品管理在整个云服务运营管理中处于云服务规划层。

云服务产品管理主要描述两个管理活动：云服务产品规划设计和云服务产品退役管理。

（1）云服务产品规划设计。云服务产品规划设计通过对云服务产品的设计工作，完成对信息系统各类资源的包装，形成资源服务，并以用户易于理解的方式描述资源服务。

云服务产品规划管理活动包含的子活动主要有云服务产品定义、云服务成本分析、服务预测与资源容量规划、服务衡量指标定义等。

1）云服务产品定义。通过云服务产品定义管理活动，完成对云服务产品的定义工作。云服务产品可分成三个种类：基础设施即服务（Infrastructure as a Service，IaaS）、平台即服务（Platform as a Service，PaaS）和软件即服务（Software as a Service，SaaS）。

IaaS 向用户提供以计算、存储和网络资源为单位的资源服务，如 2 CPU/4 GB 内存 /500GB NAS 存储。

PaaS 是把软硬件设施进行一定包装后，以平台软件的形式提供给用户的 IT 资源服务。PaaS 服务从简单到复杂可以分成三种服务形态：①单套软件 + 硬件设施的服务，如单机版的数据库服务；②包含多套软件和硬件设施的服务，如 PaaS 服务给用户提交了一个包含单机版数据库和中间件软件平台的环境；③除了包含多套软硬件设施外，还需要完成这些设施在网络中的位置、相应防火墙策略、负载均衡策略的设置等，总之提供一套直接可以在其上部署应用或服务的环境。

SaaS 向用户提供业务应用的服务，典型的 SaaS 服务如工业云平台、云制造执行系统（Manufacturing Execution System，MES），给中小组织提供销售管理的在线应用服务。

2）云服务成本分析。云服务产品规划活动的一个主要目标是通过资源定义分析服务组合的成本构成，并进一步根据运营策略完成服务定价的工作。云服务产品成本通常由云服务运营成本和云服务产品研发成本两部分组成。

云服务运营成本主要是指保证云服务产品运行所需的资产成本（如设备折旧）、人工成本、运营费用（如机房电费等）和数据中心行政费用的分摊等。云服务研发成本主要指研发云服务产品的成本投入在云服务产品生命周期内的分摊，包括开发阶段投入的人工成本、资产成本（开发测试设备折旧等）和研发中心的行政费用分摊等。

3）服务预测与资源容量规划。通过预测市场容量（公有云）或内部用户需求规模（私有云），规划服务产品所需的资源容量要求，保证产品推出后有足够且合适的资源提供，以满足客户（或组织内部用户）对服务产品消费的需求。

4）服务衡量指标定义。云服务产品定义中需要包含提供服务质量的承诺和衡量方式。云服务产品的服务质量包含两方面的承诺：交付质量的承诺和服务运行质量的承诺。

交付质量指服务目录中云服务产品交付成功率和交付速度的要求：

- 交付成功率。用户订购云服务产品后按时交付的能力。
- 交付速度。指定时间内按产品规格交付资源的能力。

服务运行质量包含服务可用性和业务连续性指标，如服务可用率、服务可靠性、业务连续性衡量等。

（2）云服务产品退役管理。云服务产品退役管理通过对云服务产品退役过程的管理活动，实现相关资源的释放和服务目录的同步更新，完成相关服务产品的退役。

云服务产品退役管理活动包含的子活动主要有云服务产品退役审批、服务目录更新、资源释放、相关管理活动更新等。

1）云服务产品退役审批。当一个云服务产品不再适合市场（或内部用户）需求，或者有新的服务产品取代原有服务产品时，相关服务产品需要通过退役管理流程完成产品生命周期的最后一段旅程。退役申请主要包含：

- 退役原因分析。
- 用户影响分析及应对策略。
- 是否需要缓冲期，以及多长的缓冲期。

2）服务目录更新。退役过程的第一步是把相关服务产品从服务目录中删除，保证从服务产品退役那刻开始，用户无法申请新的该服务产品实例，但对已经申请和使用相关服务产品的用户没有影响。

3）资源释放。退役过程的资源释放分为两个步骤：第一步是把相关服务产品预留的可分配资源从资源池中释放到公共资源池；第二步是等待所有用户对退役服务产品的使用周期结束后，把这部分资源释放到公共资源池。

4）相关管理活动更新。资源释放完成后，开始做最后的清理工作，即清理相关服务产品在各管理模块中的信息。

4. 云服务可用性管理

（1）云服务中的可用性管理是确保服务达到承诺的可用性指标的关键，主要任务包括：

- 建立并维持反映当前和未来业务需求的可用性计划。
- 分析与可用性相关的事件和问题，评估变更对可用性计划和服务资源的影响。
- 通过性能测量驱动服务可用性达到承诺的标准。
- 确保预防性措施在合理成本下得到实施，以提升服务可用性。
- 提升可用性需从服务和组件两个维度出发，了解云服务组件如何支持业务，尤其是关键业务。在云服务供需双方之间进行有效沟通，分析可用性目标违反的损失和达成目标所需的投入。设计合理的可用性管理目标，并通过有效管理和技术改进实现。

（2）可用性管理的主要活动包括设计、部署、衡量、管理和提高服务和组件，覆盖所有支持服务、合作伙伴和供应商。这些活动分为：

- 被动活动：包括检查、衡量、分析所有可用性事件、故障、问题，验证活动支撑可用性目标，并确保目标偏离时能迅速有效处理。
- 主动活动：包括从可用性角度对新服务和变更提出建议、计划、设计原则和评价标准，对正在交付的服务提出成本效益考虑后的提升计划和风险规避策略。

5. 业务连续性管理

（1）业务连续性管理指通过对云服务风险的有效管理，保证云服务供方可以持续对外提供较低且符合事先约定的 SLA 的云服务，以支撑组织整体的业务连续性管理目标的达成，主要活动包括：

- 定义并维护一套业务连续性计划，以支撑组织整体的业务连续性计划。
- 开展相应的业务影响分析、风险分析，以制定相应的业务连续性策略。
- 通过运行机制建立、业务连续性建议提供、变更的参与以及管理有效性测量等手段的实施，确保组织业务连续性目标的达成。
- 通过协商与管理，确保业务连续性管理中涉及的外部资源的有效性。

（2）从业务连续性管理生命周期看，可将其划分为启动、需求与策略、实施、日常运营等阶段。

1）启动：组织启动业务连续性管理项目，通过能力建设使其常态化。主要活动包括政策制定、确定范围与参考条款、资源分配、项目组织与管理机制设计、项目计划与质量计划确认。

2）需求与策略：分析业务连续性管理需求，制定相应策略。主要活动包括：

- 业务影响分析：评估服务问题对业务的直接（财务损失）和间接（商誉、客户忠诚度等）影响，分析业务影响与中断时间的关系，以及业务与资源（尤其是云服务）的关系，确保评估的正确性。
- 风险分析：评估灾难和其他服务中断的可能性，对风险大小及组织脆弱性影响进行评估，适用于可用性、事件与信息安全管理。
- 策略制定：识别可能的服务中断风险及业务影响后，制定业务连续性管理策略，包括风险降低策略和可接受中断时间的业务恢复策略（如人工恢复、互惠协定、冷/暖/热备份等）。

3）实施：根据策略建立业务连续性管理措施与能力，包括制定业务连续性计划、版本控制与分发、组织设计、执行风险降低与业务恢复措施、进行计划演练（桌面演练、完整演练、分系统演练、场景演练）。

4）日常运营：通过有效管理，建立并维护组织的业务连续性能力。包括意识与技能培训、定期评估与审核业务连续性管理、定期演练计划、通过变更管理确保计划适应业务与技术环境变化。在灾难发生时，通过有效决策、资源调配与计划执行，迅速响应灾难事件，按既定目标恢复最低业务水平，最终重建服务能力，完全恢复全面业务。

6. 资源池管理

资源池管理是完成对云服务各类资源有效组织、分配、调拨的相关管理活动。资源池管理主要包括资源池规划设计、全局资源池规划设计、资源池和资源生命周期管理。[速记词：化橘（局）池生］

（1）资源池规划设计：资源池是实现云服务资源动态调度、快速部署和高可用性的核心。规划设计包括梳理设计依据、资源池规划设计、数据中心资源池落地设计。

主要影响因素有：

- 安全域：考虑网络逻辑或物理隔离需求，如私有云中的三网隔离，公有云的内外网隔离。
- 应用框架：考虑应用分层的需求，如 Web 层、应用层、数据层等。
- 资源种类：考虑组织的异构资源，如 x86、UNIX、大型主机环境。
- 服务等级：考虑提供不同服务等级的资源服务，如金银铜牌服务。
- 管理需求：考虑高可用性、监控和日常操作管理需求。

（2）全局资源池规划设计：从组织层面将多个数据中心视为一个整体资源池进行规划设计，包括：

- 资源层次设计。
- 基于应用框架、管理需求和安全域划分需求，规划资源层次。
- 资源池在数据中心和资源层次上的种类和数量设计。

（3）资源池和资源生命周期管理：管理云服务资源从预算、采购、部署到退役的全过程，负责策略、规划和过程管控。具体操作包括：

- 扩容规划、预算和采购。
- 资源池扩容。
- 全局资源调拨管理。
- 资源池和资源退役管理。

7. 云服务容量管理

（1）云服务容量管理强调预测的敏捷性和成本控制，确保资源有效使用，其管理的目标主要包括：

- 确保成本合理的云服务容量始终存在并符合组织当前和未来业务需要。
- 通过持续的监控和有效的管理降低现存服务的风险。
- 通过容量采购计划（避免紧急、非计划、过于超前的采购）降低成本。
- 通过对现有容量的有效使用降低成本。
- 发布对新的容量需求的预测。
- 结合财务管理，影响容量需求。
- 通过容量计划使服务提供商提供如服务级别协议所规定的服务质量等。

（2）容量管理子活动包括：

1）收集业务、服务、技术和增长需求。获取业务目标、服务需求、技术方向、应用程序/交易量增长估计、预算政策等信息。

2）收集性能和容量测量数据：

- 定义需收集的数据，使用数据收集工具。
- 归纳和展开性能和容量信息，存储于数据库，用于现状分析、预测和报表生成。

3）评估资源和服务当前的使用状况并优化：

- 日常性能和容量管理。
- 采取主动措施避免容量问题。

- 确定资源使用、服务性能与业务驱动因素和业务量之间的关系。

4）评估当前的资源需求，提供配置/成本的备选方案：
- 预测性能和容量需求。
- 根据预计负载和配置满足容量需求。
- 使用一般单位成本来进行成本估计，预测可针对特定应用程序或整个系统。

5）沟通性能和容量信息：
- 确定需要沟通的信息、沟通对象和沟通方式。
- 关键活动是定义有效的报告，包括容量计划。

9.3 云服务交付考点梳理

【基础知识点】

1. 概述

云服务交付负责管理云服务与最终用户之间的交互，是对外的统一服务窗口，在整个运营管理中处于最前端，包括服务目录管理、服务水平管理、服务报告管理、服务计费管理和满意度管理。
（速记词：露水抱即满）

2. 服务目录管理

服务目录的特点：
- 服务目录定义的完善程度和友好性。
- 服务目录管理的自动化程度。
- 服务目录的设计与配套服务管理流程的成熟度。

3. 服务水平管理

（1）服务水平管理是定义、协商、订约、检测和评审提供给客户的服务质量水准的流程，主要用于规范云服务供方与用户之间就云服务的绩效目标所进行的一系列活动。其管理目标主要包括：
- 通过对云服务绩效的协商、监控、评价和报告等一整套相对固定的运营流程来维持和改进云服务的质量，使之既符合业务需求，同时又满足成本约束的要求。
- 采取适当的行动来消除或改进不符合级别要求的云服务。
- 提高客户满意度以改善与客户的关系。

（2）服务水平管理的范围一般只包括在云服务提供过程中发生的云服务供方与其他相关主体之间，就服务质量所进行的协调活动。具体而言，主要包括三个协议所规范的各方主体的行为及活动，具体如图9-3所示。

服务级别协议主要协调云服务供方和所有云服务客户之间的关系，支持合同和运作级别协议则主要协调云服务供方与其服务提供赖以进行的各方（外部和内部）供应商之间的关系。总之，上述三个协议所调整和规范的各方主体及其行为活动均属于服务水平管理流程的范围。

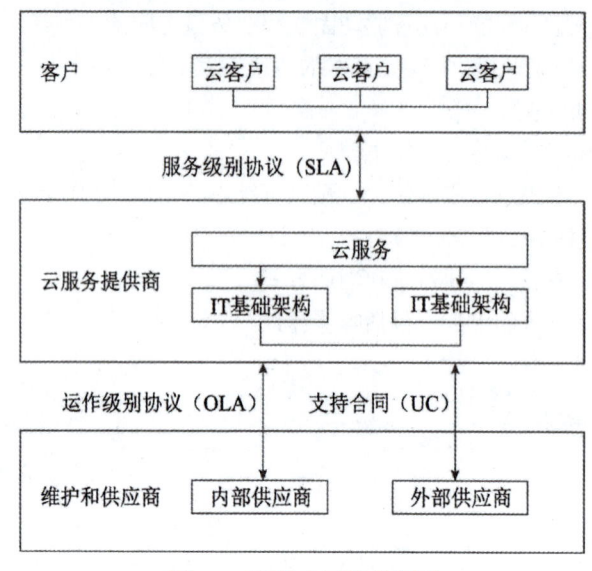

图 9-3 服务水平管理范围

4. 服务报告管理

（1）服务报告管理是指依据服务级别要求，从云服务各项活动中收集服务信息、计算服务级别衡量指标，并且制定对用户的服务报告和对内运行管理报告的过程和管理活动。其管理的目标主要包括：

- 统一收集服务衡量相关信息，统一计算服务衡量指标。
- 完成对服务用户的报告，并对计费报告提供服务质量的数据支撑。
- 完成对内运行能力衡量的运行分析报告。
- 通过服务衡量和运行能力衡量，发现数据中心短板，指导提升计划。

（2）服务报告管理常分成三个子过程，分别是服务报告规划、服务报告撰写和服务报告发布。（速记词：鬼写发）

1）服务报告规划。服务报告规划通过一系列的管理活动，完成云计算数据中心的服务报告模板、服务级别和运行水平指标的采集计算方法、服务报告模板和服务报告定制过程中各岗位承担的职责。主要活动包括整理服务水平衡量指标、创建服务/运行报告模板、形成指标采集任务、形成报告撰写任务等。

2）服务报告撰写。服务报告撰写管理子流程是组织相关部门完成相关指标的数据采集、计算和报告撰写工作的一系列管理活动。主要包括指标数据采集、计算服务水平指标和运行能力指标、服务质量和服务水平的衡量、撰写服务报告和运行能力报告、报告分析和改进措施等。

3）服务报告发布。服务报告发布管理子流程是组织相关部门与签约用户沟通和优化服务报告的一系列管理活动。主要包括审批服务报告、发布服务报告、发送服务衡量指标给计费管理、签约用户沟通和反馈、优化和定稿等。

5. 服务计费管理

（1）服务计费管理一般包括如下四层内容。

- 计量层：观测流量和记录资源使用情况，通过计量策略跟踪使用情况，指定需要报告的属性。
- 收集层：访问测量实体提供的数据，收集与收费有关的事件，转发给记账层处理。进行数据交换格式和协议的标准化，定义收集策略包括数据搜索位置、类型和频率。
- 记账层：聚合收集层的信息，建立服务记账数据集合或记录，传递给计费层进行定价。需要了解服务依赖关系和服务定义，与服务目录/配置管理数据库（CMDB）及应用程序映射和依赖软件集成。
- 计费层：根据服务的计费和定价方案，计算记账记录的费用。

（2）服务计费管理主要包括资源计量、服务质量评估、基于服务合约的计费、生成账单等四项管理活动，实现云服务运营的目标。（速记词：计量费 账单）

1）资源计量：根据服务约定和客户计费策略，通过管理工具支持，实现资源的实时、动态测量。

2）服务质量评估：根据服务合约中的服务质量与收费关系，定期或实时收集服务级别相关指标，与服务级别协议要求比对，生成服务质量调整系数，影响服务计费。

3）基于服务合约的计费：完成资源计量和服务质量评估后，根据服务内容和收费依据进行计费计算，结合服务质量条款调整费用，形成服务账单原始数据。考虑计费内容的颗粒度，如硬件资源性能与容量、操作系统版本、安全防护内容等。

4）生成账单：根据 IT 财务管理要求，生成服务账单，提供给财务人员进行后续收费管理。

6. 满意度管理

满意度管理主要包括客户满意度调查、服务报告与评审、客户投诉管理等管理活动与过程。

9.4 云运维考点梳理

【基础知识点】

整个云运维管理领域主要包括服务发布管理、服务开通管理、服务运行管理等模块。（速记词：不通行）

1. 服务发布管理

服务发布管理包括指定服务产品服务能力的建立、测试和交付上线，同时，还负责及时响应业务需求并交付达到预期目标的服务。从发布的管控与跟踪角度出发，相关发布活动主要包括发布申请、策划与评审、发布培训、发布测试、发布沟通、发布推演、发布执行、发布实施、发布验收、发布总结等。

发布申请：发布管理的起点，相关人员提出发布请求，记录请求信息，判断信息完整性和发布类型。

策划与评审：对于非紧急发布，发布经理组织相关人员评审投运方案，评估技术可行性和风险。

发布培训：新项目或重大功能上线前，对服务和运维人员进行培训，确保了解新内容，保障业务连续性。

发布测试：在实施前完整测试投运方案，验证可操作性和可执行性，提前发现问题并准备。

发布沟通：测试完成后，发布经理通报测试情况和发布准备，进行线下线上融合沟通。

发布推演：正式投运前，在准生产环境中进行完整投运演练，由决策人员做最终审批。

发布执行：发布审批通过后，将发布任务统一规划并拆分为变更，向变更管理流程提出申请。

发布实施：发布拆分为变更单后，变更管理流程控制流转和执行，发布与变更联动。

发布验收：发布实施成功后，发布经理通知相关部门进行业务层面验收。

发布总结：发布结束后，经过观察期确认无潜在问题或影响，允许关闭发布，标志生命周期结束。

2. 服务开通管理

（1）服务开通管理负责从服务目录接受签约用户的服务申请，管理审批和服务交付的过程，并在交付完成后负责更新配置信息，保证资源计量工作的及时开展。其管理的目标主要包括：

- 向用户提供一个请求和获取标准服务的渠道。
- 向用户明确 IT 部门可以提供哪些服务，以及获取这些服务的必要步骤。
- 向用户交付标准的服务。
- 管理服务交付的过程。
- 交付完成后，负责发起配置信息的更新。

（2）服务开通管理主要包括提出服务请求、审批服务请求、处理服务请求、关闭服务请求等活动。（速记词：请求出关）

1）提出服务请求。

签约用户通过服务目录选择服务，自动生成服务请求工单。

服务开通管理根据申请内容，从云配置库获取服务模型和所需资源信息，查询资源是否充足。

2）审批服务请求。

自动审批为主，基于规则判断：是否签约用户、是否有权申请服务、资源是否充足、资源是否可分配。

支持人工审批，由资源池管理员和部门主管负责。

3）处理服务请求。

"非云"请求：生成任务工单，涉及变更则通过变更流程管理。

"云"请求：从云配置库获取服务模型，生成部署模型和指令，发布到任务调度管理模块执行，完成后更新资源信息并通知用户。

4）关闭服务请求。

服务请求执行并用户确认后，进入关闭环节。

可发送客户满意度调查问卷，回收后关闭服务请求工单。

3. 服务运行管理

（1）服务运行在云服务运营管理框架中承担着保障安全运行的功能，包含云运维相关的七大管理功能模块：

- 监控管理：负责各类资源监控的统一告警管理和性能管理，对告警事件进行全生命周期的跟踪和管理，并根据告警事件的类别和严重程度进行相应的升级处理。是云服务运营管理的主要活动之一。
- 变更管理：使用标准化的方法和程序，用于有效处理所有变更，减少由于变更带来的业务风险。
- 故障管理：负责尽可能快地恢复意外服务质量下降或因故障而导致的服务中断，从而使故障对业务产生的影响最小化。
- 问题管理：负责查找故障产生的根本原因、监测和预防故障的发生，并为彻底消除故障根源提出合理的解决方案。
- 知识管理：负责确保正确的信息和知识以一种可高效利用的方式传递给所有的 IT 服务人员。
- 云配置管理：确保服务、系统或产品的组件都能够得到识别和维护，确保变更能够得到控制，确保发布通过正式批准。
- 服务质量管理：保证云服务能够提供符合质量承诺的服务。

［速记词：渐（监）变 故问 知配量］

（2）监控管理。在监控领域，工作分为两个层面。

1）专业资源监控：

- 负责监控各类资源的运行状况和性能。
- 发现故障时生成监控信息并进行告警处理。

2）统一监控管理。

- 站在信息系统角度，收集各类资源监控子系统的告警和性能信息。
- 通过规则统一处理短信和邮件通知，发送告警信息到故障流程。
- 统一展现告警信息等管理功能。

统一监控管理作为云服务主动式管理的重要手段，实现目标包括：

- 侦测告警，分析并确定处理措施：为操作监控和控制提供基础。
- 告警分类（信息/警告/异常）：为自动化操作管理任务提供基础。
- 提供服务操作流程和活动的入口。
- 提供标准和 SLA 绩效评估手段的更新。

（3）变更管理。变更管理的目的是通过对变更全生命周期的控制，确保变更可以达到预期目的，同时最大限度地降低对 IT 服务中断的影响，具体包括：

- 响应用户业务变更的需求，在实现变更收益的前提下，避免由此引发的事件、业务中断与返工。
- 通过变更实现 IT 服务对业务的支撑，同时最大限度地控制由于变更所带来的风险。

- 通过一套有效的管理方法保证相应的变更被记录、评估，实现被审批通过的变更获得相应的排序、计划、测试、实施和评价。
- 保证对配置管理项（CI）的变更被记录到 CMDB 中。

变更管理的主要活动包括创建变更请求（Request for Change，RFC）、记录 RFC、检查 RFC、评估变更、授权变更、计划更新、协调变更实施、评审和关闭变更记录，如图 9-4 所示。

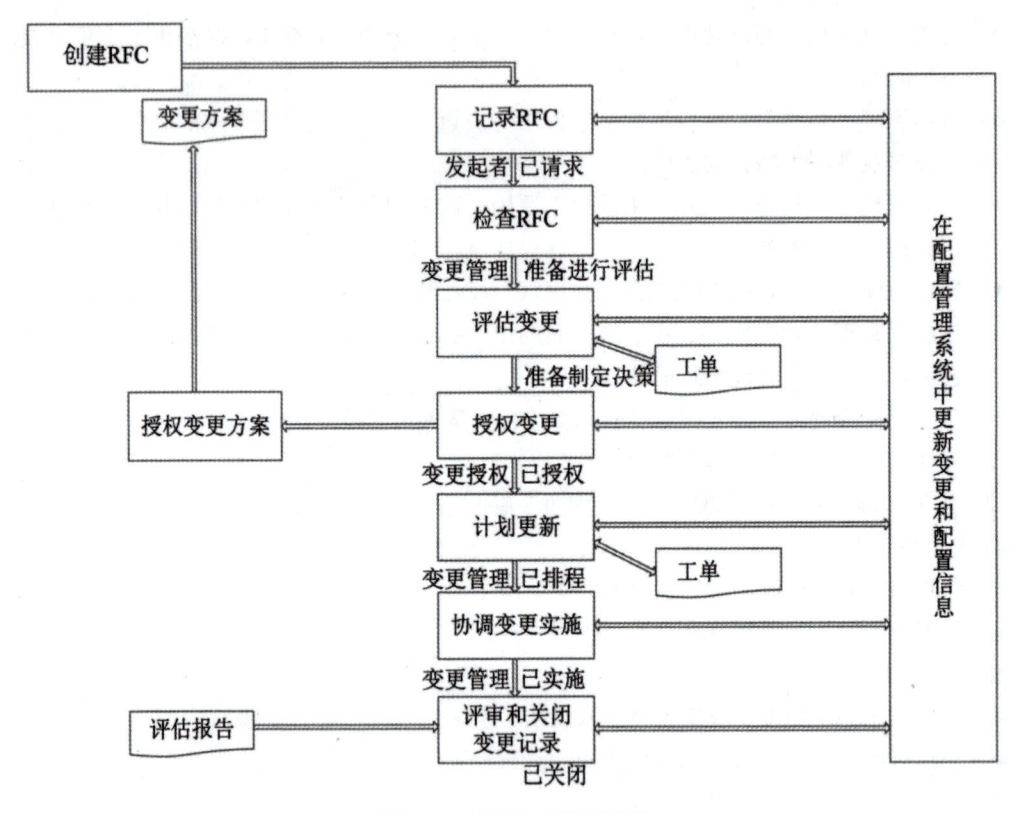

图 9-4 通用变更管理过程

（4）故障管理。故障管理包括中断或可能中断服务的任何故障，它可能是用户直接报告的故障，也可能是通过服务台提交或者通过事件管理与故障管理之间的工具接口而创建的故障。

故障管理的目标是尽可能快地恢复到正常的服务运营，将故障对业务运营的负面影响降到最低，并确保达到最好的服务质量和高可用性水平。"正常的服务运营"通常相对于服务级别协议（SLA）的要求而言。

故障管理是云/IT 运维管理中使用频率最高的活动。明确定义故障管理过程的主要活动，形成标准的故障处理模型，并将该故障处理模型整合到故障管理软件平台是目前实践中较常见的做法，如图 9-5 所示。

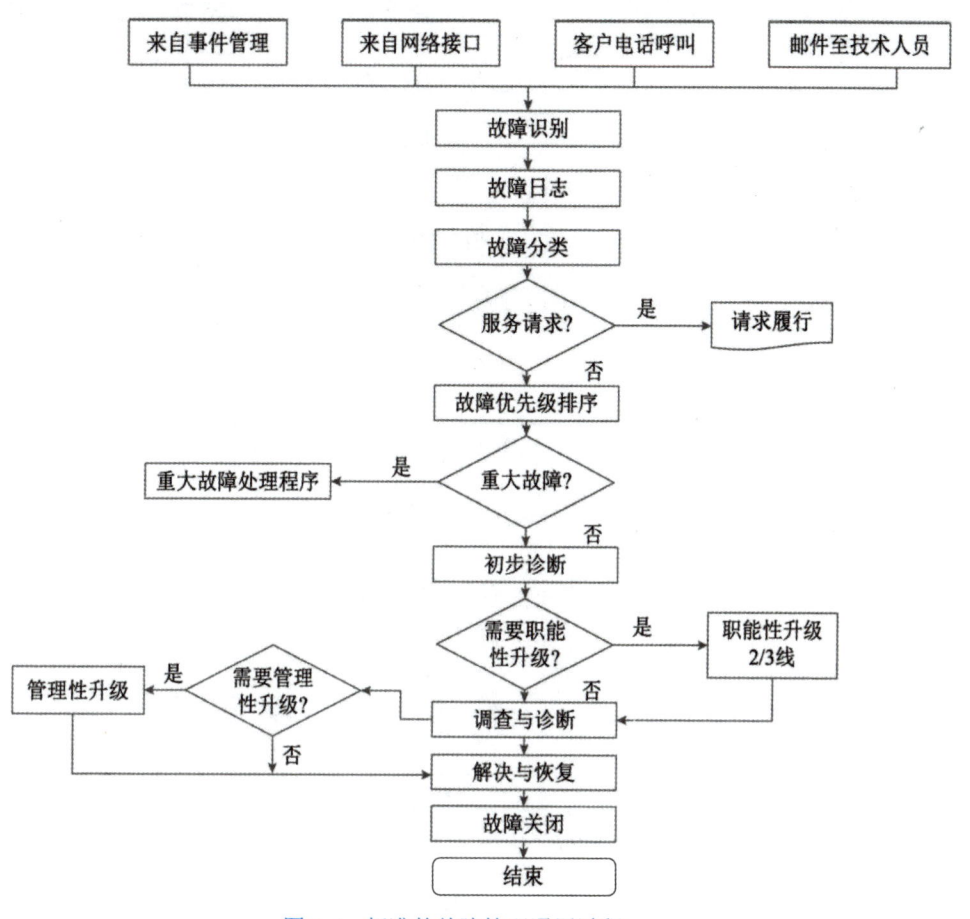

图 9-5　标准的故障管理通用过程

（5）问题管理。问题管理的主要目标是预防问题的产生及由此引发的故障，消除重复出现的故障，并对不能预防的故障尽量降低其对业务的影响。

问题管理针对所有的 IT 服务要素（人、流程、技术、合作伙伴）进行问题识别、根源分析、错误评估和解决方案制定。对于识别后的问题，需要采取一套标准的流程进行处理，如图 9-6 所示。

（6）知识管理。知识管理的目标是确保合适的信息在合适的时间提供给有能力的人，帮助作出明智决策。

- 使 IT 服务机构工作更有效，服务质量更高，成本更低。
- 让服务人员理解服务对客户的价值，以及如何为客户带来价值。
- 确保服务人员在需要时获得合适信息，如服务使用状况、限制、阻碍等。

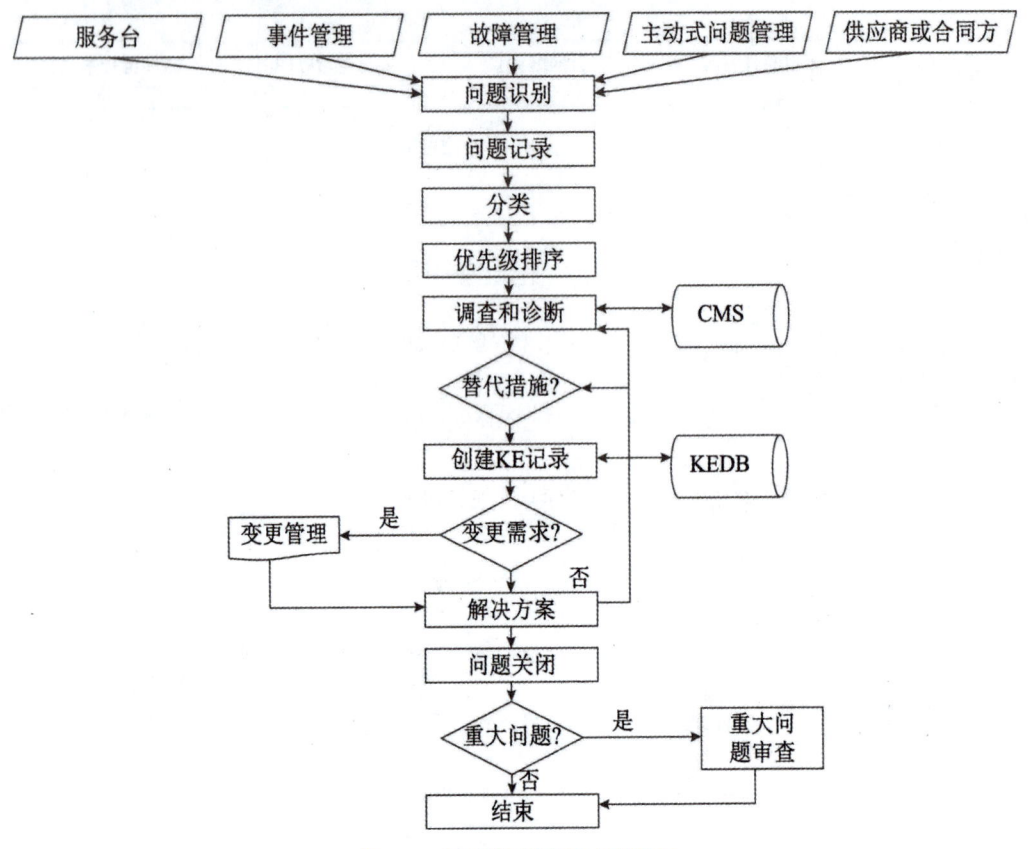

图 9-6 问题管理通用过程框架

（7）云配置管理。

1）云配置管理包含资源调度和资源调拨两个场景：

- 资源调度：跨资源池和租户的配置关系，逻辑资源调用。
- 资源调拨：物理资源调用，分析资源池中物理资源使用情况。

2）云配置管理根据数据消费者需求定义数据提供者，如资产管理、监控数据、自动发现工具。

3）云配置管理的目标包括：

- 建立和维护完整准确的数据集，实现 IT 环境可视化管理。
- 打破数据壁垒，实现数据中心数据共享，提升运维管理价值。
- 建立 IT 与业务关联，基于服务目录归集配置资源，实现业务与 IT 资源联动。
- 支撑云资源管理活动，如资源调度和调拨。

（8）服务质量管理。

1）信息技术服务质量包括服务要素质量、服务生产质量和服务消费质量。

2）服务质量管理的主要活动包括：服务质量评价指标体系创建、服务质量指标采集和计算、服务质量评估和服务绩效奖惩等内容。

服务质量管理目标主要包括：
- 建立一套科学、合理和量化的质量评估体系，帮助管理者落实质量管控的措施。
- 提供质量评价和奖惩的管理措施，促进整个组织行为模式向管理者期望的方向持续提升。

9.5 云资源操作考点梳理

【基础知识点】

云资源操作的主要作用是根据运维管理要求和云计算的技术特性，将服务交付、服务支持中的技术要求具化成技术操作，将服务的各项操作要求分散，并落实到云服务的日常管理中。

1. 资源供应与任务管理

任务调度管理是一个自动执行的操作流程，其主要操作步骤包括：部署配置指令拆解、部署配置指令发布、指令执行状态管理、异常处理、指令执行完成。[速记词:姐（解）部管，你（异）行！]

2. 资源部署/回收

资源部署/回收是在任务调度管理统一调度下真正对软硬件设施资源的操作，包括按照服务请求完成云环境的部署、配置等工作，是直接和各类资源打交道的管理层次。其管理目标是按照任务调度管理的要求完成各类资源的部署和配置工作，最终交付资源服务。

从云计算角度来说，这些资源可以按照大类分成服务器资源、网络资源、存储资源、平台和应用软件资源等。

（1）服务器资源：
- 支持异构服务器硬件和操作系统。
- 提炼和封装实现通用服务器部署/回收操作。
- 包括虚拟机部署、物理裸机安装、操作系统和补丁安装及配置。

（2）网络资源：
- 支持异构网络设备。
- 提炼和封装实现通用网络虚拟化操作。
- 包括 VLAN 划分、IP 地址池管理、防火墙和负载均衡策略修改。

（3）存储资源：
- 支持异构存储设备。
- 封装实现通用存储虚拟化操作。
- 包括基于 SMI-S 接口的存储操作封装、存储管理软件提供云存储服务封装。

（4）平台和应用软件资源：
- 平台软件指数据库、中间件和商业软件的应用平台部分。
- 应用软件指自开发和购买的商用应用软件。

- 提炼和封装实现通用软件部署和配置操作。
- 包括基于镜像的软件安装、安装后的软件配置。

3. 动态管理

（1）动态资源优化：动态资源优化是指在虚拟化环境中根据应用、服务负载变化分配资源，保证业务运行同时避免资源浪费。

- 需要了解和预测应用、服务负载量，实时监测性能数据，做出资源再分配决策。
- 采用"两只眼睛、一个大脑、两只手"的协同工作方式。
  ◆ 一只"眼睛"监测虚拟化平台资源状态。
  ◆ 另一只"眼睛"监测应用、服务负载和资源使用情况。
  ◆ 一个"大脑"进行性能分析预测、资源动态规划。
  ◆ 一只"手"进行宏观调整，如调整服务器或迁移虚拟机。
  ◆ 另一只"手"进行微观调整，如调整虚拟机资源。

（2）实时迁移管理：实时迁移（Live Migration）是在虚拟机运行过程中，将整个虚拟机的运行状态完整、快速地从原来所在的宿主机硬件平台迁移到新的宿主机硬件平台上，并且整个迁移过程是平滑的，用户几乎不会察觉到任何差异。由于虚拟化抽象了真实的物理资源，因此可以支持原宿主机和目标宿主机硬件平台的异构性。

- 需要虚拟机监视器的协助，通过源主机和目标主机上的虚拟机监视器配合完成。
- 内存页面不断从源虚拟机监视器复制到目标虚拟机监视器，最后完成切换。
- 最初用于系统硬件维护，现在也用于资源整合和提升资源利用率。

4. 计划操作

计划操作是对机房环境和软硬件设施定期所做操作任务的管理，如日常巡检、预维护等。与计划操作相对应的是变更操作，指变更流程执行过程中对资源的各类操作任务的管理。

计划操作的目标主要包括：

- 通过主动性管理措施，使各类设施运行的可用性目标能够得到保障。
- 通过标准化日常操作管理规范，降低或消除人为操作失误。

计划操作包含四类操作任务，分别是合规巡检、常规作业、补丁管理和批处理管理。［速记词：何尝（常）不批］。

（1）合规巡检。合规巡检是指基于行业规范和组织自定义规范中定义的安全审计规则，对服务器、网络、平台和应用软件的关键配置进行检查，及时发现配置基线的偏移，并通知管理员的过程管理。

（2）常规作业。常规作业指需要在服务器、存储设备、网络设备、机房设施、平台软件和应用软件上定期执行的作业任务，这些任务包含以下几种类型。

- 服务器常规作业。设备清洁、输入、输出电压检测、磁盘读、写正常性测试、输入、输出设备读写测试（光驱、内置磁带机）、配置文件备份、过期运行日志清理、网络通信正常性测试、临时文件清理等。

- 存储设备常规作业。设备清洁，输入、输出电压检测，磁盘读、写正常性测试，配置文件备份，过期运行日志清理，与连接主机通信正常性测试，端口访问测试等。
- 网络设备常规作业。设备操作系统软件备份及存档，设备软件配置备份及存档，监控系统日志备份及存档，监控系统日志数据分析与报告生成，网络配置变更文件的审核，网络配置变更的操作，网络配置变更的记录清理等。
- 机房设施常规作业。基础类操作（按服务管理手册的有关规定，执行设备的日常运行、维护和保养），测试类操作（按服务管理手册的有关规定，对基础设施各系统功能、性能进行测试），数据类操作（按事先规定的程序，对机房基础设施运行日志、记录等数据进行操作）等。
- 数据库系统的常规作业。侦听连接正常性测试，数据库正常登录测试，SQL 执行正常性测试，表空间正常访问测试，表读写正常性测试，客户端连接测试，数据库备份，过期归档日志清除等。
- 中间件的常规作业。备份配置文件，备份重要运行日志，清除过期日志，交易连接正常性测试等。
- 数据的常规作业。对数据的产生、存储、备份、分发、销毁等过程进行的操作，对数据的应用范围、应用权限、数据优化、数据安全等内容按事先规定的程序进行的例行性作业，数据备份，数据转换，数据分发，数据清洗等。

（3）补丁管理。补丁管理指对所有操作系统、数据库和中间件平台，集中管理补丁介质，对当前的补丁列表进行分析，提供需安装的补丁建议，并批量下发补丁。补丁一般可分为：

- 安全修补程序（Security Patch）。为特定产品广泛发布的修补程序，针对的是某一个安全漏洞。安全修补程序通常描述为有一定的严重度，此安全修补程序针对的漏洞的严重程度等级。
- 重要更新（Critical Update）。为特定问题广泛发布的修补程序，针对的是重要的、与安全无关的缺陷。
- 更新（Update）。为特定问题广泛发布的修补程序，针对的是不重要的、与安全无关的缺陷。
- 修补程序（Hotfix）。由一个或多个文件组成的单个程序包，用来解决产品中的问题。修补程序针对的是特定的客户环境。
- 更新汇总（Update Rollup）。安全修补程序、重要更新、更新和修补程序的集合，可以作为累积更新进行发布，或定位于单个产品组件。
- 服务包（Service Pack）。从产品发布至今，累积的一系列修补程序、安全修补程序、重要更新和更新，包括许多已经解决，但还没有通过任何其他软件更新使之可用的问题。
- 功能包（Feature Pack）。产品发布的新功能，可以用来添加功能。通常在下一次发布时集成到产品中。

补丁管理一般分为评估、识别、计划和部署 4 个阶段。

- 评估阶段。收集漏洞、补丁信息，收集组织资产信息并确定其价值，在这个基础上，评估漏洞对组织的威胁，还要对前一次的执行结果进行评估，给出修补漏洞的要求以及其他防护措施建议。
- 识别阶段。这个阶段的工作依赖于评估阶段收集的信息作为基础，主要工作包括寻找补丁并确定其来源可靠性，以及测试补丁，以确定其能与组织 IT 环境兼容。
- 计划阶段。给出在组织网络部署补丁的详细计划安排。
- 部署阶段。根据计划，在组织网络内部署补丁并进行确认。

（4）批处理管理。批处理管理是对业务批处理任务的统一管理，包括批处理的操作定义、测试、调度、执行、验证、回退、异常处理，以及批处理作业的版本控制、集中管控等。

5. 变更操作

变更操作是与计划操作相对应的一种操作管理，指由工单驱动（不像计划操作由排程驱动）操作任务的管理。

变更操作的目标主要包括：
- 通过统一操作任务管理，控制生产系统风险。
- 通过标准化日常操作管理规范，降低或消除人为操作失误。

变更操作包括排程、人力资源调度、变更任务执行等管理活动。（速记词：排人变）

9.6 云信息安全考点梳理

【基础知识点】

云信息安全框架可从安全制度、架构安全、资源安全与操作安全四大管理领域，安全风险管理、法律及合同遵循等 15 个管理模块进行建设和实施，如图 9-7 所示。

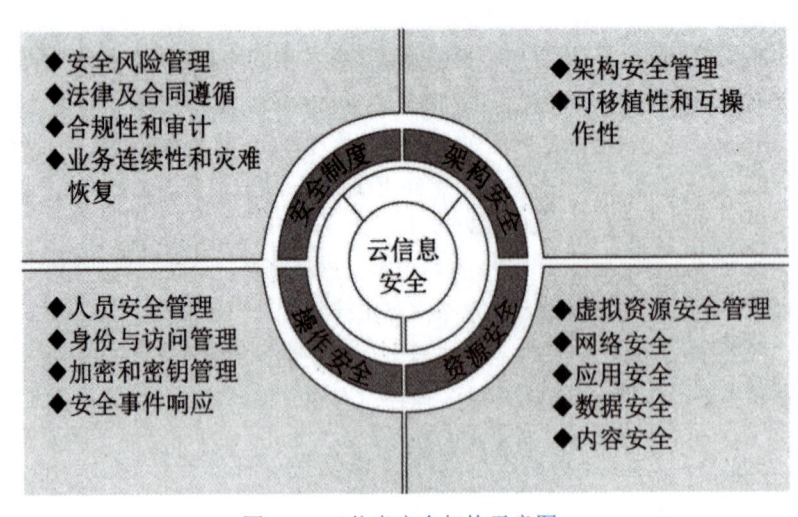

图 9-7 云信息安全架构示意图

1. 安全制度

本部分主要从政策、制度的角度，提出云服务在安全管理方面需要重点关注的内容，包括安全风险管理、法律及合同遵循、合规性和审计与业务连续性和灾难恢复四方面。

（1）安全风险管理。
- 云计算的复杂安全控制模型要求组织部署适当的架构和流程。
- 维持有效的信息安全治理、风险管理和合规性。
- 确保信息安全贯穿于信息供应链，包括供方、用户和第三方供应商。

（2）法律及合同遵循。
- 云服务的分布式生态环境带来潜在法律风险。
- 云服务基础设施需遵守各地法律法规。
- 法律问题分析包括功能、司法和合同方面。

（3）合规性和审计。
- 使用特定云服务时的监管法规适用性。
- 需要区分自身、用户和第三方服务商在合规责任上的区别。
- 各类供方需要能够提供证明合规所需资料，审计活动应事先计划并由利益相关者批准。
- 识别适用的法律、法规和合同要求，明确定义为满足这些要求所采用的方法以及组织职责，形成文件并保持更新，根据司法管辖权不同遵守相应的合规要求。
- 谨慎策划针对数据复制、数据访问，以及数据边界限制的审计计划、活动和操作规程，以最大限度降低业务流程中断的风险。

（4）业务连续性和灾难恢复。
- 物理安全、业务连续性计划（BCP）和灾难恢复（DR）与云服务紧密相关。
- 需要不断审查和监测所选择的云服务。
- 面临的挑战包括风险识别、确认相互依存、资源整合和动态利用。
- 云服务和基础设施有助于减少某些安全问题，但不会消除安全需求。

2. 架构安全

架构安全包括架构安全管理与可移植性和互操作性两方面。

（1）架构安全管理。云平台安全是云服务有效运行的重点，云平台安全主要关注物理安全和云操作系统安全。

1）物理安全。云基础设施资源是云服务的核心组件，集中存储了宝贵的数据资源，对于外网的恶意攻击者有极大的诱惑力，云服务安全需重点关注：

- 物理安全策略。按照风、火、水、电等具体控制要求落实，如果没有，则需要对这些要求重新检查和规范不符合项。
- 访问控制。云服务供方需要有对物理环境的访问控制权，以确保只有得到授权的人员才能访问云基础设施。
- 监管要求。云服务供方要确保符合环境与适当的法律和监管要求，并制定审计规范，定期对规范进行维护和审计，对不符合规范的要求项应不断改善。

2）云操作系统安全。该部分主要关注操作系统补丁管理、操作系统内核安全、应用开发引擎安全，以及应用接口安全等。

- 操作系统补丁管理。云操作系统是云平台的核心组件，要严格操作系统各模块的补丁管理和开发管理，确保云操作系统无漏洞。
- 操作系统内核安全。如果云服务供方采用自主开发的内核，需要对内核安全性能进行评估；加强云操作系统补丁管理，确保无安全漏洞。
- 应用开发引擎安全。云服务供方需要重点关注多租户环境下的隔离问题，以文档的形式记录并向用户说明如何实现隔离。
- 应用接口安全。在多租户的情况下，可能会出现接口被第三方调用或者是租户转移，云服务供方应确保提供标准的 API 安全接口，以满足安全和可移植性的要求。

（2）可移植性和互操作性。云服务供方必须事先考虑到需要更换云资源提供方的可能性，可移植性和互操作性必须被作为云风险管理和安全保证的一部分而提前考虑。

在 SaaS 情况下，云服务供方关注的重点不在于应用的可移植性，而是保持或增强旧应用程序的安全功能，以成功地完成数据迁移。

在 PaaS 情况下，为达到可移植性，一定程度上对应用的修改是需要的，关注的重点在于当保存或增加安全控制时，最大限度地降低应用重写的数量，同时成功地完成数据迁移。

在 IaaS 情况下，关注的重点是应用数据都能够迁移到新的云资源提供商并顺利运行。

3. 资源安全

本部分主要从云服务所需管理与使用的技术资源出发，提出云服务在资源管理方面需要重点关注的内容，包括虚拟资源安全管理、网络安全、应用安全、数据安全与内容安全五方面。

（1）虚拟资源安全管理。在云环境下，虚拟化技术是实现云计算的主要手段，是云计算框架的基础。通过虚拟化技术，在云环境下实现资源的有效利用。虚拟化环境下的安全仍是首要关注点。虚拟资源安全主要从 Hypervisor 安全和虚拟机镜像安全方面考虑。

1）Hypervisor 安全。Hypervisor 是虚拟机管理的窗口，Hypervisor 安全性的高低直接影响到虚拟机安全。因此在虚拟机管理方面要定期审计 Hypervisor 补丁情况，根据检查出来的问题进行加固，以确保 Hypervisor 达到安全需求。

2）虚拟机镜像安全。虚拟机镜像是为用户提供的"机器"实体，当虚拟机处于休眠状态或者是关机的情况下，很容易被篡改或修改。对于这个问题，需要对虚拟机镜像进行加密，同时与行政控制、数据泄露防护（Data Leakage Prevention，DLP）和审计跟踪手段相结合，以防止正在运行的虚拟机镜像"逃逸到野外"，避免攻击者访问到虚拟机快照中的数据，造成恶意损坏而未被及时发现。

（2）网络安全。在云服务的网络安全领域，人们需要重点关注安全域管理和流量管理。

1）安全域管理。

- 传统网络安全管理通过分层规划与分级建设，安全区域清晰。

- 云安全域管理中，业务资源聚集、网络架构一体化，安全边界消失。
- 传统网络安全设备难以实现实体隔离，不满足云安全域管理需求。
- 需要使用虚拟交换技术、虚拟防火墙技术进行安全管理。

2）流量管理。
- 云服务大带宽流量汇聚，给流控管理带来挑战。
- 云计算关键在于快速连接数据中心，创建无缝资源池。
- 存储网络协议和数据包错误恢复协议在必要时使用。
- 数据中心之间主干利用率超过 50% 时，丢失和延迟增加，影响云性能。
- 流量路由管理需考虑利用率问题，以保持云资源间的高效通信。

（3）应用安全。应用安全需要重点关注合规性、工具与服务、脆弱性等。

1）合规性。合规性明显会影响数据，而且也会影响应用程序（如监管要求如何实现程序中的一个特定加密函数）、平台（对操作系统的控制和设置的命令）和进程（如对安全事件的报告要求）。

2）工具与服务。云计算对应用程序开发和运维的工具与服务带来了一系列的新挑战。其中包括开发和测试工具、应用程序管理工具、对外服务的耦合，以及库和操作系统服务的依赖性，这些可能都源自云服务供方。了解谁提供、谁拥有、谁运行的后果，并承担相关的责任非常重要。

3）脆弱性。脆弱性不仅包括广泛文档化且不断演化中的 Web 应用脆弱性，还涉及机器与机器之间、面向服务架构（SOA）的应用程序的脆弱性，这些 SOA 应用正在不断地被部署进云中。

（4）数据安全。从数据生命周期来看，云数据安全管理是对整个数据生命周期管理的进一步强化。

1）数据创建。
- 在多租户的云环境下，数据创建后难以区分所有权。
- 云服务供方需对数据进行标记和分类，确保数据拥有者明确。

2）数据存储位置。
- 数据及副本、备份必须存储在合同、服务级别协议和法规允许的地理位置。
- 对数据拥有者和云服务供方可能是一种挑战，如欧盟管理的电子健康记录。

3）数据删除或持久性。
- 数据删除时必须彻底去除，确保销毁。
- 需有技术保证全面定位和擦除/销毁数据，确保无法恢复。

4）不同用户数据的混合保护。
- 保密/敏感数据在使用、存储或传输中不能无控制地与其他用户数据混合。
- 云服务供方应根据安全要求区分数据等级，分开存放，严格控制访问权限。

5）数据备份和恢复重建计划。
- 确保数据可用性，必须有有效的备份和恢复计划。
- 采用多份、异地备份，确保数据破坏后能及时恢复。

6）数据发现。
- 法律系统对电子证据的关注要求云服务供方和数据拥有者确保所有数据可被找回。
- 需要管理、技术和法律控制的配合。

7）数据聚合和推理。
- 云端数据汇总和推理可能导致敏感和机密信息泄露。
- 需确保数据混合和汇总时避免任何数据泄露，保护数据拥有者和利益相关者利益。

（5）内容安全。信息内容安全是信息安全在政治、法律、道德层次上的要求。公有云建设在这方面面临相关的要求，其要求就是要确保公有云存储的信息内容是健康的，并且在法律上符合国家法律法规的规定。

4. 操作安全

从操作角度提出云服务需要重点关注的内容，包括人员安全管理、身份与访问管理、加密和密钥管理与安全事件响应四方面。

（1）人员安全管理。
- 关注内部人员安全，避免数据泄露和盗卖。
- 对第三方合作进行严格审查和管理，确保服务安全。

（2）身份与访问管理。
- 包括身份供应/取消、认证、联盟、授权与用户配置文件管理。
- 安全管理用户的报到和离职过程。
- 以可信赖方式认证用户，管理凭证和多因素认证。
- 利用身份提供商认证云用户，安全交换身份属性。
- 根据用户类型管理用户配置文件和访问控制。

（3）加密和密钥管理。
- 保护云中数据，减少对服务供方的依赖。
- 关注密钥的存储、传输和备份，确保加密算法安全。
- 执行安全备份和恢复解决方案，防止数据丢失。

（4）安全事件响应。
- 建立良好的安全事件响应流程和机制。
- 关注安全事件响应策略、收集证据流程和事后处理方式。

9.7 考点实练

1.（　　）属于云服务运营框架中云服务规划管理的模块。
  A．云资源操作管理　　　　　　　B．云服务交付管理
  C．云安全管理　　　　　　　　　D．云供应商管理
  答案：D

2. 云服务容量管理的目标不包括（   ）。

   A．确保成本合理的云服务容量始终存在并符合组织当前和未来业务需要

   B．通过容量采购计划（避免紧急、非计划、过于超前的采购）降低成本

   C．通过容量管理可以杜绝一切安全事件发生

   D．通过容量计划使服务提供商提供如服务级别协议所规定的服务质量

   答案：B

3. （   ）不属于云服务运营框架中云运维管理的模块。

   A．服务发布管理　　　　　　　　B．服务开通管理

   C．服务运行管理　　　　　　　　D．云风险合规审计

   答案：D

4. 关于补丁类型的描述，不正确的是（   ）。

   A．更新（Update）：为特定问题广泛发布的修补程序，针对的是不重要的、与安全无关的缺陷

   B．修补程序（Hotfix）：由一个或多个文件组成的单个程序包，用来解决产品中的问题

   C．功能包（Feature Pack）：从产品发布至今，累积的一系列修补程序、安全修补程序、重要更新和更新，包括许多已经解决，但还没有通过任何其他软件更新使之可用的问题

   D．安全修补程序（Security Patch）：为特定产品广泛发布的修补程序，针对的是某一个安全漏洞

   答案：C

5. 应用安全架构中，（   ）不属于应用安全范畴。

   A．合规性　　　B．工具与服务　　　C．脆弱性　　　D．安全域管理

   答案：D

第 10 章
项目管理知识点梳理及考点实练

10.0　章节考点分析

第 10 章主要学习项目管理的知识，本章内容从做项目的流程角度把项目流程分为启动、规划、执行、监控和收尾过程组等内容。

根据考试大纲，本章知识点会涉及单项选择题和案例分析题，按以往的出题规律约占 3～6 分。本章内容属于重要核心内容范畴，考查的知识点主要来源于考试大纲。本章的架构如图 10-1 所示。

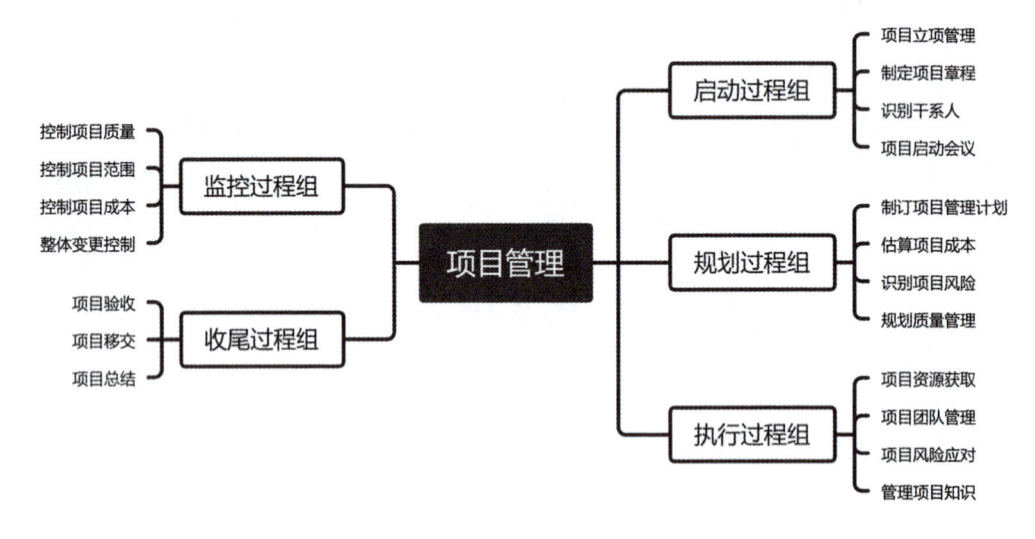

图 10-1　本章的架构

【导读小贴士】

凡事皆项目，运维服务也需要借鉴项目管理的方法论作为指导，项目管理经典的五大阶段包括启动、规划、执行、监控和收尾。

10.1 启动过程组考点梳理

【基础知识点】

1. 概述

（1）项目是为创造独特的产品、服务或成果而进行的临时性工作。

（2）项目管理是将知识、技能、工具与技术应用于项目活动，以满足项目的需求。

（3）项目管理能够帮助个人、群体以及公共和私人组织：①达成业务目标；②满足干系人的期望；③提高可预测性；④提高成功的概率；⑤在适当的时间交付正确的产品；⑥解决问题和争议；⑦及时应对风险；⑧优化组织资源的使用；⑨识别、挽救或终止失败项目；⑩管理制约因素（如范围、质量、进度、成本、资源）；⑪平衡制约因素对项目的影响（如范围扩大可能会增加成本或延长进度）；⑫以更好的方式管理变更。

（4）项目管理不善或缺乏项目管理可能会导致：①超过时限；②成本超支；③质量低劣；④返工；⑤项目范围失控；⑥组织声誉受损；⑦干系人不满意；⑧正在实施的项目无法达成目标。

2. 项目管理过程

（1）项目管理过程可分为以下五个项目管理过程组。

- 启动过程组：定义了新项目或现有项目的一个新阶段，授权开始该项目或阶段。
- 规划过程组：明确项目范围、优化目标，为实现目标制定行动方案。
- 执行过程组：完成项目管理计划中确定的工作，以满足项目要求。
- 监控过程组：监控过程组跟踪、审查和调整项目进展与绩效，识别必要的计划变更并启动相应的变更。
- 收尾过程组：正式完成或结束项目、阶段或合同。

（2）各过程组在项目或阶段期间的重叠关系，过程组中的各个过程会在每个阶段按需要重复开展，直到达到该阶段的完工标准。在适应型和高度适应型生命周期中，过程组之间相互作用的方式会有所不同。

3. 启动过程组

（1）启动过程组的主要作用是确保只有符合组织战略目标的项目才能立项，以及在项目开始时就认真考虑商业论证、项目效益和干系人。

（2）启动过程组包括以下四个过程：

- 立项管理。
- 制定项目章程。
- 识别干系人。
- 项目启动会议。

4. 项目立项管理

项目立项管理是对拟规划和实施的项目技术上的先进性、适用性，经济上的合理性、效益性，实施上的可能性、风险性以及社会价值的有效性、可持续性等方面进行全面科学的综合分析，为项目决策提供客观依据的一种技术经济研究活动。一般包括项目建议与立项申请、项目可行性研究、项目评估与决策。

项目建议与立项申请、项目可行性研究、项目评估与决策是项目投资前期的主要活动。在实际工作中，初步可行性研究和详细可行性研究可以依据项目的规模和繁简程度合二为一，但详细可行性研究是不可缺少的。升级改造项目只做初步和详细研究，小项目一般只进行详细可行性研究。

（1）项目建议与立项申请。立项申请又称为项目建议书，是项目建设单位向上级主管部门提交项目申请时所必需的文件。

项目建议书应该包括的核心内容有：①项目的必要性；②项目的市场预测；③项目预期成果（如产品方案或服务）的市场预测；④项目建设必需的条件。

（2）项目可行性研究。可行性研究是在项目建议书被批准后，从技术、经济、社会和人员等方面的条件和情况进行调查研究，对可能的技术方案进行论证，以最终确定整个项目是否可行。

可行性研究具有预见性、公正性、可靠性、科学性的特点。信息系统项目进行可行性研究有很多方面的内容，包括技术可行性分析、经济可行性分析、社会效益可行性分析、运行环境可行性分析以及其他方面的可行性分析等。

（3）项目评估与决策。项目评估指在项目可行性研究的基础上，由第三方（国家、银行或有关机构）根据国家颁布的政策、法规、方法、参数和条例等，从国民经济与社会、组织业务等角度出发，对拟建项目建设的必要性、建设条件、生产条件、市场需求、工程技术、经济效益和社会效益等进行评价、分析和论证，进而判断其是否可行的一个评估过程。项目评估是项目投资前期进行决策管理的重要环节，其目的是审查项目可行性研究的可靠性、真实性和客观性，为银行的贷款决策或行政主管部门的审批决策提供科学依据。项目评估的最终成果是项目评估报告。

5. 制定项目章程

（1）概述。制定项目章程是编写一份正式批准项目并授权项目经理在项目活动中使用组织资源的文件的过程。本过程的主要作用：①明确项目与组织战略目标之间的直接联系；②确立项目的正式地位；③展示组织对项目的承诺。本过程仅开展一次或仅在项目的预定义时开展。

项目章程在项目执行和项目需求之间建立了联系。通过编制项目章程来确认项目是否符合组织战略和日常运营的需要。

项目章程不能当作合同。

项目章程授权项目经理进行项目管理过程中的规划、执行和控制，同时还授权项目经理在项目活动中使用组织资源，因此，应在规划开始之前任命项目经理，项目经理越早确认并任命越好，最好在制定项目章程时就任命。

项目章程可由发起人编制，也可由项目经理与发起机构合作编制。通过这种合作，项目经理可以更好地了解项目的目的、目标和预期收益，以便更有效地分配项目资源。

项目章程一旦被批准，就标志着项目的正式启动。

项目由项目以外的机构来启动，如发起人、项目集或项目管理办公室（PMO）、项目组合治理委员会主席或其授权代表。项目启动者或发起人应该具有一定的职权，能为项目获取资金并提供资源。

（2）项目章程的内容。项目章程记录了关于项目和项目预期交付的产品、服务或成果的高层级信息：①项目目的；②可测量的项目目标和相关的成功标准；③高层级需求、高层级项目描述、边界定义以及主要可交付成果；④整体项目风险；⑤总体里程碑进度计划；⑥预先批准的财务资源；⑦关键干系人名单；⑧项目审批要求（例如，评价项目成功的标准，由谁对项目成功下结论，由谁签署项目结束）；⑨项目退出标准（例如，在何种条件下才能关闭或取消项目或阶段）；⑩委派的项目经理及其职责和职权；⑪发起人或其他批准项目章程人员的姓名和职权等。

6. 识别干系人

每个项目都有干系人，他们会受到项目积极或消极的影响，或者能对项目施加积极或消极的影响。为提高项目成功的概率，应尽早开始识别干系人并引导干系人参与。当项目章程被批准、项目经理被委任，以及团队开始组建之后就可以开展相关管理工作。

干系人满意度应作为项目目标加以识别和管理。

识别和分析干系人：了解他们的期望、影响，并定期更新信息。

制定管理策略：有效调动干系人参与决策和执行。

重视所有干系人：通过持续沟通理解需求和期望，处理问题，管理利益冲突。

迭代开展识别和参与过程：在项目生命周期各阶段、干系人变化或组织重大变化时进行。

识别干系人的工具或方法——干系人分析。干系人分析产生干系人清单和关于干系人的各种信息，如在组织内的岗位、在项目中的角色、与项目的利害关系（兴趣、权利、所有权、知识）、期望、态度（如对项目的支持程度）以及对项目信息的兴趣。

识别干系人的输出或成果——干系人登记册。干系人登记册记录干系人的身份信息、评估信息和分类。

7. 项目启动会议

项目启动会议是一个项目团队和相关利益相关者之间的会议，旨在正式启动项目并确保所有成员了解项目的目标、范围、时间表、角色和职责等重要信息。

项目启动会议通常涵盖的内容有：①项目背景；②项目目标和范围；③时间表和里程碑；④角色和职责；⑤沟通和协作计划；⑥项目风险和约束；⑦参与者。

项目启动会议的主要作用包括：提供共享理解、确定期望和责任、建立合作关系、识别和解决问题、通过项目启动会议，团队成员可以对项目具有全面的认识，并能够为项目的成功开展提供一个良好的基础。

10.2 规划过程组考点梳理

【基础知识点】

1. 概述

项目规划包括明确项目全部范围、定义和优化目标，并为实现目标制定行动方案。规划过程组中包括制订项目管理计划的组成部分以及用于执行项目的项目文件。

2. 规划过程组

规划过程组包括以下4个过程：

- 制订项目管理计划。
- 估算项目成本。
- 识别项目风险。
- 规划质量管理。

3. 制订项目管理计划

（1）制订项目管理计划是定义、准备和协调项目计划的所有组成部分，并把它们整合为一份综合项目管理计划的过程。

本过程的主要作用：生成一份综合文件，用于确定所有项目工作的基础及其执行方式。

项目管理计划可以是概括的或详细的，每个组成部分的详细程度取决于具体项目的要求。在项目收尾之前，项目管理计划需要通过不断更新来渐进明细，并且这些更新需要得到控制和批准。

项目团队把项目章程作为初始项目规划的起点。

制订项目管理计划过程中，应征求具备如下领域相关专业知识或接受过相关培训的个人或小组的意见，涉及的领域包括：①根据项目需要裁剪项目管理过程，包括这些过程间的依赖关系和相互影响，以及这些过程的主要输入和输出；②根据需要制订项目管理计划的附加组成部分；③确定过程所需的工具与技术；④编制应包括在项目管理计划中的技术与管理细节；⑤确定项目所需的资源与技能水平；⑥定义项目的配置管理级别；⑦确定哪些项目文件受制于正式的变更控制过程；⑧确定项目工作的优先级，确保把项目资源在合适的时间分配到合适的工作。

（2）通常利用项目开工会议来明确项目规划阶段工作的完成，开工会议召开时机取决于项目的特征：

- 对于小型项目，项目在启动之后就会开工。
- 对于大型项目，开工会议将在项目执行阶段开始时召开。
- 对于多阶段项目，通常在每个阶段开始时都要召开一次开工会议。

（3）项目管理计划组件主要包括：

- 子管理计划：包括范围管理计划、需求管理计划、进度管理计划、成本管理计划、质量管理计划、资源管理计划、沟通管理计划、风险管理计划、采购管理计划、干系人参与计划。
- 基准：包括范围基准、进度基准和成本基准。
- 其他组件：项目管理计划过程中生成的组件会因项目而异，但是通常包括变更管理计划、配置管理计划、绩效测量基准、项目生命周期、开发方法、管理审查。

4. 估算项目成本

（1）项目成本管理是为了使项目在批准的预算内完成，对成本进行规划、估算、预算、融资、筹资、管理和控制的过程。

估算成本是对完成项目工作所需资源成本进行近似估算的过程。本过程的主要作用是确定项目所需的资金。

成本估算是对完成活动所需资源的可能成本进行量化评估，是在某特定时点根据已知信息做出的成本预测。

在项目生命周期中，项目估算的准确性亦将随着项目的进展而逐步提高。例如，在启动阶段可得出项目的粗略量级估算，其区间为 −25% ～ +75%，随着信息越来越详细，确定性估算的区间可缩小至 −5% ～ +10%。

（2）成本估算的工具或方法。

1）项目的早期可以使用类比估算方法进行粗略估算。

2）使用参数估算法来提高估算准确度。

3）使用自下而上估算法提高估算精确度。

4）如果考虑项目中的风险和不确定性，也可以使用三点估算方法来估算。

5）为应对成本的不确定性，成本估算中可以包括应急储备。应急储备是包含在成本基准内的一部分预算，用来应对那些会影响项目的"已知—未知"风险。

6）备选方案分析：在估算时，可能要用到关于质量成本的各种假设，包括对不同情况进行评估。

（3）成本估算输出或成果——成本估算及其依据。成本估算应覆盖项目所使用的全部资源，包括直接人工、材料、设备、服务、设施、信息技术以及一些特殊的成本种类，如融资成本（包括利息）、通货膨胀补贴、汇率或成本应急储备。如果间接成本也包含在项目估算中，则可在活动层次或更高层次上计列间接成本。

5. 识别项目风险

（1）项目风险是一种不确定的事件或条件，一旦发生，会对项目目标产生某种正面或负面的影响。已知风险是那些已经经过识别和分析的风险，对于已知风险，对其进行规划，寻找应对方案是可行的。未知风险是无法管理的。

风险源于所有项目中的不确定因素。项目在不同阶段会有不同的风险。风险会随着项目的进展而变化，不确定性也会随着项目的进展而逐渐减少。最大的不确定性存在于项目的早期。

项目风险管理过程是个持续的、不断迭代的过程。

识别风险是识别单个项目风险以及整体项目风险的来源，并记录风险特征的过程。本过程的主要作用：①记录现有的单个项目风险，以及整体项目风险的来源；②汇总相关信息，以便项目团队能够恰当地应对已识别的风险。本过程应在整个项目期间开展。

在识别风险时，要同时考虑单个项目风险以及整体项目风险的来源。鼓励所有项目干系人参与项目风险的识别工作。识别风险是一个迭代的过程。

（2）识别风险的工具或方法。

1）提示清单：识别风险可以使用要考虑的项目、行动或要点的清单帮助识别，可列出过去曾出现且可能与当前项目相关的具体项目风险，这是吸取已完成的类似项目的经验教训的有效方式。

2）头脑风暴：同时邀请团队以外的多学科专家参与识别的风险进行清晰描述。

3）访谈：通过对资深项目参与者、干系人和主题专家的访谈，来识别项目风险的来源。

4）SWOT 分析可以对项目的优势、劣势、机会和威胁进行逐个检查。

（3）识别风险输出或成果——风险登记册。在整个项目生命周期中，风险登记册的内容主要包括：已识别风险的清单；风险责任人；风险优先级排序；风险概率；风险影响；风险应对策略；风险状态；风险应对结果。

风险登记册是后续风险规划、风险应对和风险监督的重要文件。

6. 规划质量管理

（1）项目质量管理包括把组织的质量政策应用于规划、管理、控制项目和产品质量要求，以满足干系人目标的各个过程。

国际标准化组织（ISO）对质量（Quality）的定义是："反映实体满足主体明确和隐含需求的能力的特性总和"。

国家标准《质量管理体系 基础和术语》（GB/T 19000）对质量的定义为："一组固有特性满足要求的程度"。固有特性是指在某事或某物中本来就有的，尤其是那种永久的可区分的特征。

质量通常是指产品的质量，广义上的质量还包括工作质量。产品质量是指产品的使用价值及其属性；工作质量则是产品质量的保证，它反映了与产品质量直接有关的工作对产品质量的保证程度。

质量与等级的区别：质量作为实现的性能或成果，是"一系列内在特性满足要求的程度（ISO 9000）"。等级是对用途相同但技术特性不同的可交付成果的级别分类。例如：①一个低等级（功能有限）、高质量（无明显缺陷，用户手册易读）的软件产品，适合一般情况下使用，也可以被认可。②一个高等级（功能繁多）、低质量（有许多缺陷，用户手册杂乱无章）的软件产品，该产品的功能会因质量低劣而无效或低效，不会被使用者接受。

预防胜于检查。

质量管理（Quality Management）是指确定质量方针、目标和职责，并通过质量体系中的质量规划、质量保证、质量控制以及质量改进来使其实现所有管理职能的全部活动。质量管理是指为了实现质量目标而进行的所有质量性质的活动。在质量方面指挥和控制的活动，一般包括质量方针和质量目标以及质量规划、质量保证、质量控制和质量改进。

质量方针是指"由组织的最高管理者正式发布的该组织总的质量宗旨和方向"。由最高管理者批准。

质量目标是指"在质量方面所追求的目的",它是落实质量方针的具体要求,它从属于质量方针,应与利润目标、成本目标、进度目标等相协调。质量目标必须明确、具体,尽量用定量化的语言进行描述,保证质量目标容易被沟通和理解。质量目标应分解落实到各部门及项目的全体成员,以便于实施、检查和考核。

规划质量管理是识别项目及其可交付成果的质量要求、标准,并书面描述项目将如何证明符合质量要求、标准的过程。本过程的主要作用是为在整个项目期间如何管理和核实质量提供指南和方向。

（2）质量规划的工具或方法。

1）标杆对照：将实际或计划的项目实践或项目的质量标准与可比项目的实践进行比较,以便识别最佳实践,形成改进意见,并为绩效考核提供依据。

2）质量成本：与项目有关的质量成本（COQ）包含以下一种或多种成本：①预防成本。预防特定项目的产品、可交付成果或服务质量低劣所带来的成本。②评估成本。评估、测量、审计和测试特定项目的产品、可交付成果或服务所带来的成本。③失败成本。因产品、可交付成果或服务与干系人需求或期望不一致而导致的成本。最优COQ能够在预防成本和评估成本之间找到恰当的投资平衡点,用于规避失败成本,如图10-2所示。

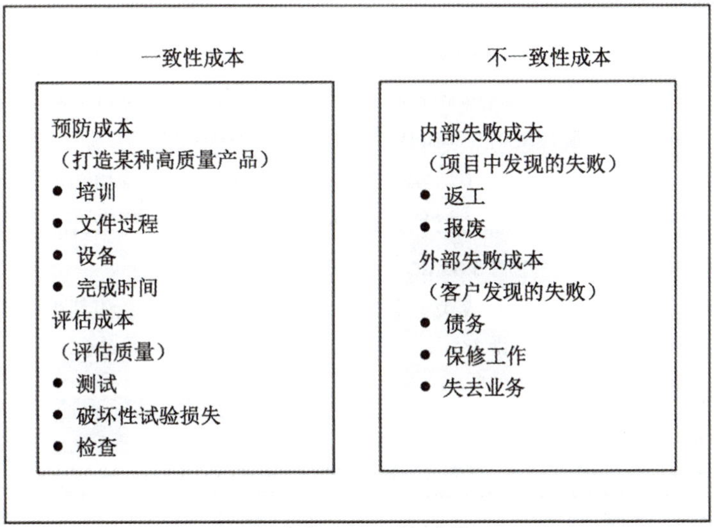

图10-2 质量成本

（3）规划质量管理的输出或成果。

1）质量管理计划。质量管理计划内容一般包括：①项目采用的质量标准；②项目的质量目标；③质量角色与职责；④需要质量审查的项目可交付成果和过程；⑤为项目规划的质量控制和质量管理活动；⑥项目使用的质量工具；⑦与项目有关的主要程序,如处理不符合要求的情况、纠正措施程序以及持续改进程序等。

2）**质量测量指标**。质量测量指标专用于描述项目或产品属性，以及控制质量过程将如何验证符合程度。

10.3 执行过程组考点梳理

【基础知识点】

1. 概述

执行过程组包括完成项目管理计划中确定的工作，以满足项目要求的一组过程。本过程组需要按照项目管理计划来协调资源，管理干系人参与，以及整合并实施项目活动。本过程组的主要作用是根据计划执行为满足项目要求、实现项目目标所需的项目工作。

2. 执行过程组

执行过程组包括以下 4 个过程：
- 项目资源获取。
- 项目团队管理。
- 项目风险应对。
- 管理项目知识。

3. 项目资源获取

（1）项目资源管理包括识别、获取和管理所需资源以成功完成项目，这有助于确保项目经理和项目团队在正确的时间和地点使用正确的资源。

项目资源包括实物资源和团队资源。实物资源管理着眼于以有效和高效的方式，分配和使用完成项目所需的实物资源，包括设备、材料、设施和基础设施。团队资源指的是人力资源，团队资源管理相对于实物资源管理，包含了技能和能力要求。

获取资源是获取项目所需的团队成员、设施、设备、材料、用品和其他资源的过程。本过程的主要作用：①概述和指导资源的选择；②将选择的资源分配给相应的活动。本过程应根据需要在整个项目期间定期开展。

（2）资源获取的工具或方法。

1）谈判或采购。项目所需资源可能来自项目执行组织的内部或外部。内部资源由职能经理或资源经理负责获取（分配），外部资源则通过采购过程获得。

在获取项目资源过程中应注意如下事项：①项目经理或项目团队应该进行有效谈判，并影响那些能为项目提供所需团队和实物资源的人员；②不能获得项目所需的资源时，可能会影响项目进度、预算、客户满意度、质量和风险，资源或人员能力不足会降低项目成功的概率，最坏情况下可能导致项目被取消；③因制约因素（如经济因素或其他项目对资源的占用）而无法获得所需团队资源时，项目经理或项目团队可能不得不使用能力和成本不同的替代资源，在不违反法律、规章、强制性规定或其他具体标准的前提下可以使用替代资源等。

2）预分派。在项目资源获取过程中，可能需要与组织的职能部门经理、组织的其他项目管理团队和外部供应商来谈判资源，也可能在正式获取资源前，事先确定项目的实物或团队资源，在如下情况时可采用预分派：①在竞标过程中承诺分派特定人员进行项目工作；②项目取决于特定人员的专有技能；③在完成资源管理计划的前期工作之前，制定项目章程过程或其他过程已经指定了某些团队成员的工作。

（3）获取资源的输出或成果。

1）物质资源分配单。

2）项目团队派工单。

3）资源日历：资源日历识别每种具体资源可用时的工作日、班次、正常营业的上下班时间、周末和公共假期。在规划活动期间，潜在的可用资源信息（如团队资源、设备和材料）用于估算资源可用性。

4. 项目团队管理

（1）项目团队的管理涉及项目团队的建设和跟踪团队绩效。建设项目团队的目的是提高团队绩效能力的水平，跟踪团队绩效是为了确保团队的绩效结果。

（2）团队建设。建设团队是提高工作能力，促进团队成员互动，改善团队整体氛围，以提高项目绩效的过程。本过程的主要作用是改进团队协作、增强人际关系技能、激励员工、减少摩擦以及提升整体项目绩效。

高效团队的特征有：①使用开放与有效的沟通；②创造团队建设机遇；③建立团队成员间的信任；④以建设性方式管理冲突；⑤鼓励合作型的问题解决方法；⑥鼓励合作型的决策方法等。

（3）团队建设工具或方法。

1）团队语言。项目经理在全球化环境和富有文化多样性的项目中工作，团队成员经常来自不同的行业，使用不同的语言，有时甚至会在工作中使用一种特别的"团队语言"或文化规范，而不是使用他们的母语。

2）沟通技术和团建活动。项目管理团队应该利用文化差异，在整个项目生命周期中致力于发展和维护项目团队，并促进在相互信任的氛围中充分协作。通过建设项目团队，可以改进人际技巧、技术能力、团队环境及项目绩效。在整个项目生命周期中，团队成员之间都要保持明确、及时、有效（包括效果和效率两方面）的沟通。

建设项目团队的目标包括：①提高团队成员的知识和技能：以提高他们完成项目可交付成果的能力，并降低成本、缩短工期和提高质量。②提高团队成员之间的信任和认同感：以提高士气、减少冲突和增进团队协作。③创建富有生气、凝聚力和协作性的团队文化：一是可帮助提高个人和团队生产率，振奋团队精神，促进团队合作；二是促进团队成员之间的交叉培训和辅导，以分享知识和经验。④提高团队参与决策的能力：使他们承担起解决方案的责任，从而提高团队的生产效率，获得更有效和高效的成果等。

团队建设的成果或输出——团队绩效评价。评价团队有效性的指标可包括：①个人技能的改进，从而使成员更有效地完成工作任务；②团队能力的改进，从而使团队成员更好地开展工作；

③团队成员离职率的降低；④团队凝聚力的加强，从而使团队成员公开分享信息和经验，并互相帮助来提高项目绩效。（速记词：三高一低）

（4）管理项目团队——跟踪团队绩效。

团队管理过程中需要跟踪团队成员工作表现、提供反馈、解决问题并管理团队变更以优化项目绩效，可以影响团队行为、管理冲突以及解决问题。

管理项目团队的工具和方法：

1）管理和领导力：管理项目团队需要借助多方面的管理和领导力技能，促进团队协作、整合团队成员的工作，从而创建高效团队。

2）人际关系与团队技能：需要综合运用各种技能，特别是沟通、冲突管理、谈判和领导技能。项目经理应该向团队成员分配富有挑战性的任务，并对优秀绩效进行表彰。项目经理应留意团队成员是否有意愿和能力完成工作，然后相应地调整管理和领导方式。相对于那些已展现出能力和有经验的团队成员，技术能力较低的团队成员更需要强化监督。

5. 项目风险应对

实施风险应对是执行商定的风险应对计划的过程。本过程的主要作用：①确保按计划执行商定的风险应对措施；②管理整体项目风险敞口、最小化单个项目威胁，以及最大化单个项目机会。

项目风险管理是一个关键过程，它不仅涉及风险的识别和分析，还包括风险应对措施的实际执行。

（1）风险识别和分析。

- 项目团队首先识别和分析潜在的项目风险，包括威胁和机会。
- 风险被记录在风险登记册和风险报告中，并根据其对项目目标的影响进行排序。

（2）风险责任和计划编制。

- 对于每个被认为足够重要的风险，指定的风险责任人编制应对计划。
- 这些计划旨在应对风险，确保项目目标的实现。

（3）风险应对策略的选择和执行。

- 选择与风险的重要性相匹配的应对策略，确保策略的经济有效性和可行性。
- 通过结构化的决策技术或数学优化模型，选择最适当的应对策略。
- 风险责任人负责执行商定的应对策略，确保风险得到主动管理。

（4）应对行动和应急计划。

- 为实施商定的风险应对策略制定具体的应对行动。
- 如果选定的策略不完全有效或发生了已接受的风险，需要制订应急计划。
- 识别和评估次生风险，即实施风险应对措施可能直接导致的新风险。

（5）风险管理过程的持续性。

- 风险管理是一个持续的过程，需要定期审查和更新风险登记册。
- 随着项目的进展，新的风险可能会出现，而现有的风险可能会变化或消失。

6. 管理项目知识

（1）管理项目知识是使用现有知识并生成新知识，以实现项目目标并且帮助组织学习的过程。本过程的主要作用：①利用已有的组织知识来创造或改进项目成果；②使当前项目创造的知识可用于支持组织运营和未来的项目或阶段。

知识管理的重要性：

- 知识管理确保项目团队能够利用现有的知识资源，提高项目效率和成功率。
- 信任和激励是知识管理成功的关键因素，没有它们，即使是最好的工具和技术也无法发挥作用。

（2）知识管理的工具或方法。

1）知识管理工具和技术。知识管理工具和技术包括人际交往、实践社区、会议、工作跟随、讨论论坛、知识分享活动、研讨会、讲故事、创造力管理技术、知识展会和茶座与交互式培训等。这些工具和技术可以通过面对面或虚拟方式应用，面对面互动更有利于建立信任关系。

2）信息管理工具和技术。信息管理工具和技术用于促进显性知识的分享，包括编撰显性知识的方法、经验教训登记册、图书馆服务、信息收集和项目管理信息系统等。这些工具和技术帮助人们与知识建立联系，促进简单、明确的显性知识分享。

3）人际关系和团队技能。项目经理使用人际关系和团队技能，如积极倾听、引导、领导力和人际交往来促进沟通和知识分享。这些技能有助于项目团队达成共识、解决问题并有效沟通。

（3）知识管理的输出或成果——经验教训登记册。经验教训登记册是知识管理过程的重要组成部分，它记录了项目的挑战、问题、风险、机会和其他相关内容。这个登记册在项目早期创建，并在整个项目期间不断更新。

10.4 监控过程组考点梳理

【基础知识点】

1. 概述

项目监控包括跟踪、审查和调整项目进展与绩效，识别必要的计划变更并启动相应变更等活动。监督是收集项目绩效数据，计算绩效指标，并报告和发布绩效信息。控制是比较实际绩效与计划绩效，分析偏差，评估趋势以改进过程，评价可选方案，并建议必要的纠正措施。本过程组的主要作用是按既定时间间隔、在特定事件发生时或在异常情况出现时，对项目绩效进行测量和分析，以识别和纠正与项目管理计划的偏差。

监控过程组还涉及：

- 评价变更请求并制定恰当的响应行动。
- 建议纠正措施，或者对可能出现的问题建议预防措施。
- 对照项目管理计划和项目基准，监督正在进行中的项目活动。
- 影响可能导致规避变更控制过程的因素，确保只有经批准的变更才能付诸执行。

2. 监控过程组

监控过程组包括以下 4 个过程：
- 控制项目质量。
- 控制项目范围。
- 控制项目成本。
- 整体变更控制。

3. 控制项目质量

（1）控制质量是为了评估绩效，确保项目输出完整、正确且满足客户期望，而监督和记录质量管理活动执行结果的过程。本过程的主要作用：①核实项目可交付成果和工作已经达到主要干系人的质量要求，可供最终验收；②确定项目输出是否达到预期目的，这些输出需要满足所有适用标准、要求、法规和规范。控制质量过程需要在整个项目期间开展。

控制质量过程的目的是在用户验收和最终交付之前测量产品或服务的完整性、合规性和适用性。本过程通过测量所有步骤、属性和变量，核实与规划阶段所描述规范的一致性和合规性。

在整个项目期间应执行质量控制，用可靠的数据来证明项目已经达到发起人和/或客户的验收标准。

在敏捷或适应型项目中，控制质量活动可能由所有团队成员在整个项目生命周期中执行。

在瀑布或预测型项目中，控制质量活动由特定团队成员在特定时间点或者项目阶段快结束时执行。

（2）控制项目质量的工具或方法。

1）检查与测试。

检查是指检验工作产品，以确定是否符合书面标准。检查的结果通常包括相关的测量数据，可在任何层面上进行。可以检查单个活动的成果，也可以检查项目的最终产品。检查也可称为审查、同行审查、审计或巡检等。

测试是一种有组织的、结构化的调查，旨在根据项目需求提供有关被测产品或服务质量的客观信息。测试的目的是找出产品或服务中存在的错误、缺陷、漏洞或其他不合规问题。

2）因果图、控制图、直方图和散点图等数据表现技术。
- 因果图：用于识别质量缺陷和错误可能造成的结果。
- 控制图：用于确定一个过程是否稳定，或者是否具有可预测的绩效。规格上限和下限是根据要求制定的，反映了可允许的最大值和最小值，以便帮助确定项目管理过程是否受控。
- 直方图：可按来源或组成部分展示缺陷数量。
- 散点图：可在一支轴上展示计划的绩效，在另一支轴上展示实际绩效。用于表示两个变量之间的关系程度。

（3）控制项目质量的成果或输出。

1）工作绩效信息包含有关项目需求实现情况的信息、拒绝的原因、要求的返工、纠正措施建议、核实的可交付成果列表、质量测量指标的状态以及过程调整需求。

2）质量控制的测量结果是对质量控制活动结果的书面记录，应以质量管理计划所确定的格式加以记录。

3）核实的可交付成果，目的是确定可交付成果的正确性，为后续验收可交付成果提供基础。

4. 控制项目范围

（1）控制范围是监督项目和产品的范围状态，管理范围基准变更的过程。本过程的主要作用是在整个项目期间保持对范围基准的维护。本过程需要在整个项目期间开展。控制项目范围确保所有变更请求、推荐的纠正措施或预防措施都通过实施整体变更控制过程进行处理，防止范围蔓延。

（2）控制项目范围的工具或方法：

1）偏差分析：用于将基准与实际结果进行比较，以确定偏差是否处于临界值区间内或是否有必要采取纠正或预防措施。

2）趋势分析：旨在审查项目绩效随时间的变化情况，以判断绩效是正在改善还是正在恶化。

（3）控制项目范围的成果或输出——工作绩效信息。

5. 控制项目成本

（1）控制成本是监督项目状态，以更新项目成本和管理成本基准变更的过程。本过程的主要作用是在整个项目期间保持对成本基准的维护。本过程需要在整个项目期间开展。

有效成本控制的关键在于管理经批准的成本基准。

项目成本控制的目标包括：①对造成成本基准变更的因素施加影响；②确保所有变更请求都得到及时处理；③当变更实际发生时，管理这些变更；④确保成本支出不超过批准的资金限额，既不超出按时段、WBS 组件和活动分配的限额，也不超出项目总限额；⑤监督成本绩效，找出并分析与成本基准间的偏差；⑥对照资金支出，监督工作绩效；⑦防止在成本或资源使用报告中出现未经批准的变更；⑧向干系人报告所有经批准的变更及其相关成本；⑨设法把预期的成本超支控制在可接受的范围内等。

（2）控制成本的工具或方法——挣值分析技术。

挣值分析（EVA）是把范围、进度和资源绩效综合起来考虑，以评估项目绩效和进展的方法。

- 计划值（Planned Value，PV）：指项目实施过程中某阶段计划要求完成的工作量所需的预算工时（或费用）。PV 主要反映进度计划应当完成的工作量，不包括管理储备。项目的总计划值又被称为完工预算（BAC）。
- 实际成本（Actual Cost，AC）：指项目实施过程中某阶段实际完成的工作量所消耗的工时（或费用），主要反映项目执行的实际消耗指标。
- 挣值（Earned Value，EV）：指项目实施过程中某阶段实际完成工作量及按预算定额计算出来的工时（或费用）之积。
- 进度偏差（Schedule Variance，SV）及进度绩效指数（Schedule Performance Index，SPI）。进度偏差是测量进度绩效的一种指标，可表明项目进度是落后还是提前于进度基准。由于当项目完工时，全部的计划值都将实现（即成为挣值），所以进度偏差最终将等于零。

SV 计算公式：SV=EV-PV。当 SV>0 时，说明进度超前；当 SV<0 时，说明进度落后；当 SV=0 时，说明实际进度符合计划。SPI 计算公式：SPI=EV/PV。当 SPI>1.0 时，说明进度超前；当 SPI<1.0 时，说明进度落后；当 SPI=1.0 时，说明实际进度符合计划。

- 成本偏差（Cost Variance，CV）及成本绩效指数（Cost Performance Index，CPI）。成本偏差是测量项目成本绩效的一种指标，指明了实际绩效与成本支出之间的关系，表示在某个给定时点的预算亏空或盈余量。项目结束时的成本偏差就是完工预算（BAC）与实际成本之间的差值。

  CV 计算公式：CV=EV-AC。当 CV<0 时，说明成本超支；当 CV>0 时，说明成本节省；当 CV=0 时，说明成本等于预算。CPI 计算公式：CPI=EV/AC。当 CPI<1.0 时，说明成本超支；当 CPI>1.0 时，说明成本节省；当 CPI=1.0 时，说明成本等于预算。

- 预测：随着项目进展，项目团队可根据项目绩效，对完工估算（EAC）进行预测，预测的结果可能与完工预算（BAC）存在差异。如果 BAC 已明显不再可行，则项目经理应考虑对 EAC 进行预测。

  在计算 EAC 时，通常用已完成工作的实际成本（AC），加上剩余工作的完工尚需估算（Estimate To Complete，ETC），即：EAC=AC+ETC。

  两种最常用的计算 ETC 的方法：

  1）基于非典型的偏差计算 ETC。如果当前的偏差被看作非典型的，并且项目团队预期在以后将不会发生这种类似偏差时，计算公式为：ETC=BAC-EV。

  2）基于典型的偏差计算 ETC。如果当前的偏差被看作可代表未来偏差的典型偏差时，计算公式为：ETC=(BAC-EV)/CPI，或者 EAC=BAC/CPI。

  上述两种方法可用于任何项目。

  （3）控制成本的成果或输出——形成工作绩效信息和成本预测。

  6. 整体变更控制

  （1）变更请求可能包括纠正措施、预防措施、缺陷补救和项目文件的更新。

  变更请求可以影响项目基准，需要通过整体变更控制过程来处理。

  项目经理对实施整体变更控制过程承担最终责任。

  本过程需要在整个项目期间开展。实施整体变更控制过程贯穿项目始终，在整个项目生命周期的任何时间，参与项目的任何干系人都可以提出变更请求。可以口头或书面提出，但是都必须以书面形式记录，并纳入变更管理和（或）配置管理系统中。

  在基准确定之前，变更无须正式受控、实施整体变更控制过程。一旦确定了项目基准，就必须通过实施整体变更控制过程来处理变更请求。

  每项记录在案的变更请求都必须由一位责任人批准、推迟或否决，这个责任人通常是项目发起人或项目经理。应该在项目管理计划或组织程序中指定这位责任人，必要时应该由 CCB 来开展实施整体变更控制过程。只有经批准的变更才能纳入修改后的基准。

  CCB 负责审查变更请求，并做出批准、否决或推迟的决定。

变更请求的决策结果需要向干系人沟通，确保透明度和一致性。

（2）配置控制与变更控制。

配置控制和变更控制的关注点不同：配置控制重点关注可交付成果及各过程的技术规范，变更控制则重点关注识别、记录、批准或否决对项目文件、可交付成果或基准的变更。

变更控制工具需要支持的配置管理活动包括识别配置项、记录并报告配置项状态、进行配置项核实与审计等。

变更控制工具还需要支持的变更管理活动包括识别变更、记录变更、做出变更决定、跟踪变更等。

整体变更控制过程的输出或成果——批准的变更请求。

10.5　收尾过程组考点梳理

【基础知识点】

1. 概述

项目收尾包括为正式完成或关闭项目、阶段或合同而开展的各项活动。

项目收尾时需要确保所有项目工作已完成，项目目标已实现；正式关闭项目或阶段，包括提前终止的情况。

项目收尾的主要作用：①存档项目或阶段信息，完成计划的工作；②释放组织团队资源以展开新的工作。它仅开展一次或仅在项目的预定义点开展。

2. 项目收尾

项目收尾所需执行的活动包括：

- 为达到阶段或项目的完工或退出标准所必须开展的行动和活动。
- 为关闭项目合同协议或项目阶段合同协议所必须开展的活动。
- 为完成收集项目或阶段记录、审计项目成败、管理知识分享和传递、总结经验教训、存档项目信息以供组织未来使用等工作所必须开展的活动。
- 为向下一个阶段，或者向生产和（或）运营部门移交项目的产品、服务或成果所必须开展的行动和活动。
- 收集关于改进或更新组织政策和程序的建议，并将它们发送给相应的组织部门。
- 测量干系人的满意程度等。

如果项目在完工前提前终止，结束项目或阶段过程还需要制定程序，调查和记录提前终止的原因。

3. 收尾过程组

收尾过程组包括以下3个过程：

- 项目验收。
- 项目移交。

- 项目总结。

4. 项目验收

项目验收是正式验收已完成的项目可交付成果的过程。

（1）本过程的主要作用：①使验收过程具有客观性；②通过确认每个可交付成果来提高最终产品、服务或成果获得验收的可能性。由主要干系人，尤其是客户或发起人审查从控制质量过程输出的核实的可交付成果，确认这些可交付成果已经圆满完成并通过正式验收。

（2）项目验收应该贯穿项目的始终。项目验收的一般步骤包括：①确定需要进行范围确认的时间；②识别范围确认需要哪些投入；③确定范围正式被接受的标准和要素；④确定范围确认会议的组织步骤；⑤组织范围确认会议。

（3）项目验收与质量控制。在项目验收前，项目团队需要先进行质量控制工作，项目验收过程与控制质量过程的不同之处在于，前者关注可交付成果的验收，而后者关注可交付成果的正确性及是否满足质量要求。控制质量过程通常先于项目验收过程，但二者也可同时进行。

（4）需要检查的问题。项目干系人进行范围确认时，一般需要检查以下 6 个方面的问题。

- 可交付成果是否是确定的、可确认的。
- 每个可交付成果是否有明确的里程碑，里程碑是否有明确的、可辨别的事件，如客户的书面认可等。
- 是否有明确的质量标准。
- 审核和承诺是否有清晰的表达。
- 项目范围是否覆盖需要完成的产品或服务的所有活动，有没有遗漏或错误。
- 项目范围的风险是否太高。管理层是否能够降低风险发生时对项目的影响。

（5）干系人关注点的不同。

- 管理层主要关注项目范围：是指范围对项目的进度、资金和资源的影响。
- 客户主要关注产品范围：关心项目的可交付成果是否足够完成产品或服务。
- 项目管理人员主要关注项目制约因素：关心项目可交付成果是否足够和必须完成，时间、资金和资源是否足够，以及主要的潜在风险和预备解决的方法。
- 项目团队成员主要关注项目范围中自己参与的元素和负责的元素。

（6）信息系统项目在验收阶段主要包含四方面的工作内容，分别是验收测试、系统试运行、系统文档验收以及项目终验。

1）验收测试：对信息系统进行全面的测试，出具验收测试报告以及验收测试报告的签署。

2）系统试运行：主要包括数据迁移、日常维护以及缺陷跟踪和修复等方面的工作内容。

3）系统文档验收。系统的所有文档都应当验收合格并经甲乙双方签字认可。对于信息系统项目，涉及的验收文档可能包括项目介绍、项目最终报告、系统说明手册、系统维护手册、软硬件产品说明书、质量保证书等。

4）项目终验。通常情况下，大型项目分为试运行和最终验收两个步骤。对于一般项目而言，可以将系统测试和最终验收合并进行，但需要对最终验收的过程加以确认。

5. 项目移交

项目移交是指将已经完成或进展到一定阶段的项目从一个团队或组织转交给另一个团队或组织的过程。

项目移交通常需要制订详细的移交计划。该计划应明确包括时间表和里程碑、移交的范围和交付成果、角色职责、沟通计划和风险管理。

6. 项目总结

项目总结是在项目完成或接近完成时所进行的一项活动，旨在回顾和总结项目的整体经验、成果和教训。项目总结有助于收集和记录项目的经验教训，并提供对项目成功因素和失败原因的分析和评估。由项目经理组织项目全体成员参与，形成正式的项目总结结论。

项目总结会议包括项目目标、技术绩效、成本绩效、进度计划绩效、项目的沟通、识别问题和解决问题、意见和改进建议。

项目总结需要将收集的信息、回顾的情况、分析的成果和改进建议等编写成项目总结报告。

10.6　考点实练

1. 关于项目管理的描述，不正确的是（　　）。

    A．项目管理将知识、技能、工具与技术应用于项目活动，以满足项目的需求

    B．项目管理能够帮助组织达成业务目标

    C．项目管理用于管理持续的、重复的工作

    D．项目管理涉及五大过程组，分别是启动、规划、执行、监控和收尾

    答案：C

2. 关于项目启动过程组的描述，不正确的是（　　）。

    A．项目启动过程的活动包括立项管理、制定项目章程、识别干系人、项目启动会议

    B．立项申请又称为项目建议书

    C．每个项目都有干系人，他们会受到项目积极或消极的影响

    D．项目章程的制定需要在整个项目生命周期中持续开展

    答案：D

3. 下列关于质量管理工具的说法，不正确的是（　　）。

    A．SWOT 用于识别质量缺陷和错误可能造成的结果

    B．控制图用于确定一个过程是否稳定

    C．直方图可按来源或组成部分展示缺陷数量

    D．散点图可在一支轴上展示计划的绩效，在另一支轴上展示实际绩效

    答案：A

4. 下列关于变更的说法，正确的是（   ）。

  A．变更请求可能包括纠正措施、预防措施、缺陷补救和项目文件的更新

  B．发起人对实施整体变更控制过程承担最终责任

  C．变更请求一定由 CCB 审批

  D．并不是所有参与项目的干系人都可以提出变更请求

答案：A

5. 下列不属于收尾过程组的内容的是（   ）。

  A．项目验收   B．质量控制   C．项目移交   D．项目总结

答案：B

第 11 章
应用系统管理知识点梳理及考点实练

11.0 章节考点分析

第 11 章主要学习应用系统的基础知识、运行维护的基本要点、应用系统安全等内容。

根据考试大纲,本章知识点会涉及单项选择题和案例分析题,按以往的出题规律约占 4~8 分。本章内容属于核心重点领域知识范畴,考查的知识点主要来源于考试大纲。本章的架构如图 11-1 所示。

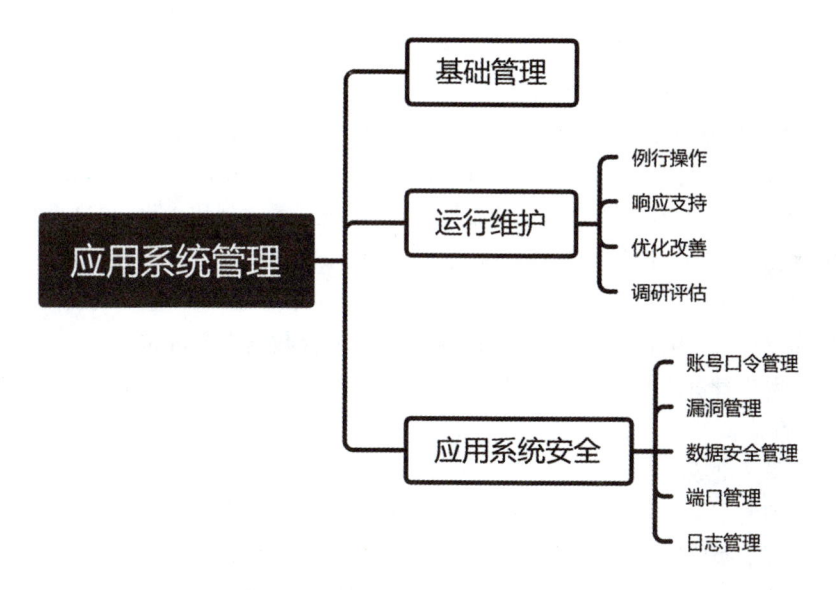

图 11-1 本章的架构

【导读小贴士】

应用系统管理是指对组织应用系统进行规划、设计、开发、实施、运行和维护的过程和方法，以保证应用系统在整个生命周期内正常运行和不断发展。

在应用系统的运维管理中，需要维护人员进行例行操作、响应支持、优化改善、调研评估等工作。信息系统安全管理则是应用系统管理中的一个重要方面。组织应用系统包含各种类型的敏感信息和业务数据，对其进行安全保护显得尤为重要。

11.1 基础管理考点梳理

【基础知识点】

1. 应用系统的生命周期

应用系统的生命周期一般包括设计阶段、交付阶段、运行阶段、终止阶段，组织应对应用系统生命周期的各阶段进行管理，这四个阶段并不是完全独立的，它们之间存在相互联系和交叉的部分。

2. 运行阶段

运行阶段的目标是确保应用系统的稳定性和可靠性，同时给用户提供良好的使用体验。为了达到这个目标，开发团队需要进行技术支持、维护和升级工作。

（1）运行阶段管理内容。

系统监控和维护：实时监控系统状态，定期维护和更新，确保稳定性和安全性。

用户支持和管理：提供技术支持和操作指南，管理用户权限和行为，确保系统安全稳定。

业务流程管理和优化：监控和分析业务流程，根据不同场景定制和优化，提高系统效率和质量。

系统性能优化和扩展：识别并解决系统瓶颈，优化系统架构，升级硬件和软件配置，满足增长需求。

数据管理和保护：备份和恢复数据，加密和脱敏，确保数据安全可靠。

安全管理：用户身份认证、数据加密、防火墙和入侵检测，制定安全策略和应急响应计划。

[速记词：坚（监）持犹（优）性保全]

（2）运行阶段关键成功因素。

识别运行维护的相关方：建立服务机制和协同机制，确保权责分明。

运行维护策划：明确服务级别协议，界定业务环境，考虑数据维护和可持续交付。

实施运行维护活动：进行知识管理，实施培训，形成规范文档。

应用系统评价：评价系统运行维护，确保可用、安全、稳定、可靠。

运维管理工具：用合适工具运维，考虑自动化，维护工具。

3. 终止阶段

终止阶段的目标是确保应用系统的数据和资源得到妥善处理和归档，以便未来进行审计和回顾。

（1）终止阶段管理内容。

终止计划：制定终止时间表，进行风险评估，明确各方责任。

数据迁移：评估数据价值，制订迁移计划，确保数据完整性和安全性。

用户通知和支持：通知用户系统终止信息，提供迁移指南和技术支持。

合同和协议处理：审查和解除合同，协商解决问题，合法合规处理。

归档管理：整理和归档系统知识和文档，建立知识库。

资源清理和回收：关闭和回收系统资源，处理电子垃圾，符合环保要求。

安全和隐私保护：清除敏感数据，销毁存储介质，防止数据泄露。

绩效评估和总结：评估终止阶段工作，总结经验教训，向利益相关者报告。

（速记词：指数 用筒 鬼子全祭）

（2）终止阶段关键成功因素。

制订终止计划：撤销支持，形成文档，让用户参与，涉及归档和后续支持。

通知相关责任人：向用户说明终止计划，提供替代方案，保存相关文档。

系统切换：准备基础数据，培训人员，记录并解决局部问题，评估系统成功与否。

数据访问：根据协议要求，终止数据访问，保护数据安全。

11.2 运行维护考点梳理

【基础知识点】

1. 概述

应用系统运维管理是保证在应用系统上运行的各类应用软件系统的安全性、可靠性和可用性，定期评估应用软件系统的性能、功能缺陷、用户满意度等，及时与开发商沟通消除应用系统可能存在的安全隐患和威胁，根据需求更新或变更系统功能。

应用系统运维管理需要对例行操作、响应支持、优化改善和调研评估等方面进行全面的管理和控制。例行操作可以确保系统的稳定、可靠和安全运行；响应支持可以及时解决系统和用户遇到的问题；优化改善可以提高系统的性能、稳定性和安全性；调研评估可以为系统的改进和发展提供技术支持和参考。同时，也需要根据实际情况和需求的变化，不断完善和优化这些方面的例行操作、响应支持、优化改善和调研评估。

2. 例行操作

监控指标体系设计：识别监控点，建立指标，实施监控和预防性检查。

应用系统运行的监控：监控系统运行状态。

客户回访：调查客户满意度和收集改进建议。

问题分析：分析维护事件，识别问题和风险。

3. 响应支持

服务受理：接收故障与非故障服务请求。

非故障请求处理：依据服务级别协议分类处理非故障请求。

故障诊断定位：对故障进行排查与精准定位。

解决方案制定：结合应用系统重要性确定故障解决方案。

故障处理：实施故障解决方案并跟踪效果，将经验纳入知识库。

新用户和新功能上线：负责新用户及新功能上线前后的相关服务，如权限配置、数据初始化等。

应急响应：针对重大且紧急故障，涵盖组织架构确定、预案编制、演练、处置与回顾等措施。

4. 优化改善

识别优化改善机会：从监控指标异常、未根本解决问题、重复事件、用户满意度、风险及业务需求变化等方面挖掘。

功能性改进：修复功能缺陷、根据业务变化修改完善或新增应用功能。

性能优化改进：针对性能问题修改功能，优化应用消息队列等，升级或扩容运行软环境。

适应性改进：因适应性变化调整应用功能及运行软环境。

预防性改进：针对潜在威胁或风险完善功能并改进运行软环境脆弱点。

5. 调研评估

应用系统组成要素的构成分解：依业务流程与架构设计分层剖析应用系统，确定关键业务点与核心系统。

应用系统构成的关联关系分析：研究非核心与核心业务系统的关联、接口及依存关系。

应用系统的维护性分析：评估系统的可监控性、易用性、安全性与可维护性，明确运行方式、要素及维护特点。

11.3　应用系统安全考点梳理

【基础知识点】

1. 概述

应用系统的安全管理就是为保证信息系统资源的完整性、可靠性、保密性、安全性、有效性和合法性，维护正当的信息活动而建立和采取的措施和方法的总和，以保证系统的硬件、软件和数据不因偶然的或人为的因素而遭受破坏、泄露、修改或复制。信息系统的安全需求主要包括保密性、安全性、完整性、可靠性和可用性以及信息的有效性和合法性。

应用系统的安全管理内容主要包括账号口令管理、漏洞管理、数据安全管理、端口管理与日志管理。

2. 账号口令管理

（1）账号口令管理的目的是规范账号口令的管理，为账号口令的使用与维护提供依据，以及降低由于账号管理不善和弱口令带来的安全风险。

（2）应用系统账号口令的安全管理包括：

口令强度：需数字、字母与特殊字符组合，避免弱口令。

口令保密：妥善保管，用密码管理器，不在公共或网络途径透露。

口令变更：至少每季度换一次，不重复使用相似口令。

口令策略：制定强密码策略，涵盖长度、字符组合、历史记录要求。

身份验证：除口令外，采用多因素验证、指纹识别等增强安全性。

账号管理：限制权限与访问范围，定期审查并撤销无用账号。

安全监控：建立机制审计记录应用系统访问，发现异常与威胁并处理。

3. 漏洞管理

（1）漏洞管理的目的是发现和修复系统中的漏洞，以保障系统的安全性和稳定性。

（2）应用系统漏洞管理包括：

建立流程：日常运营中构建流程确保漏洞有效处理。

发现评估：依评估方案扫描评估系统，生成报告交经理备案。

定期扫描：用工具定期扫描查找潜在漏洞与问题并处理。

实时监控：借助系统及时察觉异常与入侵企图，防范漏洞利用。

更新补丁：定期查补丁更新情况并及时安装修复漏洞。

确定归属：依单位职责明确漏洞所属部门，避免无人认领。

制定方案：修复部门依报告与建议制定安全加固方案（含回退）并报批。

修复测试：修复部门测试漏洞修复情况，无异常后提交结果给业务与安全部门。

建立制度：建立制度明确职责权限，保障管理工作顺利开展。

4. 数据安全管理

（1）数据安全管理的目的是确保数据的安全性、完整性和可用性，防止数据泄露、篡改或损坏，保障数据的机密性和可靠性。

（2）应用系统数据管理包括：

数据加密：对敏感数据加密存传，依需求选对称或非对称加密及密钥管理方案。

备份恢复：定期备份数据并建恢复机制，选合适备份策略并制订恢复流程与测试计划。

访问控制：设机制依 RBAC 或 ABAC 等模式限制数据访问权限。

验证校验：用数据校验等方式确保数据完整准确，防篡改损坏。

安全审计：定期审计数据安全，建日志等系统记录分析操作，发现风险漏洞。

培训教育：对管理员与用户培训数据安全知识，提升意识与能力。

应急响应：针对数据安全事件建机制，含流程、计划、管理等，有效应对处理。

5. 端口管理

（1）端口管理的目的是确保系统的网络安全，防止恶意攻击和非法访问。端口是计算机系统与外部网络或应用程序之间的接口，是黑客入侵系统的主要通道之一。通过合理的管理和监控端口，可以有效防止恶意软件和黑客通过端口渗透到系统中，保护系统的数据安全和稳定性。

（2）应用系统端口管理包括：

访问权限：用 ACL 或防火墙等限制特定端口与服务器访问权限。

安全策略：制定含密码强度等多方面要求的端口安全策略。

监控审计：用工具软件监控端口连接与流量，发现异常并审计记录访问行为。

更新维护：定期更新系统与应用程序版本，修复安全漏洞缺陷。

6. 日志管理

应用系统日志管理是通过收集、存储、分析和保护日志数据，帮助管理员及时发现并应对安全事件，监控系统的运行状况和异常行为，满足安全审计和合规性要求，从而确保信息系统正常运行。

应用系统日志管理包括：

- 日志收集：收集系统、应用、安全事件等多源日志，含时间戳等多类信息。
- 日志存储：存于本地磁盘等介质，依特定格式如结构化数据库或文本文件存储。
- 日志分析：用实时、离线、定期分析方式识别安全事件、异常与故障。
- 日志审计：检查日志完整性等，发现系统漏洞弱点并修复加强。
- 日志保护：用加密等手段防止日志被未授权访问、修改与删除。
- 日志清理：依时间等因素定期清理过期无用日志，提高空间与查询效率。

11.4　考点实练

1. 下列不属于运行阶段的内容的是（　　）。
   A．系统监控和维护　　　　　　B．用户支持和管理
   C．业务流程管理和优化　　　　D．用户通知和支持

   答案：D

2. 下列不属于终止阶段的关键成功因素的是（　　）。
   A．制订终止计划，以撤销运行和维护组织的支持，并将其形成文档
   B．用户应得到终止计划和活动的通知
   C．建立运行维护服务机制和协同机制，确保应用系统运行维护的权责分明并保持一致
   D．系统切换应提前做好人员的培训工作

   答案：C

3. 关于应用系统运维管理的描述，不正确的是（　　）。
   A．例行操作可以确保系统的稳定、可靠和安全运行
   B．响应支持可以及时解决系统和用户遇到的问题
   C．调研评估可以提高系统的性能、稳定性和安全性
   D．需要根据实际情况和需求的变化，不断完善和优化运维管理工作

答案：C

4. 关于系统切换的描述，不正确的是（   ）。

   A．新系统需要的大量基础数据，准备时间长，可以逐步提供

   B．系统切换应提前做好人员的培训工作

   C．系统只出现局部性问题，说明系统是成功的

   D．系统出现致命的问题，说明系统设计质量不好

答案：A

5. 下列关于账号口令的说法，错误的是（   ）。

   A．口令应该包含数字、字母和特殊字符的组合，避免使用容易猜到的或常见的口令

   B．建议使用密码管理器来生成和存储口令

   C．建议至少每半年更换一次口令

   D．建立安全监控机制，对应用系统的访问和使用进行审计和记录

答案：C

6. 下列关于应用系统端口管理的说法，错误的是（   ）。

   A．用数据安全政策和安全操作等限制特定端口与服务器访问权限

   B．制定含密码强度等多方面要求的端口安全策略

   C．监控审计是用工具软件监控端口连接与流量，发现异常并审计记录访问行为

   D．定期更新系统与应用程序版本，修复安全漏洞缺陷

答案：A

第 12 章
网络系统管理知识点梳理及考点实练

12.0 章节考点分析

第 12 章主要学习网络管理基础、网络日常管理、网络资源管理、网络应用及网络安全等内容。根据考试大纲，本章知识点会涉及单项选择题和案例分析题，按以往的出题规律约占 4～8 分。本章内容属于基础知识范畴，考查的知识点主要来源于考试大纲。本章的架构如图 12-1 所示。

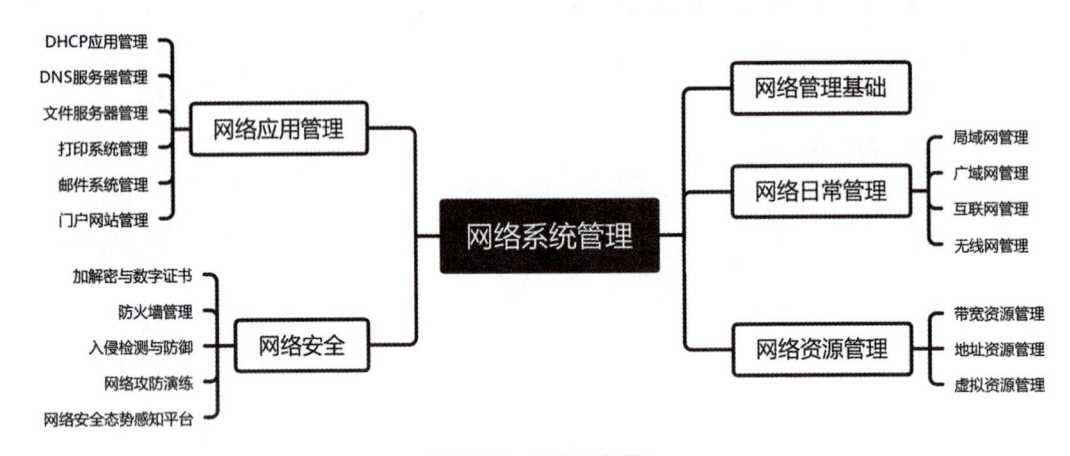

图 12-1 本章的架构

【导读小贴士】

网络管理是指对网络的运行状态进行监测和控制，并能提供有效、可靠、安全、经济的服务。

网络管理完成两个主要基本任务，即对网络的运行状态进行监测和对网络的运行进行控制。通过监测可以了解当前网络状态是否正常，是否出现危机和故障；通过控制可以对网络资源进行合理分配，优化网络性能，保证网络服务质量。监测是控制的前提，控制是监测的结果。因此网络管理就是对网络的监测和控制。

12.1 网络管理基础考点梳理

【基础知识点】

1. 概述

网络系统管理复杂且关键，能保障网络服务稳定高效、保护网络安全，在新时代的重要性愈发突出，可满足组织网络需求、确保信息资产安全保密。

网络管理因网络技术发展涉及范围广而更显重要，具体体现在：一是网络设备复杂化，功能复杂且厂商众多、规格不统一，传统手工管理方式不再适用，需自动管理手段；二是网络经济效益依赖有效管理，网络庞大复杂，无有力管理支撑，网络异常会给用户带来麻烦，给运营者造成损失；三是先进可靠的网络管理是网络发展的必然要求，人们和组织对网络依赖强，网络需有更高可靠性和安全性，能及时处理故障以保障正常运行。

2. 网络管理目标

有效性：准确及时传递信息，保证服务质量，减少停机和响应时间，提高设备利用率。

可靠性：持续稳定运行，有抵御故障和灾害能力及自愈能力。

开放性：兼容不同设备，适应新技术。

综合性：提供多种综合业务功能，如多媒体传输、视频点播等。

安全性：保障信息安全，防病毒、非法入侵和管理者误操作。

经济性：降低运行成本，提高网络效率。

3. 网络管理对象

网络管理涉及的资源主要分硬件和软件两类。

（1）硬件资源包括物理介质（如网卡、双绞线、同轴电缆、光纤等物理层和数据链路层设备）、计算机设备（处理机、打印机、存储设备和其他外围设备）、网络互连设备（中继器、网桥、交换机、路由器和网关）。

（2）软件资源主要有操作系统、应用软件和通信软件（如保障 FDDI、ATM 正常运行的软件），还包括路由器、网桥和交换机软件等。

网络环境下的资源用"被管对象（Managed Object，MO）"表示，国际标准化组织认为它是从开放式系统互连（International Organization for Standardization，ISO）角度看到的 OSI 环境下可被 OSI 管理标准管理的资源，网络中的路由器、软件、服务、事件等都可用被管对象描述。被管对象的集合是管理信息库（Management Information Base，MIB），网络中所有被管对象信息集中于此，但 MIB 是概念上的数据库，实际网络中不存在。被管对象和 MIB 是网络管理的重要概念，网络管理系统的实现主要依靠它们。

4. 网络管理标准

目前应用的网络管理标准种类多，主要有 OSI 参考模型、TCP/IP 参考模型、电信管理网（Telecommunication Management Network，TMN）参考模型、IEEE LAN/WAN 和基于 Web 的管理等。

12.2 网络日常管理考点梳理

【基础知识点】

1. 局域网管理

总体：局域网用于小范围且安全要求相近场景，局域网管理保障其正常与安全运行，包括网络设备、拓扑、安全管理。

（1）网络设备管理：网络设备管理是局域网管理的基础，包括设备配置、设备监控、设备升级和配置备份。

（2）网络拓扑管理：设备布局、网络连接、VLAN 划分、路由配置。

（3）网络安全管理：访问控制、防火墙配置、入侵检测系统（Intrusion Detection System，IDS）、病毒防护和安全培训。

2. 广域网管理

总体：广域网用于连接不同地理位置分支机构，管理包括带宽、远程连接、故障管理，涉及网络设备、链路、安全管理。

（1）网络设备管理：网络设备管理是广域网管理的基础，对路由器等设备配置和监控，任务同局域网设备管理。

（2）链路管理：包括带宽管理（避免过载等）、故障管理、延迟丢包管理、链路备份与冗余。

（3）网络安全管理：防止广域网受攻击和数据泄露，包括防火墙配置、虚拟专用网（Virtual Private Network，VPN）、入侵检测和防御系统（IDS/Intrusion Prevention System，IPS）、访问控制和安全培训。

3. 互联网管理

总体：互联网由多个自治系统组成，管理包括域名、路由、安全管理。

（1）自治系统管理：基础管理，含自治系统（Autonomous System，AS）配置、监控、协商和备份。

（2）路由管理：路由配置、路由监控、路由优化和路由备份。

（3）互联网安全管理：包括防御策略配置、安全漏洞管理、安全事件监控和安全培训。

4. 无线网管理

总体：无线网基于无线技术提供接入服务，管理包括信号覆盖、频谱、安全管理，通过多种措施提升性能和安全性。

（1）网络拓扑规划：规划无线网拓扑，确定 AP 位置、覆盖、信号强度和频率，避免干扰和覆盖不足。

（2）AP 配置管理：配置无线接入点是无线网管理的关键任务之一。需设置 AP 的基本参数，包括无线网络名称（Service Set Identifier，SSID）、安全认证方式（如 WPA2）、密码等。此外，还需配置 AP 的信道和传输功率。

（3）客户端管理：管理客户端设备，包括监控连接状态等和限制未授权连接。

（4）频谱管理：监控频谱使用，解决干扰问题，如调整信道、使用干扰消除技术。

（5）安全管理：采取安全措施（强密码等）和更新固件、程序修复漏洞。

（6）性能监控与优化：定期监控性能指标，采取措施解决问题、提高性能。

12.3 网络资源管理考点梳理

【基础知识点】

1. 网络资源管理概述

对网络资源规划、配置、监控和优化，确保高效利用与平衡分配，目标是提高性能、增强体验、降低成本，涉及多种资源管理，主要包括带宽、地址、虚拟资源管理。

2. 带宽资源管理

总体：带宽是网络传输数据能力，管理可保障流量合理分配与高效利用，包括带宽分配、控制和优化。通过流量监控与分析、优先级和限制、流量整形与调度、定期审查与优化管理带宽。

（1）流量监控与分析：用监控和分析工具定期监控网络流量，识别问题优化带宽分配和调整策略。

（2）优先级和限制：依应用和用户需求设优先级和限制，保障关键应用带宽，避免拥塞。

（3）流量整形与调度：用相关技术控制流量，平衡流量、提升性能和体验。

（4）定期审查与优化：定期审查并依实际需求优化带宽资源配置。

3. 地址资源管理

总体：地址资源是网络设备和主机标识符，管理包括规划、分配和转换，通过多种方式确保通信顺畅。

（1）地址规划：依组织、网络规模和扩展需求规划分配地址范围。

（2）IP 地址分配：按规划范围为设备分配唯一 IP 地址（静态或动态），避免冲突。

（3）子网划分：依需求将 IP 地址范围划分为子网，按需调整优化。

（4）IP 地址管理工具：用工具管理跟踪 IP 地址分配，记录、监控、提供报表和警报。

（5）定期审查与优化：定期审查并按需优化地址资源配置。

4. 虚拟资源管理

总体：虚拟资源是软件模拟资源，网络虚拟资源管理包括分配、监控与调度，还有容错、备份和安全管理，趋势是自动化、智能化。

（1）虚拟资源的分配：遵循公平、高效、灵活原则，按需静态或动态分配。

（2）虚拟资源的监控与调度：实时监测资源使用情况，据此合理调度提高效率和性能。

（3）虚拟资源的容错与备份：容错靠冗余等机制保障故障时切换资源，备份通过多种方式防数据丢失。

（4）虚拟资源的安全管理：包括访问控制、数据加密、漏洞修复等保障资源安全。

12.4 网络应用管理考点梳理

【基础知识点】

1. 网络应用管理概述

网络应用管理包括网络应用程序安装、配置、维护、升级和安全保障，常见管理有 DHCP、DNS、文件服务器、打印系统、邮件系统、门户网站管理。

2. DHCP 应用管理

总体：DHCP 服务器是采用动态主机配置协议（DHCP），对网络中的 IP 地址自动动态分配的服务器，DHCP 是用于自动分配 IP 地址和其他网络配置参数的协议。管理员需要配置并管理 DHCP 服务器，包括设置 IP 地址池、分配规则、租期等。通过配置 DHCP 服务器、定义 IP 地址范围、配置网络参数、设置租约时间、监控和管理以及考虑安全性，可以有效地管理和配置 DHCP，并简化网络设备的部署和维护。

（1）定义 IP 地址范围：依组织和网络规模定范围，避免冲突，可设保留地址。

（2）配置网络参数：配置子网掩码、网关、DNS 服务器等帮助设备联网通信。

（3）设置租约时间：根据组织和设备情况设 IP 地址有效期，长短租约各有优势。

（4）监控和管理：定期监控服务器，检查地址池，处理问题，审查更新配置。

（5）安全性配置：采取限制访问、启用认证、使用安全协议等措施保护服务器。

3. DNS 服务器管理

总体：DNS 负责 IP 和域名转换，域名服务器管理名字解析，管理员要配置管理 DNS 服务器实现高效域名解析和通信。

（1）配置 DNS 服务器：选合适 DNS 软件安装配置，确保与网络连接且有足够资源。

（2）设置区域：在 DNS 服务器上设置区域，包括主从区域，确保有正确记录。

（3）添加资源记录：为区域添加常见资源记录（A、AAAA、CNAME、MX 等）。

（4）配置转发器：若需与其他 DNS 服务器通信，配置转发器，配置正确的转发器地址和设置适当的超时时间。

（5）监控和管理：定期监控服务器，检查解析响应时间和准确性，审查更新配置。

（6）安全性配置：采取限制访问、启用防火墙、使用安全传输协议等措施。

4. 文件服务器管理

总体：文件服务器用于存储和共享文件，管理员要配置管理，包括设置权限、创建账号等，保障文件共享和存储安全。

（1）配置文件服务器：选合适操作系统和文件系统安装配置，确保与网络连接且有足够空间。

（2）设置共享目录：在服务器设共享目录，依需求和策略设访问权限。

（3）定期备份：设备份计划，选合适备份介质，测试验证可恢复性。

（4）安全性配置：采取限制访问、启用防火墙、使用加密协议等措施，审查更新安全策略。

（5）监控和管理：定期监控服务器，检查存储情况，处理问题，审查更新共享权限。

（6）容灾和恢复：制订容灾计划，并设置合适的备份策略。考虑使用冗余存储、备份服务器等技术来确保数据的可用性和快速恢复能力。定期测试容灾计划，并进行恢复演练以验证其有效性。

5. 打印系统管理

总体：打印服务器管理打印设备和任务，管理员要配置管理，实现统一管理、提高效率。

（1）配置网络打印服务器：选合适操作系统和软件安装配置，确保与网络连接且有资源处理任务。

（2）添加和管理打印机：在服务器添加管理打印机，依需求选型号、设默认设置，确保用户可访问。

（3）设置访问权限：依安全策略设权限，定期审查更新。

（4）配置队列和优先级：为管理任务配置队列和优先级规则，优先处理高优先级任务。

（5）监控和管理：定期监控系统，检查打印机状态、任务队列和资源情况，审查更新设置。

（6）安全性配置：采取限制访问、启用防火墙、使用加密协议等措施，审查更新安全策略。

6. 邮件系统管理

总体：邮件管理系统含 SMTP 和 POP3 服务器，管理员要配置管理，实现邮件组织管理。

（1）配置邮件服务器：选合适软件安装配置，确保与网络连接且有资源处理通信。

（2）设置域名和邮箱：在服务器设域名和邮箱，为用户创建邮箱、设访问权限。

（3）配置收发规则：依需求和策略设规则，过滤垃圾邮件，减少资源消耗。

（4）设置备份策略：定期备份，选合适介质，测试验证可恢复性。

（5）安全性配置：采取加密传输、设访问控制、启用认证等措施，审查更新策略。

（6）监控和管理：定期监控系统，检查邮箱存储、邮件传输和资源情况，审查更新设置。

7. 门户网站管理

总体：门户网站集成多种信息服务，管理包括规划、组织、实施和监控，涉及多方面管理维护。

（1）确定目标和需求：明确网站目标和用户需求，确定功能、内容和设计。

（2）选择合适的平台：根据目标需求选有良好扩展性、易用性和安全性的平台。

（3）设计用户界面：考虑用户体验、导航和布局，使信息易找、展示清晰。

（4）配置功能模块：根据目标需求配置功能模块，提供良好体验。

（5）管理内容：定期更新管理内容，用 CMS 简化发布维护，确保信息准确、及时、有价值。

（6）安全性配置：采取强密码、备份数据、更新补丁等安全措施。
（7）监控和维护：定期监控网站，检查性能、链接、日志，审查更新功能模块等。

12.5 网络安全考点梳理

【基础知识点】

1. 网络安全

网络安全保障网络系统软硬件和数据安全，网络安全管理是重要部分，涉及安全设备配置、策略制定等，多种技术和措施可降低风险，保障安全。

2. 加解密与数字证书

总体：数字证书用于验证身份和确保数据完整性，加解密技术保护数据机密性，包括对称加密、非对称加密、哈希函数等。

（1）加解密技术：用密码算法将明文转密文保护机密性，加密和解密用密钥转换。

（2）对称加密：用相同密钥加解密，如 DES、AES 算法，高效但密钥管理有安全隐患。

（3）非对称加密：用公钥加密、私钥解密的一对密钥，如 RSA、ECC 算法，安全性和密钥管理更好。

（4）哈希函数：将任意长度数据转固定长度哈希值，单向性，如 MD5、SHA-1、SHA-256，用于验证数据完整性和生成数字签名。

（5）数字证书：CA 颁发，含公钥和身份信息，用 CA 私钥签名，接收方用 CA 公钥验证数字证书的真实性，并使用其中的公钥进行加密操作。

3. 防火墙管理

总体：防火墙位于网络边界控制通信，配置规则可保护网络资源和数据安全，管理任务包括多项内容。

（1）确定安全策略：配置前明确允许和拒绝的流量类型，依需求和风险评估制定。

（2）了解网络拓扑：配置前了解拓扑，确定保护对象和防火墙部署位置。

（3）配置访问控制列表（ACL）：ACL 是防火墙规则基础，定义允许或拒绝特定 IP、端口、协议流量，确保与安全策略一致并定期审查更新。

（4）启用日志记录和监控：启用日志功能检测安全事件，监控日志并设警报获取异常活动。

（5）定期更新和升级：定期更新防火墙软件，安装安全补丁和固件提高安全性。

（6）进行漏洞扫描和渗透测试：定期检查评估防火墙安全性，发现漏洞并修复。

4. 入侵检测与防御

总体：入侵检测是主动保护技术，是防火墙的补充，能扩展安全管理能力，入侵防护系统倾向主动防护，IDS、IPS 有多种功能保护网络安全。

入侵检测系统（IDS）功能：监测分析用户和系统活动、核查系统配置和漏洞、评估资源和文件完整性、识别已知攻击行为、统计分析异常行为、操作系统日志管理。

入侵防御系统（IPS）功能：嵌入式运行（实时阻拦可疑数据包）、深入分析控制（确定拦截流量）、入侵特征库（高质量且定期升级）、高效处理能力（数据包减少对网络性能影响）。

5. 网络攻防演练

总体：是提高网络安全能力的实践训练，通过模拟攻击场景提升应对能力，包括多项主要活动。

（1）确定目标：明确演练目标和范围，如测试系统安全性、评估团队能力等。

（2）设计攻击场景：依目标范围设计，包括钓鱼邮件等现实场景，考虑多种威胁手段。

（3）确定参与者：确定攻击者、防御团队、系统管理员等角色和人员。

（4）进行演练：攻击者将尝试利用各种技术手段攻击目标系统，防御团队检测、分析和应对，包括实时监控等环节。

（5）收集反馈：演练后收集参与者反馈，关注遇到的问题和挑战。

（6）分析总结：根据反馈分析总结参与者表现、系统弱点和防御策略有效性，制订改进计划。

（7）持续改进：根据问题和建议修复漏洞、加强策略，定期新一轮演练。

6. 网络安全态势感知平台

总体：是实时监测、分析和预测网络安全威胁的工具，有多项功能提高网络安全防护水平。

（1）实时监测：实时监测内外网络流量、日志和事件数据，发现异常、入侵和威胁。

（2）威胁分析：用先进技术深入分析数据，识别已知攻击等并提供警报和建议。

（3）智能预警：基于机器学习和人工智能自动学习正常模式，识别异常生成预警。

（4）可视化展示：将安全数据用直观界面展示，便于管理员了解状况和决策。

（5）自动化响应：与其他安全设备集成，自动阻断恶意流量、隔离主机和触发警报。

（6）高级威胁预测：用大数据和机器学习分析预测未来高级威胁，提前防范。

（7）合规性与报告：生成合规报告，记录跟踪安全事件、响应措施和修复进展。

12.6 考点实练

1. （　　）不属于 DNS 服务器管理活动。

　　A．配置 DNS 服务器　　　　　　B．设置区域

　　C．添加资源记录　　　　　　　　D．设置共享目录

答案： D

2. （　　）不属于文件服务器管理活动。

　　A．配置文件服务器　　　　　　　B．设置共享目录

　　C．容灾和恢复　　　　　　　　　D．设置访问权限

答案：D

3．网络中所有相关的被管对象信息都集中在（　　）中。

　　A．数据湖　　　　　　　　　　　B．管理信息库（MIB）

　　C．虚拟专用网（VPN）　　　　　D．域名系统（DNS）

答案：B

4．（　　）不属于 DHCP 应用管理活动。

　　A．配置转发器　　　　　　　　　B．定义 IP 地址范围

　　C．设置租约时间　　　　　　　　D．配置 DHCP 服务器

答案：A

5．（　　）不属于打印系统管理活动。

　　A．添加和管理打印机　　　　　　B．配置队列和优先级

　　C．监控和管理　　　　　　　　　D．设置备份策略

答案：D

6．（　　）不属于门户网站管理活动。

　　A．确定目标和需求　　　　　　　B．管理内容

　　C．配置队列和优先级　　　　　　D．监控和维护

答案：C

第 13 章 数据中心管理知识点梳理及考点实练

13.0 章节考点分析

第 13 章主要学习数据中心的基础管理、机房基础设施管理、物理资源管理、虚拟资源管理、平台资源管理等内容。

根据考试大纲，本章知识点会涉及单项选择题，案例分析题会涉及部分数据中心的管理知识，按以往的出题规律约占 5～10 分。本章内容属于基础知识范畴，考查的知识点基本来源于教材。本章的架构如图 13-1 所示。

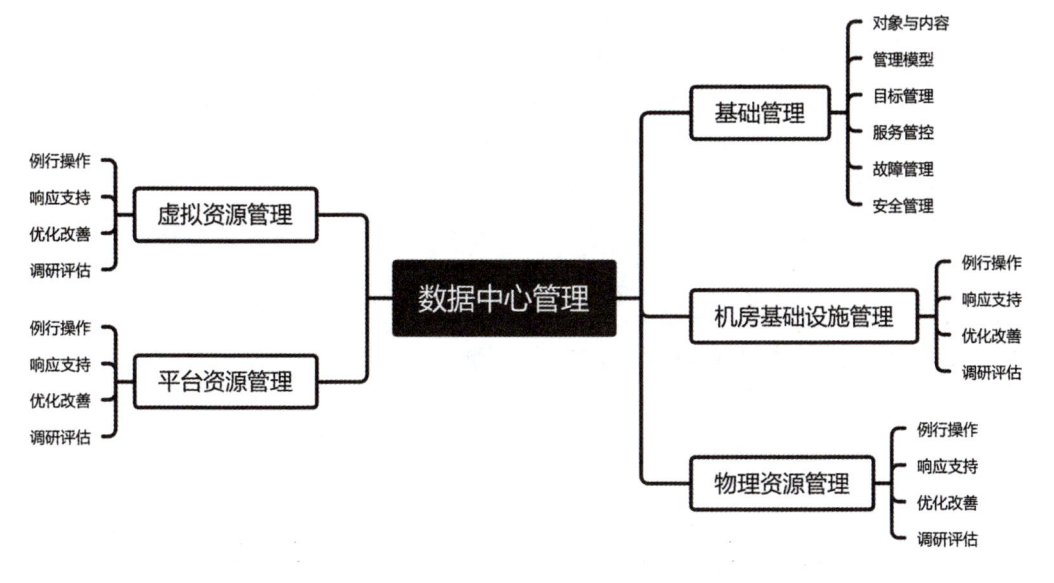

图 13-1 本章的架构

【导读小贴士】

数据中心（Data Center，DC）是集中放置的电子信息设备并提供运行环境的建筑场所，用来存放组织的关键应用程序、数据的空间和物理设施，平台上承载各类关键业务系统，因此数据中心的安全性至关重要。数据中心管理包括基础管理、机房基础设施管理、物理资源管理、虚拟资源管理、平台资源管理等。

13.1 基础管理考点梳理

【基础知识点】

1. 数据中心管理对象与管理内容

（1）数据中心可以自建，也可以租用第三方。数据中心提供机房基础设施、物理资源、虚拟资源、平台资源、应用资源和数据等资源，业务信息系统可由用户端和中心服务端组成，可与第三方服务机构发生信息交互。业务信息系统可以使用数据中心的各类资源部署在一个或多个数据中心，从而确保服务完整性和有效性等。数据中心由维护方统一或分别进行维护，所有维护工作均应满足服务级别协议（Service Level Agreement，SLA）的要求。

（2）数据中心管理的对象包括机房基础设施、物理资源、虚拟资源池、平台资源、应用资源和数据，这六类对象的集合构成了一至多个业务系统，以及不同的对外服务模式（托管服务、IaaS 服务、PaaS 服务、SaaS 服务、业务系统服务）。

（3）机房基础设施包括电气系统、通风空调系统、消防系统、智能化系统。电气系统包括高低压供配电系统、电源系统、照明系统、电缆及母线槽、防雷与接地等；通风空调系统包括空调水系统、空调风系统、机房空调系统等；消防系统包括消防供配电设施、火灾自动报警系统、应急照明与疏散指示系统、应急广播系统、消防供水设施及消火栓系统、自动灭火系统、防烟排烟系统、防火分隔设施、建筑灭火器、空气（氧气）呼吸器等；智能化系统包括 BA 系统、动力环境和设备监控系统、安全防范系统、门禁系统、综合布线电缆系统等。

（4）物理资源包括网络及网络设备、服务器设备、存储设备。

（5）虚拟资源池包括虚拟网络资源、虚拟计算资源、虚拟存储资源。

（6）平台资源包括组成应用运行环境的操作系统、数据库、中间件等各部分。

（7）应用资源包括业务应用系统和监控软件、网管软件、运维管理软件等用于自身运营管理的工具软件。

（8）数据中心管理内容是指针对机房基础设施、物理资源、虚拟资源、平台资源、应用资源和数据资源等六类对象进行的调研评估、例行操作、响应支持和优化改善服务。

（9）数据中心各类服务所对应的管理对象包括托管服务、IaaS 服务、PaaS 服务、SaaS 服务及业务系统服务的管理对象。托管服务管理对象是机房基础设施以及物理资源中的网络及网络设备；IaaS 服务管理对象是机房基础设施、物理资源、虚拟资源池和平台资源；PaaS 服务管理对象是机房基础设施、物理资源、虚拟资源池、平台资源以及应用资源中的应用组件。

由于 SaaS 服务及业务系统服务向用户提供端到端的全面服务，SaaS 服务及业务系统服务管理对象涵盖机房基础设施以及物理资源、虚拟资源池、平台资源、应用资源及其产生的数据。

2. 数据中心管理模型

（1）数据中心管理过程中采用"观察、定位、决定和行动"的管理模型。

观察的目的是了解现状，观察包括管理对象观察、促成要素观察和内外部环境观察。其中：管理对象观察包括资产管理、容量管理、故障管理等；促成要素观察包括供需双方人员、技术、资源、流程等；内外部环境观察包括业务/监管目标，以及外联系统的运行情况等。

定位的目标是定位管理对象的问题并采取事前防御措施来解决。需要先明确数据中心运行维护管理要求，如目标管理、服务管控、故障处理、数据中心安全和数据安全。

决定的目标是制定相应的行动措施，定义并选择最适合的解决方案。

行动是根据决定选择最佳实施方案，保障业务的健康运行，在出现故障时采取必要的纠正措施，总结分析故障的原因并形成相关预案。

（2）目标管理：数据中心管理是通过对数据中心服务能力的测量和调整，持续保持服务质量达到组织业务的要求，包括业务关系可视化，分析数据中心服务需求，控制服务期望，确定数据中心服务目标，监控服务质量，服务的评估、改善和终止等活动。最终目的是确保运行维护内容满足 SLA 要求以支持业务的运营和发展。

（3）服务管控：服务管控包括系统可用性管理、系统容量管理、配置信息管理、系统的变更与发布、知识管理和供应商管理。

（4）故障管理：故障管理流程包括：①建立应对系统故障的管理办法；②建立系统故障的分类分级；③建立分析故障根本原因的机制，并形成规避、改进措施的解决方案和预防措施；④建立事后评估和总结管理机制。

一个完整的故障处置过程包括故障分类分级和定级、故障原因调查与分析、防止问题再次发生、事后评估与总结。

（5）安全管理：安全管理涉及制定安全管理制度、安全状态监控、安全事件处理、应急预案和演练、安全检查和优化等工作。

安全管理制度的主要内容涉及安全职责及权限、安全运维流程、安全教育与培训。

安全状态监控主要包括监控对象及指标分析和安全状态监控分析与报告。

安全事件处理流程主要包括：根据安全状态分析报告分析安全事件，明确安全事件等级、影响程度以及优先级等，按照安全事件报告程序上报安全事件；针对突发的安全事件，应该启动应急预案响应机制进行安全事件处置；针对未知的安全事件，按照安全事件处置流程和方案进行安全事件处置；需要对未知的安全事件进行事件记录、分析记录信息等，使安全事件成为已知事件，对安全事件处置过程进行总结，制定安全事件处置报告。

应急预案和演练：根据安全事件管理办法，对安全事件的影响程度和范围进行分析，以确定是否启动应急响应；制定各类安全事件相应的应急预案，按照应急预案的指导，定期开展应急演练，保证业务系统的稳定性及应急预案的可执行性。

安全检查和优化：定期对数据中心安全的运维问题，按照等保、监管、审计等各方面的要求进行安全合规检查，为数据中心安全的运维服务提出持续改进优化的评估和建议。

13.2 机房基础设施管理考点梳理

【基础知识点】

数据中心的机房基础设施的管理和维护是例行操作、响应支持、优化改善和调研评估四方面入手，主要针对电气系统、通风空调系统、消防系统和智能化系统进行管理。

1. 例行操作

数据中心的机房基础设施的例行操作内容通常包括监控、预防性检查和常规作业。

（1）监控。不同的机房基础设施（电气系统、通风空调系统、消防报警系统、智能化系统）监控对象的监控指标不同，普遍以开关量、模拟量、数字量的方式进入统一的集中管理系统，需要纳入的监控对象包括但不限于：电气系统的高低压配电柜、变压器、发电机、UPS、电池、直流电源；通风空调系统的制冷机组、冷却塔、空调水系统、空调风系统、水冷机房空调、加/除湿设备；消防报警系统中的消防报警系统、消防水系统；智能化系统中的环境和设备监控系统、安全防范系统。

常见的电气类监控指标有开关状态、电压、电流、电阻、频率、功率因数、有功功率、无功功率等；常见的通风空调类监控指标有温度、湿度、压力、风量、负载率以及运行/停止、故障/正常、手动/自动状态、报警状态等状态类指标；常见的消防报警类监控指标有手动/自动状态等运行状态、告警信息、液位、压力等；常见的智能化系统类监控指标有系统运行状态、网络通信、存储空间、告警信息。

（2）预防性检查。对机房基础设施（电气系统、通风空调系统、消防报警系统、智能化系统）进行预防性检查时，应根据具体的管理对象，确定性能检查内容和脆弱性的检查内容；检查的对象有：电气系统的高低压配电柜、变压器、发电机、UPS、电池、直流电源；通风空调系统的制冷机组、冷却塔、空调水系统、空调风系统、水冷机房空调、加/除湿设备；消防报警系统中的消防水系统、气体消防；智能化系统中的BA系统、动力环境监控、视频监控系统、门禁系统、综合布缆系统。

不同对象的检查指标是不同的，如电池的性能检查内容为温度、导线发热情况；其脆弱性的检查内容是温度、导线连接发热情况，是否氧化，漏液检查、变形。水冷机房空调的性能检查内容为冷冻水压力、温度、风机运行情况；其脆弱性的检查内容是机房热点情况、室内机漏水检查、过灰尘情况等滤网检查。动力环境监控的性能检查内容为服务器、网络通信、存储容量等；其脆弱性的检查内容是系统运行状态、阈值、联动告警逻辑、PUE、负载比等。

（3）常规作业。机房基础设施的常规作业包括基础类操作、测试类操作和数据类操作。

基础类操作：参照设备设施的相关手册和数据中心的配置基准（Site Configuration Procedures，SCP），制定出相应的标准操作程序（Standard Operation Procedure，SOP）、维护操作流程（Maintenance Operation Process，MOP），并按 SOP、MOP 规定的程序执行设备的日常运行、维护和保养等作业。

测试类操作：按相应的 SOP、MOP 对机房基础设施各系统功能、性能进行测试作业。

数据类操作：按相应的 SOP、MOP 对机房基础设施运行日志、记录等数据进行备份、清除、更新等操作。

既然有常规作业，就会有对应的非常规作业概念，此概念是在响应支持活动中。非常规作业一般需要先有应急预案和应急操作流程（Emergency Operating Procedures，EOP），即使平时设备和系统处于正常工作状态，也需要开展必要的应急演练活动。

2. 响应支持

对机房基础设施进行响应支持时，应根据不同的管理对象和系统运行要求，确定事件驱动响应和服务请求响应的具体服务内容。响应支持都是被动的，两者的区别在于因事还是因人而发起。

（1）事件驱动响应。针对设备的软硬件故障引起的业务中断或运行效率无法满足正常运行的要求而进行的响应服务。例如，对电气系统中的 UPS 系统事件驱动响应活动包括故障排查，旁路系统，关闭非重要输出等；防雷接地系统包括浪涌保护器复原和更换，接地电阻降阻等。

通风空调系统包括故障排查，关闭部分设备以维持数据中心温湿度指标，关闭新风系统等。

消防系统包括故障排查，系统启动，报警联动，疏散警示等。

智能化系统中的视频监控系统包括故障排查，摄像机或硬盘更换，检查告警，数据恢复等；门禁系统包括故障排查，手动开启或关闭门禁系统，检查告警或监控记录等。

（2）服务请求响应。根据应用系统运行需要或需方的请求而进行的响应服务。例如，电气系统的配电系统需要增减回路，增减供电类型；防雷接地系统为新设备接地等。通风空调系统调整温度、湿度参数，调整新风量等。消防系统增减设备，更新调整联动逻辑，备份或清除记录等。机房视频监控系统包括调整摄像机位置，增加摄像机和录像机容量等；门禁系统包括增加、删减、变更门禁权限等；综合布缆系统包括链路跳接，跳线更换，布线扩容等。

3. 优化改善

对机房基础设施进行优化改善时，应根据数据中心容量的变化情况以及不同的管理对象和系统运行要求，确定适应性改进、增强性改进和预防性改进的具体服务内容。预防性改进为针对问题和缺陷的改进；适应性改进和增强性改进都是由业务和环境变化引起的。

（1）适应性改进是根据数据中心容量的变化情况以及业务系统及其软硬件环境的运行要求，对机房基础设施进行必要的调整。例如，电气系统中配电系统根据数据中心容量情况，包括更换开关、导线以适配负载容量等；对通风空调系统调整机组主备运行模式，以适应数据中心容量变化；调整温湿度参数，调整机组位置，增减新风风量等；调整智能化系统中的综合布缆系统，以适应应用系统的变化。

（2）增强性改进是根据数据中心容量的变化情况以及业务系统及其软硬件环境的运行状况，

对机房基础设施进行调整、扩容或升级。例如，电力系统增容；配电系统增加回路；UPS系统包括增加主机数量，增加电池数量等。通风空调系统增减空调机组，增加新风机组、预处理装置等。视频监控和门禁系统包括增加报警联动、增加终端数量、增加存储容量等。

（3）预防性改进是根据业务系统及其软硬件环境的运行趋势，对机房基础设施的脆弱点实施改进作业。例如，电气系统中的发电机更换电瓶，更换或添加适应环境温度的防冻液和油料等；防雷接地系统包括焊接点加固、防腐处理等。通风空调系统调整机组位置调整出/回风方式等。按照当地消防管理部门管理要求对消防系统预防性改进；安防系统的视频监控和门禁系统与消防系统联动，安防系统的门禁系统与工单系统、人员定位系统联动等。

4. 调研评估

根据数据中心管理需求，对机房基础设施的运行现状进行调查分析，建立各系统的SCP及MOP、SOP等规范性文档。

13.3 物理资源管理考点梳理

【基础知识点】

针对数据中心中运行着的网络及网络设备、服务器设备、存储设备等物理资源，从例行操作、响应支持、优化改善和调研评估四方面进行管理。

1. 例行操作

例行操作包括监控、预防性检查和常规作业。

（1）监控。对数据中心的网络及网络设备、服务器、存储设备等物理资源进行监控时，应根据具体的管理对象，确定监控内容和指标。常见监控指标如下：

网络及网络设备：网络设备的健康状况、整体运行状态、各项硬件资源开销状况；链路健康状况；管理权限用户的行为审计、设备软件配置变动审计、设备日志审计、安全事件审计；端口流量速率、丢包、错包以及广播风暴等情况。

服务器：整体运行情况；电源、CPU、内存、硬盘、接口工作情况。

存储设备：控制器、电源和接口工作情况；数据存储介质及其空间使用；读写速率和读写命中率情况。

（2）预防性检查。对数据中心物理资源进行预防性检查时，应根据具体的管理对象，确定性能检查内容和脆弱性检查内容。

网络及网络设备：性能检查内容包括机身、板卡或模块的工作情况、CP和内存使用峰值情况、FLASH存储空间使用情况、风扇温度、端口的利用率和链路的健康状态等；脆弱性检查内容包括系统版本是否需要升级或修复、设备链路的冗余度要求、安全事件周期性整理分析、设备生命周期评估、备件可用性周期性检查、业务带宽是否满足业务高峰需求、网络边界防护控制评估。

服务器：性能检查内容包括资源分配情况和策略、CPU和内存使用峰值情况、文件系统空间使用情况、IO 读写情况、网络流量情况、服务器与存储之间的链路运行状态、硬件日志情况等；脆弱性检查内容包括资源使用是否超过预定阈值、关键部件是否满足运行冗余度要求及其微码版本是否需要升级、硬盘是否 RAID 保护、系统微码和操作系统版本一致性检查、硬件型号和系统版本兼容性检查、接口链路状态是否有异常情况。

存储设备：常见性能检查内容包括 IO 读写速率、读写缓存分配比例、数据读写命中率、存储硬盘空间使用、存储系统日志、磁带读取和写入速率、磁带池使用等具体情况；脆弱性检查内容包括关键硬件部件是否满足运行冗余度要求、当前微码版本是否需要升级、存储配置备份机制是否完善、存储管理软件是否需要升级打补丁、存储空间使用比例是否达到预定告警阈值、离线记录检查、存储介质的坏块记录检查、系统微码版本一致性检查。

（3）常规作业。对物理资源进行常规作业时，应根据具体的管理对象，确定操作内容和周期。常规作业如下：

网络及网络设备：对操作系统软件、设备软件配置、监控系统日志等备份及存档；系统微码升级；监控系统日志数据分析与报告生成；网络配置变更的文件审核与操作、记录；安全设备特征库升级安全审计类分析报告；周期性关键设备主备切换/应急演练。

服务器：系统微码升级、配置文件备份、过期日志和文件系统空间清理、服务器硬盘 RAID 配置检查、更换控制器电池、系统重启。

存储设备：系统微码升级、更换控制器电池、介质读写正常性测试、配置文件备份、过期运行日志清理、链路端口访问测试。

2. 响应支持

（1）事件驱动响应。

网络及网络设备：故障定位；停止、启动进程；中断、连通网络连接；关闭、启动端口；网络备件更换；更改、恢复配置。

服务器：服务器重启；更换故障部件；关键部件微码升级；硬盘 RAID 配置修复。

存储设备：存储重启；配置文件恢复；更换故障部件；微码升级；存储管理软件补丁安装；数据修复。

（2）服务请求响应。根据应用系统运行需要或需方的请求而进行的响应服务。

网络及网络设备：增加、降低网络接入的数量或速度；更改网络设备配置；启动、关闭端口或服务；更换、更新或升级设备硬件或软件。

服务器：设备搬迁；设备停机演练；设备清洁维护；硬件扩容；集群环境搭建和切换演练。

存储设备：设备搬迁；设备停机演练；设备清洁维护；硬盘空间扩容；存储结构调整；新增主机分配存储空间；主机端多路径软件的安装配置。

3. 优化改善

（1）适应性改进。根据业务系统及其软硬件环境的运行要求，对物理资源进行必要的调整。

网络及网络设备：路由策略调整；负载调整；安全加固；敏感数据加密；监控对象覆盖范围调整；局部交换优化和冗余优化。

服务器：硬盘 RAID 配置调整；网络、光纤链路冗余调整；电源供电接入冗余调整。

存储设备：读写高速缓存比例调整；RAID 保护级别调整；新增硬盘和扩展柜；逻辑盘的容量调整；分配主机的调整；磁带池的配置调整；光纤交换机存储网络区域调整。

（2）增强性改进。根据业务系统及其软硬件环境的运行状况，对物理资源进行调整、扩容或升级。

网络及网络设备：硬件容量变化；整体网络架构变动；安全设备特征库升级；网络架构容量变化；系统功能变化；路由协议应用及部署调整；整体安全策略收紧；交换优化；冗余优化。

服务器：分配更大存储空间；CPU 个数增加；内存容量增加；磁盘空间扩容；网卡和 HBA 接口卡增加等。

（3）预防性改进。根据业务系统及其软硬件环境的运行趋势，对物理资源的脆弱点实施改进作业。

网络及网络设备：配置参数优化；网络安全优化；提高软件配置命令可读性。

服务器：检查硬盘 RAID 配置，及时修复或更换故障硬盘；增加网卡、光纤卡以及链路冗余情况；增加电源供电模块冗余。

存储设备：收集磁盘空间的使用情况，及时清理垃圾数据或增加容量；查看控制器电池的使用情况，及时更换新的电池；检查电源是否老化，及时更换新的电源；查看磁带驱动器的使用情况，及时清洗磁头；查看存储设备的读写性能，适时调整存储控制器的高速缓存容量。

4. 调研评估

对物理资源运行情况统计与分析，并且结合使用时间、灰尘与噪声情况等整体情况，提出物理资源优化、升级的建议方案。

13.4 虚拟资源管理考点梳理

【基础知识点】

虚拟网络资源、虚拟计算资源和虚拟存储资源通常是在物理资源上虚拟化技术衍生而成，与物理资源保持着密切的关系，其管理要从例行操作、响应支持、优化改善和调研评估四方面入手。

1. 例行操作

（1）监控。对虚拟资源进行监控时，应根据具体的对象确定监控内容和指标。从整体上来看，虚拟资源比物理资源明显多了虚拟资源的分配情况等监控指标。

虚拟网络资源：虚拟网络资源的分配状况、健康状态、链路状况、配置变动、操作日志、安全事件、控制器性能的监控。

虚拟计算资源：虚拟计算资源分配、群集容量和性能状况；虚拟机宿主机及虚拟机的 CPU 负荷、磁盘 IO 负荷、内存负荷、网络 IO 负荷、网络链路状态；管理代理进程、计算资源分配、系统日志异常、引发性能问题的虚拟机快照管理、使用存储的相关属性状态监控、自动化事件监控。

虚拟存储资源：虚拟存储资源分配策略与空间使用状况；服务控制器 CPU 负载情况；内存消耗情况；服务控制器整体数据吞吐带宽、IOPS、响应时间和请求队列时间；服务控制器高速缓存（Cache）利用情况；虚拟存储卷访问吞吐率、IOPS、响应时间和请求队列时间；仲裁控制点健康性；服务控制器前后端 I/O 链路；后端分布式物理存储健康性；各服务网络端口监听情况；服务进程的运行状态；服务控制器日志。

（2）预防性检查。

虚拟网络资源：性能检查内容涉及虚拟网络的资源分配情况、资源及控制器健康状态、CPU 和内存的使用峰值情况、端口运行情况、链路的健康状况、存储空间、板卡风扇温度情况、虚拟网络路由协议状态；脆弱性检查内容涉及虚拟网络资源的链路冗余度要求、使用度和调度情况评估、可用性周期性检查、安全事件周期性整理分析；虚拟网络资源及控制器是否存在软件 bug 问题、业务带宽是否满足业务高峰需求。

虚拟计算资源：性能检查内容涉及虚拟计算资源的资源分配情况、计算资源的资源分配情况与分配策略；虚拟机宿主机及虚拟机 CPU 和内存使用峰值情况、文件系统空间使用情况、I/O 读写情况、网络流量情况等；脆弱性检查内容涉及物理服务器关键硬件部件是否存在故障；计算资源分配是否超过预定阈值；虚拟机宿主机版本是否安装相关风险补丁、服务进程的健康状态、文件空间使用是否达到预定阈值、系统数据安全防护设置是否满足要求；虚拟计算资源安全隔离有效性。

虚拟存储资源：性能检查内容涉及存储资源分配策略与空间使用率；服务控制器的数据吞吐带宽、IOPS、响应时间和请求排队时间；虚拟存储卷访问吞吐率、IOPS、响应时间和请求队列时间；各服务控制器高速缓存、虚拟存储卷后端存储的性能匹配、服务控制器日志、用户请求的错误率、所有服务所接受的请求错误率；脆弱性检查内容涉及服务控制器冗余度、微码版本；服务仲裁控制点健康性、存储资源分配策略避免过度分配；控制器存储虚拟化软件版本一致性；虚拟存储资源授权的全局性和统一性；数据副本数及数据副本的一致性；数据保存和传输的出错率、统计数据恢复的时间。

（3）常规作业。

虚拟网络资源：资源分配与回收；配置备份及存档、日志备份及分析、日志数据分析与报告生成；配置变更文件的审核、变更的操作、变更的记录、配置日常变更备份等。

虚拟计算资源：资源分配与回收、扩容与配置更改、访问控制与权限管理；虚拟机模板的创建、保存、部署、维护；虚拟机映像的设计、创建、保存、部署、维护、销毁；虚拟化软件升级及许可管理；虚拟机迁移与脚本维护、备份、克隆与恢复；虚拟机创建及启动、停止、删除、回收、转换；虚拟计算资源日志文件备份和分析；可靠性计划制订与演习。

虚拟存储资源：资源的分配与回收；SAN 拓扑、端口、存储网络区域配置维护；服务控制器配置备份和恢复；虚拟存储资源映射配置、容量配置；制订和实施异构存储资源数据快照、镜像和容灾计划；存储资源内数据在线迁移；数据分层管理、数据副本数管理；资源和用户使用情况统计；服务控制器微码升级；存储虚拟化软件版本升级；日志文件分析和备份。

2. 响应支持

事件驱动响应是针对虚拟资源及所依赖的硬件故障引起的业务中断或运行效率无法满足正常运行要求而进行的响应服务，包括但不限于：故障定位；虚拟资源重新调配、紧急迁移、紧急扩容；解决虚拟资源所依赖的物理资源故障和缺陷；虚拟资源紧急操作，如连通网络连接，关闭或启动端口，停止及启动进程、重启等。

服务请求响应活动包括但不限于：虚拟机、配置信息、数据的备份与恢复；虚拟机创建、迁移、回收、变更；虚拟资源的容灾、高可用配置、计划实施与演练；虚拟网络控制器配置变更下发；数据统一备份；数据访问性能优化；数据在线迁移与分级存储；新增主机分配存储空间、现有主机存储空间调整；主机端多路径软件的安装配置；虚拟资源的扩容、调配、变更；增加、降低虚拟网络资源，网络接入数量或速率；更改虚拟网络资源配置；启动、关闭端口或服务；更换、更新或升级虚拟网络资源硬件或软件。

3. 优化改善

（1）适应性改进。根据业务系统及其软硬件环境的运行要求，对虚拟网络资源、虚拟计算资源和虚拟存储资源进行必要的调整，包括但不限于：虚拟网络资源的设备或链路负载调整、安全策略调整、监控对象覆盖范围调整、路由策略调整、交换及冗余优化、资源调配、控制器配置优化调整；虚拟计算资源的虚拟机 CPU、内存容量、硬盘容量、网络的调整；虚拟机计算资源迁移、虚拟化计算资源调度的算法优化；虚拟存储资源的虚拟存储服务控制器前后端网络端口吞吐速率的调整、根据数据生命周期进行存储资源分层调整、数据存储平衡算法调整、虚拟存储卷保留份数调整和镜像复制级别调整。

（2）增强性改进。根据业务系统及其软硬件环境的运行状况，对虚拟网络资源、虚拟计算资源和虚拟存储资源进行调整、扩容或升级。

虚拟网络资源：调配 CPU、内存、端口并扩容回收；控制器软件版本升级；网络架构变动、整体安全策略收紧、容量变化、资源冗余优化、系统功能变化、网络路由协议应用及部署调整。

虚拟计算资源：虚拟计算资源宿主机服务器和虚拟机计算能力、内存、网络吞吐能力扩容；虚拟计算资源高可用性、容错机增强与演练；备份恢复测试。

虚拟存储资源：虚拟存储服务控制器节点数量增加、内存容量增加、CPU 性能增强；前后端网络（SAN 或 IP）端口增加；端分布式物理存储的高速缓存（Cache）、容量等增加。

（3）预防性改进。根据业务系统及其软硬件环境的运行趋势，对虚拟资源的脆弱点实施改进作业。

虚拟网络资源：配置参数优化；部署路由策略情况下端到端选路变化、端口流量变化、路由条目变化；根据系统的发展趋势对网络系统采取必要的扩容；网络安全优化。

虚拟计算资源：服务控制器微码升级；根据系统监控得到的信息替换可能存在问题的内存、CPU、硬盘、网络设备等；根据系统的压力增长趋势主动对物理服务器的数量进行必要的扩容。监控服务控制器的负载情况，必要时增加硬件数量或提高硬件规格；监控服务控制器及其后端分布式物理存储的硬件出错率，替换存在问题的硬件。

虚拟存储资源：存储虚拟化软件升级；监控仲裁控制点（磁盘、光纤链路、服务器等）的运行情况；收集存储资源空间的使用情况，及时清理垃圾数据或增加存储资源的容量。

4. 调研评估

通过对虚拟资源的运行现状进行分析，根据需方管理的需求提出服务方案。

13.5　平台资源管理考点梳理

【基础知识点】

平台资源是指支撑应用系统运行的资源，用于管理和调度物理资源，并应用资源运行所需的各类环境需求，包括操作系统、数据库、中间件等。

1. 例行操作

（1）监控。对平台资源进行监控时，应根据具体的管理对象，确定监控内容和指标。

操作系统：CPU、内存、磁盘使用情况；网络接口状态和流量、光纤接口状态和流量；重要文件系统空间使用情况；日志情况。

数据库：主要进程运行情况、连接是否正常；表空间使用情况；日志是否有异常；会话数；日常备份是否正常等。

中间件：运行状态、主要进程运行状态、应用服务运行情况、通信网络连接情况、日志是否有报错信息。

（2）预防性检查。对平台资源进行预防性检查时，应根据具体的管理对象，确定性能检查内容和脆弱性检查内容。

操作系统：性能检查内容包括 CPU、内存、硬盘使用峰值情况；重要文件系统空间使用情况；磁盘 IO 读写情况和网络 IO 读写情况等。操作系统脆弱性检查内容包括是否安装相关风险补丁；版本一致性检查；是否需要升级系统微码；是否关闭不必要的服务进程或监听端口；关键机密系统数据安全防护设置是否满足要求；系统使用资源是否超过预定阈值。

数据库：性能检查内容包括 TOPSQL 情况；CPU、内存、表空间使用情况；锁情况；会话数和操作系统进程数情况；缓冲区等命中率情况；等待事件情况。脆弱性检查内容包括安装相关风险补丁；表空间的使用是否达到了预定阈值；关键文件是否做了镜像；备份策略是否合理；是否存在异常用户；版本一致性检查；配置是否符合数据库运行的要求。

中间件：性能检查内容包括服务器业务 CPU、内存使用峰值情况；业务会话连接数情况。脆弱性检查内容包括版本一致性检查；是否满足运行冗余度要求；是否安装相关风险补丁；数据库连接密码配置文件是否存在明文；相关重要运行程序是否有保留备份；操作系统配置是否符合中间件运行的要求；系统使用资源是否超过预定阈值等。

（3）常规作业。

操作系统：版本升级和补丁安装；磁盘读写正常性测试；输入/输出设备读写测试；网络通信正常性测试；端口访问测试；配置文件备份；操作系统备份；过期运行日志清理；临时文件清理；

系统周期性关键设备主备切换/应急演练。

数据库：监听连接正常性测试；正常登录测试；SQL 执行正常性测试；表空间正常访问测试；表读写正常性测试；客户端连接测试；数据库备份；过期归档日志清除。

中间件：备份配置文件、备份重要运行日志、清除过期日志、交易连接正常性测试。

2. 响应支持

（1）事件驱动响应。

操作系统：系统崩溃；CPU、内存等资源耗尽；服务进程无效；文件系统空间不够；接口无法通信；系统无法识别外置存储空间。

数据库：数据库宕机、锁死；数据文件坏块修复；重启；监听端口冲突；备份恢复；解锁。

中间件：服务进程假死；应用服务掉线或重启；配置文件恢复；守护服务调整。

（2）服务请求响应。

操作系统：版本升级；死机修复；文件系统损坏修复；文件系统空间扩容；IP 地址修改；参数调整；日志清理。

数据库：版本升级；灾难恢复；数据清理和维护。

中间件：新增应用服务；参数调整；版本升级。

3. 优化改善

（1）适应性改进。

操作系统：交换区容量调整；内核参数调整；系统使用空间调整划分。

数据库：索引调整；执行 SQL 计划调整；数据表参数调整；数据库对象的调整；主机操作系统内核参数调整；数据库参数调整；临时表空间、用户表空间调整；物理部署的调整；调整数据库备份策略。

中间件：参数配置优化；数据库连接参数调整；连接池参数调整；相关操作系统参数调整。

（2）增强性改进。

操作系统：版本升级；内存扩容；磁盘空间扩容；增加网卡、光纤卡数量；参数调优。

数据库：版本升级、打补丁；由于主机 CPU 个数、内存容量增加调整参数；调整数据库表空间容量；安全备份架构构建；数据库调优等。

中间件：版本升级、打补丁；由于主机 CPU 个数、内存容量增加调整中间件相应的参数。

（3）预防性改进。

操作系统：删除垃圾数据，释放数据空间；文件系统扩容；增加网卡、光纤卡冗余；用户权限合理分配；进程服务端口调整。

数据库：增加数据库表空间、数据文件空间使用范围；对存在的无效对象进行处理；用户的权限合理分配或收回。

中间件：删除临时文件，释放数据空间；监控主要参数以及时调优；应用备份策略调整；定期备份。

4. 调研评估

通过对平台资源的运行现状进行分析，根据需方管理的需求提出服务方案。

13.6 考点实练

1. 数据中心的管理对象包括（　　）。
①机房基础设施　②物理资源　③虚拟资源池　④平台资源　⑤应用资源
⑥数据　⑦监控工具

　　A．①②③④⑤⑥⑦　B．①②③④⑤　C．①②③④⑤⑥　D．①②③④

答案：C

2. 数据中心对外提供的服务分类包括托管服务、IaaS 服务、PaaS 服务、SaaS 服务、业务系统服务等，对外提供服务需要各类资源，以下资源，属于业务系统服务所独有的是（　　）。
①机房基础设施　②物理资源　③虚拟资源池　④平台资源　⑤应用资源
⑥数据　⑦监控工具

　　A．⑥　　　　　　B．⑤⑥　　　　　C．⑥⑦　　　　　D．④⑤⑥⑦

答案：A

3. 数据库属于以下数据中心的哪一类管理对象？（　　）
①机房基础设施　②物理资源　③虚拟资源池　④平台资源　⑤应用资源
⑥数据　⑦监控工具

　　A．④　　　　　　B．⑤　　　　　　C．⑥　　　　　　D．⑦

答案：A

4. 网管软件属于（　　）中的管理对象。

　　A．平台资源　　　B．监控工具　　　C．数据　　　　　D．应用资源

答案：D

5. 在数据中心管理过程中，通过"观察、定位、决定和行动"的管理模型，能够快速、有效形成决策，改善运维过程中的反应时间，更成功地完成管理保障任务。找到解决管理问题的可选方案属于（　　）。

　　A．观察　　　　　B．定位　　　　　C．决定　　　　　D．行动

答案：C

6. 数据中心管理是通过对数据中心服务能力的测量和调整，持续保持服务质量达到组织业务的要求，包括业务关系可视化，分析数据中心服务需求，控制服务期望，确定数据中心服务目标，监控服务质量，服务的评估、改善和终止等活动。定义组织业务与数据中心服务的关系，形成数据中心服务目录属于上述（　　）的过程活动。

　　A．业务关系可视化　　　　　　　B．分析数据中心服务需求
　　C．确定数据中心服务目标　　　　D．监控服务质量

答案：A

7. 数据中心管理是通过对数据中心服务能力的测量和调整，持续保持服务质量达到组织业务的要求，包括业务关系可视化，分析数据中心服务需求，控制服务期望，确定数据中心服务目标，监控服务质量，服务的评估、改善和终止等活动。服务级别协议（SLA）是上述（　　）的活动成果之一。

  A．业务关系可视化　　　　　　　　B．分析数据中心服务需求

  C．确定数据中心服务目标　　　　　D．监控服务质量

答案：B

8. 数据中心管理者应建立运维服务组织和管理制度，管理的数据中心服务对象包括系统可用性管理、系统容量管理、配置信息管理、系统的变更与发布、知识管理和供应商管理等。建立完善的 EOP 和应急响应管理机制和（　　）的相关管理活动的相关性强。

  A．系统可用性管理　　　　　　　　B．系统容量管理

  C．系统的变更与发布　　　　　　　D．供应商管理

答案：A

9. 在数据中心的机房基础设施管理过程中，针对 UPS 电池开展温度、导线连接发热情况检查和是否氧化、漏液、变形的检查，属于（　　）的管理活动。

  A．监控　　　B．常规作业　　　C．脆弱性检查　　　D．预防性改进

答案：C

10. 在数据中心的管理过程中，针对数据中心的资源，检查资源使用的峰值情况，属于（　　）的管理活动。

  A．监控　　　B．常规作业　　　C．脆弱性检查　　　D．预防性检查

答案：D

11. 在数据中心的管理过程中，针对数据中心的软件资源，检查其版本的一致性，属于（　　）的管理活动。

  A．监控　　　B．常规作业　　　C．脆弱性检查　　　D．性能检查

答案：C

12. 在数据中心的管理过程中，针对中间件开展交易连接正常性测试，属于（　　）的管理活动。

  A．监控　　　B．常规作业　　　C．脆弱性检查　　　D．性能检查

答案：B

第 14 章 桌面与外设管理知识点梳理及考点实练

14.0 章节考点分析

第 14 章主要学习台式计算终端、移动计算终端、输入输出设备、存储设备、通信设备运维管理和桌面与外设安全等内容。

根据考试大纲,本章知识点会涉及单项选择题和案例分析题,按以往的出题规律约占 4～8 分。本章内容属于核心重点内容范畴,考查的知识点主要来源于考试大纲。本章的架构如图 14-1 所示。

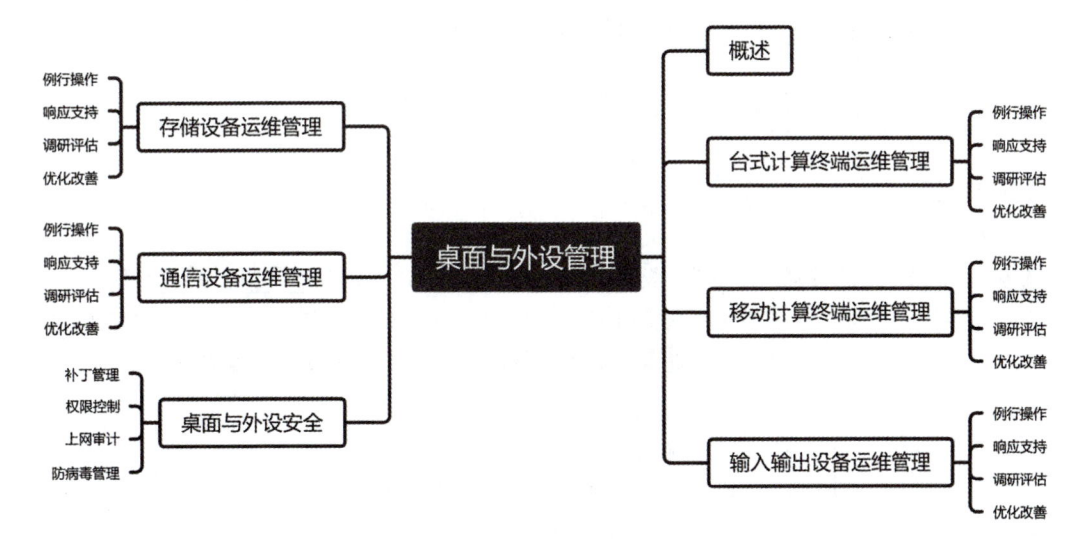

图 14-1 本章的架构

【导读小贴士】

桌面及外围设备的运行维护对象包括台式计算终端、移动计算终端、输入输出设备、存储设备和通信设备。

14.1 概述

【基础知识点】

桌面及外围设备的运行维护涉及多个方面，主要包括台式计算终端、移动计算终端、输入输出设备、存储设备和通信设备。这些设备作为信息系统的终端设备，具有以下特点：

数量众多：设备广泛分布在各种场合，如办公场所、学校、医院和家庭等，数量庞大使得管理变得复杂。

功能复杂：现代桌面设备和移动设备的功能日益增多，涵盖基本办公应用、多媒体处理、图像和视频处理等，增加了运行维护的复杂性。

移动化：随着移动互联网的发展，移动设备的应用越来越广泛，使用场景的多样化提高了维护难度。

多样化需求：不同用户对设备的需求各异，有的需要高性能设备处理复杂任务，有的则偏好便携易用的设备，这些多样化的需求使得设备的运行维护更加复杂。

综上所述，桌面及外围设备的运行维护面临诸多挑战，设备数量多、功能复杂、移动化特点和多样化需求等因素共同作用，使得设备的有效管理和维护变得尤为重要。

14.2 台式计算终端运维管理考点梳理

【基础知识点】

1. 例行操作

总体：为保证台式计算终端正常运行，需进行定期监控、定期检查和日常维护。

（1）定期监控：通过专用监控软件实时监控硬件配置（如 CPU、内存、硬盘）和系统软件（如操作系统、驱动程序、办公软件），确保计算机运行环境稳定，及时发现并报警异常。

（2）定期检查。

检查外部环境：如键盘、鼠标、散热器、机箱等，确保无灰尘和杂物。

检查内部部件：如主板、CPU、内存、硬盘等，及时发现问题并维修或更换。

（3）日常维护。

定期清理散热器：确保计算机正常散热。

定期除尘：避免灰尘和杂物影响计算机运行。

定期检查和维修：及时发现并解决问题，保证计算机正常运行。

2. 响应支持

总体：桌面及外围设备运维中对台式计算终端响应支持，要依运维对象要求确定事件驱动和服务请求响应内容。

（1）硬件故障：及时进行维修和更换，使用原厂配件，进行测试和验证，加强日常维护和保养。

（2）软件故障：使用专业软件工具进行诊断和修复，注意操作系统和应用程序的稳定性和兼容性。

（3）操作系统故障：使用原厂软件和驱动程序，进行数据备份，全面检查和清理，使用专业系统维护工具。

（4）性能降级：进行数据备份，使用系统维护工具，清除病毒木马，全面检查和清理。

（5）清除病毒木马：使用专业杀毒软件，定期全面检查和清理，避免下载不可信软件，保持良好上网习惯。

（6）数据恢复：保护数据备份，选择可靠数据恢复软件，全面分析和检测，尽可能完整恢复数据。

（7）功能置换：选择合适置换方案，全面测试和验证新功能，确保稳定性。

3. 调研评估

总体：台式计算终端调研评估内容包括评估与标准规范符合程度、资源利用和成本、安全情况、性能检测结果、正版软件使用情况，提出相应方案。

（1）评估与国家、行业、单位相关标准和规范的符合程度：国家标准，如 GB/T 9813.1、GB/T 31371 等。行业标准，如 SJ/T 11944、SJ/T 11943 等。单位标准，根据实际情况制定和实施。

（2）制定合理的优化方案，提高台式计算终端的资源利用率和降低成本：包括合理配置硬件（按需选配置、提高利用率、注意兼容性）、优化系统结构（减少程序进程、注意可扩展性）、提高资源利用率（如用虚拟机技术等）、采用合适配件（按需选配件）、降低配件成本（可考虑二手配件等）、优化应用系统设计（降低运行成本），同时注意计算机维护管理。

4. 优化改善

总体：桌面及外围设备运维中对台式计算终端优化改善，依服务级别、环境、管理要求变化，优化性能、使用者感受和成本，包括硬件性能升级或扩容、软件版本升级、调整参数/配置、调整设备摆放位置、调整安全策略、设置节能模式等。

（1）硬件性能升级或扩容：

CPU 升级，提高处理能力。

内存升级，提高运行效率。

硬盘升级，提高存储能力。

（2）软件版本升级：操作系统升级（如 Windows10、Windows11）。

应用程序升级，提高性能。

（3）调整参数/配置：电源设置、散热设置、内存设置，提高性能。

（4）调整设备摆放位置：改变机箱风道、显卡位置，提高性能。

（5）调整安全策略：关闭不必要防护软件、开启高性能模式、开启防火墙保护。

（6）设置节能模式：调整电源设置，提高性能。

14.3 移动计算终端运维管理考点梳理

【基础知识点】

移动计算终端包括便携式计算机、平板式计算机、手持终端等，例行操作、响应支持、调研评估和优化改善对保障其正常运行、数据安全意义重大，可提高使用人员信息安全意识和技能及设备使用效率。

1. 例行操作

总体：包括实时监控、定期检查和日常维护，保障设备正常运行、续航能力、数据安全，提高人员意识和技能、设备效率。

（1）实时监控：监控系统和软件版本信息，操作行为、电池使用、老化情况、系统安全性和资产信息。

（2）定期检查：检查设备外观完好情况、软硬件状态、资源占用情况、电池续航能力、信息安全防护情况、配置/数据备份情况和使用人员信息。

（3）日常维护：包括数据备份、系统和软件版本更新、病毒库更新、密码变更、漏洞扫描、易耗部件更换、外观保养和破损保护、用户信息安全教育和操作培训。

2. 响应支持

总体：根据运维对象使用要求确定事件驱动响应和服务请求响应内容。

（1）事件驱动响应：修复移动计算终端硬件故障、修复移动计算终端操作系统或系统软件故障、修复应用软件故障、恢复网络连接、删除恶意软件、恢复性能降级的移动计算终端到性能基线水平和必要时提供功能置换服务。

（2）服务请求响应：解答用户操作咨询或疑问、更换易耗品/易损件、移动计算终端设备采购/领用/借用/归还/报废、软件安装/升级/数据迁移、密码变更/重置、提供备用设备。

3. 调研评估

总体：包括评估与标准规范符合程度并提完善方案、调研资源利用和成本情况并提优化方案、评估安全情况并提改进方案、调研性能检测结果并提处置方案、调研正版软件使用情况及相关风险。

（1）评估：与国家、行业、单位相关标准和规范的符合程度。

（2）优化：软件、硬件、数据和方案优化，提高效率和降低成本。

（3）调研正版软件的使用情况：用问卷调查、网络调查等方式了解使用情况并深入分析，方式依用户实际情况确定。

4. 优化改善

总体：根据服务级别、使用环境、管理要求变化，优化移动计算终端性能、使用者感受、使用成本等。

（1）软件版本升级：需升级时可从软件下载中心下载安装，注意保护数据完整性和使用人员信息。

（2）新软件或新功能使用指导：使用新软件或新功能可从软件下载中心下载安装，指导要用简单易懂语言，提供详细操作步骤和注意事项，保障用户正确使用。

（3）调整系统参数/配置：需调整时从设备设置中操作，注意保护数据完整性和使用人员信息。

（4）调整安全策略：需调整时从设备设置中操作，注意保护数据完整性和使用人员信息。

（5）安装外观保护或功能增强装置：安装如外观保护膜、功能增强卡等装置，可从设备购买中心购买并安装，注意保护设备外观完好和使用寿命。

14.4 输入输出设备运维管理考点梳理

【基础知识点】

输入输出设备至少包括信息采集、指令输入、打印、显示、播放设备等。

1. 例行操作

内容构成：监控、定期检查和日常维护。

（1）监控方面。包括支撑软件及硬件配置变动（关注软件如驱动程序、管理软件和硬件更换升级等情况）；易损件使用情况（如打印机硒鼓、显示器屏幕）；耗材使用情况（如打印机墨盒、显示器电源）；操作行为（如分辨率设置）；告警信息（如打印机故障、显示器花屏）；资产信息（设备基本信息）；能耗（设备电能消耗）。

（2）定期检查方面。包括软硬件运行状态（包括软件安装、配置、运行和硬件连接、工作环境）；支撑软件及硬件配置变动情况；机械及传动传感部件运转情况（如打印机硒鼓、显示器屏幕）；指令响应灵敏度和准确度及指令反馈情况（如打印速度、显示效果）；操作面板指示清晰度；打印输出清晰度和颜色准确度；显示清晰度、亮度、对比度、比例、颜色等情况；播放音量、失真度、信噪比情况；易损件老化情况。

（3）日常维护方面。包括设备配置备份、测试类操作、补充耗材、易损部件更换、图像和音量相关参数调校、机械部位加油调校、设备清洁除尘、为用户提供使用说明和操作培训、为用户提供降低能耗和耗材使用指导。

2. 响应支持

总体：根据不同运维对象使用要求确定事件驱动响应和服务请求响应内容。

（1）事件驱动响应。包括修复输入输出设备硬件故障；修复外围输入输出设备软件和驱动程序故障；修复支撑软件及硬件故障；恢复性能降级的输入输出设备到性能基线水平；必要时提供功能置换服务。

（2）服务请求响应。包括解答用户提出的操作方法咨询或疑问；输入输出设备耗材更换；输入输出设备的采购、领用、借用、归还、报废等；新输入输出设备的安装调试；在用输入输出设备的迁移；共享设备的账号开立、管理和注销等。

3. 调研评估

目的：确保计算机系统正常运行，优化输入输出设备采购策略。

（1）评估使用情况和综合使用成本。

使用情况评估：设备使用频率影响使用寿命和性能，使用环境（如高温、潮湿、强磁场）影响设备性能和寿命，使用人员习惯和技能水平影响设备使用效率和寿命，评估时要据此选择合适设备。

综合使用成本评估：考虑设备购买成本（越高使用成本越高）、维修成本（越高故障率越高）、能源消耗成本（越高功耗越大），选择性价比高、故障率低且节能的设备。

（2）评估非法使用、信息安全风险情况：非法使用和信息安全风险会损害设备和数据，要选有防护功能、安全可靠的设备并提出改进方案。

（3）调研设备性能，评估使用或维修价值：调研设备性能，据此评估使用和维修价值并提出处置方案。

（4）评估报废价值及对环境污染情况：考虑设备报废价值和环境污染影响，选择环保可回收设备并提供处置方案。

4. 优化改善

依据和目标：根据服务级别、使用环境、管理要求变化，优化输入输出设备性能、使用者感受和使用成本。

（1）调整共享策略和设备使用位置与环境：依据设备使用情况调整共享策略（如限制使用、使用时间）和使用位置与环境（安全和使用要求相关条件），保障正常运行。

（2）调校机械部件：对输入输出设备中的机械部件（如打印机硒鼓、投影仪镜头）依使用情况调整校准。

（3）调整设备参数：依据设备使用情况对参数（如打印机打印速度、投影仪分辨率）及时调整设置。

（4）升级设备固件程序和驱动程序：固件程序是特定硬件实现功能的软件基础，驱动程序是计算机和硬件通信桥梁，升级可优化设备。

（5）增加外观保护和安全防护部件：预防操作者和他人接触危险部件或进入危险区域的辅助装置。

（6）更换老化和易损配件：更换使用中性能降低或易损坏零部件。

（7）优化耗材、易损件采购和使用策略：依据设备使用情况优化耗材和易损件采购和使用策略，保障设备运行。

14.5 存储设备运维管理考点梳理

【基础知识点】

存储设备至少包括闪存盘、移动硬盘、数字存储卡、光盘、磁盘、网络存储器（NAS）等。

1. 例行操作

总体：包括定期检查和日常维护。

（1）定期检查。包括涵盖外观完好情况（检查有无划痕等，有问题及时维修或更换）；存储介质空间使用情况（确保充足，不足则扩容或更换）；存储设备传输速率和数据格式等参数（符合需求，有问题调整或更换）；存储设备损坏情况（用专业工具检测坏区等问题，有问题维修或更换）；存储设备接入情况（确保正常接入，有问题调整或更换）；存储设备内数据加密情况（确保加密，不符合要求则加密或更换）；使用人员信息（确保准确完整，有问题更新补充）；资产信息变更情况（确保准确完整，有问题更新补充）。

（2）日常维护。包括设备编号与标识（确保准确完整，有问题更新补充）；对存储设备除尘清理外观（用专业工具清理灰尘污垢）；备份验证（确保备份数据准确完整，有问题修复或更换）；存放环境整理（确保整洁通风，有问题整理）；升级驱动程序和固件（确保符合需求，有问题升级或更换）；对存储设备查杀病毒（用专业工具查杀）；数据清除与设备报废（有数据泄露等问题及时处理）；老化检测与易耗部件更换（定期检测，有问题处理）；资产信息变更（确保准确完整，有问题更新补充）；为用户提供信息安全风险教育（提高用户意识，有问题培训）。

2. 响应支持

总体：根据运维对象使用要求确定事件驱动响应和服务请求响应内容。

（1）事件驱动响应。包括修复存储设备硬件故障（用专业工具维修）；修复支撑软件及硬件故障（用专业工具维修）；修复存储设备软件及驱动程序故障（用专业工具维修）；隔离并恢复感染病毒的存储设备（用专业病毒查杀工具）；恢复丢失的信息数据（用专业数据恢复工具）；必要时提供功能置换服务（根据用户需求）。

（2）服务请求响应。包括解答用户操作咨询（用知识库和技术支持团队）；存储设备加密与解密（用专业工具）；存储设备的采购、分发、领用、借用、归还、报废；提供存储设备所需存储介质；存储设备软件和硬件安装、升级；存储设备用户访问权限分配，账号的开立、变更和注销。

3. 调研评估

总体：评估存储设备安全性、性能、质量、使用率和综合使用成本等情况。

（1）评估与标准规范符合程度：对不符合国家、行业、单位、部门相关标准规范要求的提出完善方案（含目标、目的、计划、成本、周期、验收方案）。

（2）存储设备调研评估内容包括:评估存储设备接入产生信息安全风险可能性、调研性能（读写速度、存储容量等）、质量（可靠性、稳定性等）、使用率（是否饱和等）和综合使用成本（购买、维护、运行成本）、提供采购政策优化建议。

（3）存储设备的调研评估内容的具体实施。

1）评估由于存储设备接入而产生信息安全风险的可能性：评估计算机系统中存在的安全漏洞、恶意软件等导致的信息被窃取、篡改或删除的风险。

2）调研存储设备的性能、质量、使用率和综合使用成本等情况。

性能调研：评估存储设备的读写速度、存储容量等性能指标。

质量调研：评估存储设备的可靠性、稳定性等质量指标。

使用率调研：评估存储设备的使用情况，如使用率是否饱和。

综合使用成本调研：评估存储设备的购买成本、维护成本、运行成本等综合使用成本。

3）提供采购政策优化的建议：根据存储设备的使用情况，提供采购政策优化和改善的建议，以确保采购存储设备的正常运行。

4. 优化改善

总体：根据服务级别、使用环境、管理要求变化，优化存储设备性能、使用者感受、使用成本等，为用户提供高效存储方式建议。

（1）存储类型选择：根据业务需求和数据特征推荐存储类型（机械硬盘、固态硬盘等），不同类型各有优劣，合适的选择可提高效率和安全性。

（2）存储架构优化：根据数据量和访问频率推荐存储架构（RAID、分布式存储等），合理架构可提高读写速度、容错能力等。

（3）数据备份与恢复：建议制定数据备份策略，定期备份重要数据，选择备份介质和方式（本地、异地、云备份等），并提供数据恢复方案。

（4）数据压缩与加密：用先进技术对数据进行无损压缩以节省空间，对敏感数据进行加密以保护隐私。

（5）存储管理工具：提供实用工具（存储监控、性能优化等），帮助用户了解设备状况，提高可靠性和稳定性。

（6）节能与绿色存储：推荐节能型设备和绿色技术，降低能耗和碳排放，提高可持续发展能力。

（7）技术支持与服务：提供全面技术支持和服务（咨询、安装等），保障用户使用。

14.6 通信设备运维管理考点梳理

【基础知识点】

通信设备至少包括调制解调器、外置网卡、无线接入点（无线 AP）、信息点、非核心路由器、交换机、集线器、IP 电话等。

1. 例行操作

总体：包括监控、定期检查和日常维护。

（1）监控。包括通信设备的健康状况、整体运行状态、各项硬件资源开销状况；链路健康状况；

支撑软件及硬件配置变动；易损件的使用情况；操作行为；告警信息；资产信息。

（2）定期检查。包括通信设备是否存在信息安全风险；通信设备软硬件运行状态；备份通信设备的配置文件及其他日志文件；检查链路的健康状态；支撑软件及硬件配置变动情况；通信设备的资源占用情况；接口使用情况；易损件老化情况；资产变更情况。

（3）日常维护。包括对通信设备进行除尘清理、老化检测、易耗部件更换；通信设备驱动程序和固件升级；调整通信设备的连接对象、时间与网络配置信息；设备软件配置备份及存档；审计通信设备的网络连接和数据通信情况；审计设备日志；安全事件周期性整理分析；设备密码变更；为用户提供信息安全风险教育；为用户提供简易明了的使用说明、注意事项或操作培训；为用户提供网络资源使用报告及高效利用网络资源的使用培训。

2. 响应支持

总体：根据运维对象使用要求确定事件驱动响应和服务请求响应内容。

（1）事件驱动响应。包括修复通信设备硬件故障；修复通信设备软件、参数配置或驱动程序故障；修复通信设备所连接的网络链路故障；排查并隔离导致恶意攻击、病毒等威胁的通信设备；恢复性能下降的通信设备，恢复网络连接性能至性能基线水平；必要时提供功能置换服务。

（2）服务请求响应。包括解答用户提出的操作方法咨询或疑问；通信设备的采购、领用、借用、归还、报废；通信设备及网络链路的权限分配，用户账号的开立、变更和注销；通信设备软件和硬件的安装、更新或升级；调优网络资源分配机制；调整通信设备的访问控制策略；通信设备参数配置变更；启动、关闭端口或服务；易耗品／易损件更换；提供备用设备。

3. 调研评估

针对通信设备的调研评估内容：评估通信设备的使用和管理与国家、行业、单位相关标准和规范的符合程度，提出完善方案；评估通过通信设备产生信息安全风险的可能性，并提出改进方案；调研通信设备及所连接网络资源的利用情况、网络结构和综合使用成本等，提出优化方案；调研通信设备的设备质量、性能，优化采购策略；设备报废价值评估。

4. 优化改善

总体：根据服务级别、使用环境、管理要求变化，优化通信设备性能、使用者感受、使用成本。根据需方需求，规划、改善网络接入策略和访问控制策略。具体优化改善内容包括：局部网络拓扑优化；局部网络通信链路带宽及使用效能优化；通信设备配置参数优化；通信设备运行环境优化；优化通信设备运行环境；优化通信设备通信端口的利用率；优化通信设备的备份策略和冗余设计；优化通信设备的故障检测和自愈能力；优化通信设备的安全防护策略；优化通信设备的管理系统和工具；优化通信设备的运行状态监测和维护工单系统；优化通信设备的升级和维修流程；优化通信设备的维修资源和备件供应策略。

14.7 桌面与外设安全考点梳理

【基础知识点】

1. 补丁管理

台式计算机和移动计算终端的操作系统补丁管理方案对保障安全和性能比较重要，包含定期更新、定期扫描系统漏洞、定期备份数据等方式。

（1）定期更新：主流操作系统如 Windows、iOS 需用户定期手动更新，Linux、Android 更新较自动化，更新时选择即可。

（2）定期扫描系统漏洞：可选用 Nessus、Nmap、F-Secure、AVG 等主流工具，依自身需求选择扫描。

（3）定期备份数据：可选用 Acronis、Veeam、iCloud、GoogleDrive 等主流工具，依自身需求选择备份。

2. 权限控制

对台式计算机和移动计算终端，设置用户权限、访问控制、软件权限是保障安全和性能的重要手段，需依自身需求合理设置。

（1）设置用户权限：Windows、iOS 系统设置较复杂，需一定计算机知识；Linux、Android 系统设置较简单，在系统设置中操作即可。

（2）设置访问控制：可选用各自对应防火墙等主流工具，依自身需求选择设置。

（3）设置软件权限：可选用 Windows 软件管理、Linux 软件管理、iOS 软件管理、Android 软件管理等主流工具，依自身需求选择设置。

3. 上网审计

台式计算机和移动计算终端的上网审计方案对保障安全和性能比较重要，需依自身需求进行网络流量监控和设置网络安全策略，并选择合适的工具和方案。

（1）网络流量监控：可选用 Windows 网络监控、Linux 网络监控、iOS 网络监控、Android 网络监控等主流工具，依自身需求选择设置。

（2）网络安全策略：可选用 Windows 网络安全策略、Linux 网络安全策略、iOS 网络安全策略、Android 网络安全策略等主流工具，依自身需求选择设置。

4. 防病毒管理

对台式计算机和移动计算终端，定期更新杀毒软件、扫描系统病毒、备份数据是保障安全和性能的重要手段，需依自身需求合理操作。

（1）定期更新杀毒软件：可选用卡巴斯基、诺顿、腾讯手机管家、360 手机卫士等主流杀毒软件，依据自身需求选择更新。

（2）定期扫描系统病毒：可选用诺顿扫描、卡巴斯基扫描、腾讯手机管家扫描、360 手机卫士扫描等主流工具，依自身需求选择扫描。

（3）定期备份数据：可选用 Acronis、Veeam、腾讯手机管家备份、360 手机管家备份等主流工具，依自身需求选择备份。

14.8 考点实练

1. （　　）不属于台式计算终端运维管理中例行操作的内容。
   A．定期监控　　B．定期检查　　C．日常维护　　D．数据恢复
   答案：D

2. 移动计算终端运维管理过程中，（　　）无须定期检查。
   A．外观完好情况　B．资源占用情况　C．电池续航能力　D．采购人员信息
   答案：D

3. （　　）不属于桌面外设安全权限控制的范畴。
   A．设置用户权限　B．设置访问控制　C．设置门禁权限　D．设置软件权限
   答案：C

4. （　　）不属于移动计算终端运维管理日常维护的内容。
   A．数据备份　　B．系统版本更新　C．密码变更　　D．修复网络连接
   答案：D

5. 针对移动计算终端的资源利用和成本占用情况进行优化，其中不属于软件或硬件优化的是（　　）。
   A．采用轻量级的应用程序，减少资源占用
   B．选择性能适中的硬件设备，避免过度配置，以降低成本，同时保证基本的计算需求
   C．定期维护和清理设备，以确保硬件性能稳定
   D．采用云存储技术，减少本地存储资源的需求
   答案：D

6. 输入输出设备的综合使用成本评估包括设备购买成本、维修成本、（　　）等方面的评估。
   A．维护成本　　B．能源消耗成本　C．使用成本　　D．评估成本
   答案：B

第 15 章 数据管理知识点梳理及考点实练

15.0 章节考点分析

第 15 章主要学习数据管理基础、数据战略与治理、数据管理组织与职能、数据采集与预处理、数据存储与容灾、数据标准与建模、数据仓库和数据资产、数据分析及应用、数据安全等内容。

根据考试大纲，本章知识点会涉及单项选择题，案例分析题会涉及部分数据中心的管理知识，按以往的出题规律约占 6 分。本章内容属于基础知识范畴，考查的知识点基本来源于教材。本章的架构如图 15-1 所示。

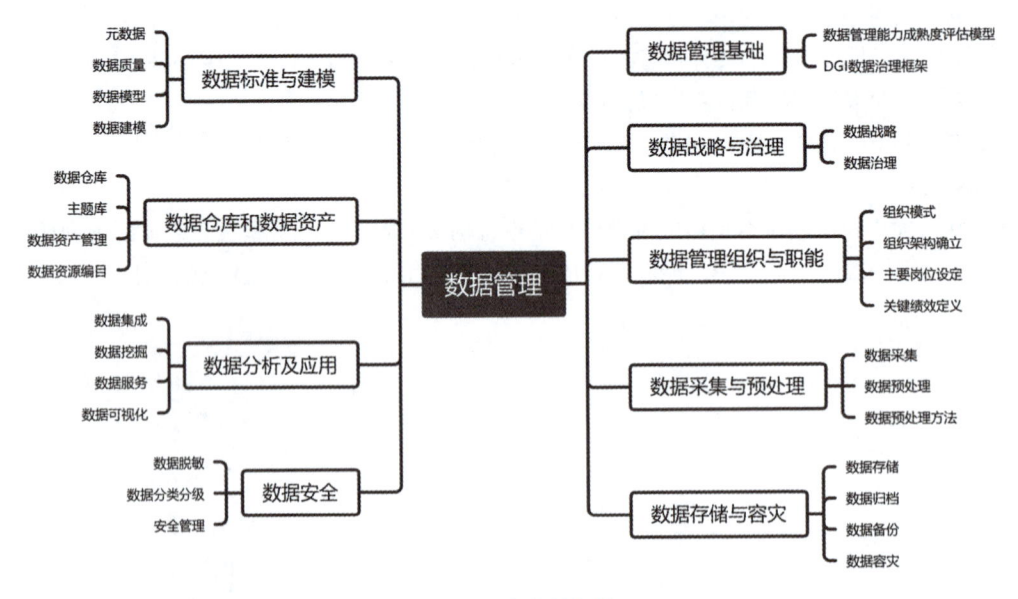

图 15-1 本章的架构

【导读小贴士】

数据管理是指通过规划、控制与提供数据和信息资产的职能，包括开发、执行和监督有关数据的计划、策略、方案、项目、流程、方法和程序，以获取、控制、保护、交付和提高数据和信息资产价值。数据管理框架是对组织的管理平台或者能够产生业务数据的平台所产生的数据进行统一的跟踪协调管理的功能模型。

15.1 数据管理基础考点梳理

【基础知识点】

数据管理模型包括数据管理能力成熟度评估模型（DCMM）、数据治理框架［国际数据治理协会（Data Governance Institute，DGI）定义的框架］，以及数据管理模型（DAMA 定义的模型）等。

1. 数据管理能力成熟度评估模型

（1）数据管理能力成熟度评估模型（DCMM）是国家标准《数据管理能力成熟度评估模型》（GB/T 36073）中提出的数据管理模型。

（2）DCMM 定义了数据战略、数据治理、数据架构、数据应用、数据安全、数据质量、数据标准和数据生存周期 8 个核心能力。（速记词：战略治理依靠架构应用，安全质量标准关乎生存）

（3）DCMM 将组织的管理成熟度划分为 5 个等级，分别是初始级、受管理级、稳健级、量化管理级和优化级。

2. DGI 数据治理框架

（1）国际数据治理协会发布了 DGI 数据治理框架，从组织结构、治理规则和治理过程这三个维度提出了关于数据治理活动的 10 个关键通用组件，并在这些要素的基础上构建了数据治理框架。

（2）DAMA-DMBOK2 理论框架由 11 个数据管理职能领域和 7 个基本环境要素共同构成"DAMA 数据管理知识体系"，每项数据职能领域都在 7 个基本环境要素的约束下开展工作。

（3）7 个环境要素指目标与原则、组织与文化、工具、活动、角色和职责、交付成果、技术。

（4）11 个数据管理职能领域指数据治理、数据架构、数据建模和设计、数据存储和操作、数据安全、数据集成和互操作、文档和内容管理、参考数据和主数据管理、数据仓库与商务智能、元数据管理、数据质量管理。

15.2 数据战略与治理考点梳理

【基础知识点】

数据战略与治理是组织开展数据管理的总体管控，是确立数据资源权限和分工的关键定义活动。

1. 数据战略

组织的数据战略通常包括数据战略规划、数据战略实施和数据战略评估三个能力项建设。

（1）数据战略规划。数据战略规划是在组织所有利益相关者之间达成共识的结果，并综合反映数据提供方和消费方的需求。其主要活动和工作要点包括：识别利益相关者；数据战略需求评估；数据战略制定；数据战略发布；数据战略修订。

数据战略制定主要包括：①愿景陈述；②规划范围；③所选择的数据管理模型和建设方法；④当前数据管理存在的主要差距；⑤管理层及其责任，以及利益相关者名单；⑥编制数据管理规划的管理方法；⑦持续优化路线图。

（2）数据战略实施。数据战略实施过程中依据组织数据管理和数据应用的现状，确定与愿景、目标之间的差距；依据数据职能框架制定阶段性数据任务目标，并确定实施步骤。其主要活动和工作要点包括：评估准则；现状评估；评估差距；实施路径；保障计划；任务实施；过程监控。

（3）数据战略评估。组织在数据战略评估过程中需要建立对应的业务案例和投资模型，并在整个数据战略实施过程中跟踪进度，同时做好记录供审计和评估使用。其主要活动和工作要点包括：从时间、成本、效益等方面建立任务效益评估模型；建立业务案例；建立投资模型；阶段评估。

2. 数据治理

数据治理（Data Governance）是组织中涉及数据使用的一整套管控行为，由组织治理部门发起并推行，是关于如何制定和实施针对整个组织内部数据的应用和技术管控的一系列政策和流程。数据治理的最终目标是提升数据的价值，数据治理是一个包括组织、制度、流程、工具的管理体系。数据治理就是要对数据的获取、处理、使用进行监管，而监管的职能主要通过发现、监督、控制、沟通、整合5个方面的执行力来保证。

组织的数据治理通常包括数据治理组织、数据制度建设和数据治理沟通三个能力项建设。

（1）数据治理组织。数据治理组织需要包括组织架构、岗位设置、团队建设、数据责任等内容，其主要活动和工作要点包括：建立数据治理组织、岗位设置、团队建设、数据归口管理、建立绩效评价体系。

（2）数据制度建设。数据制度建设是数据管理和数据应用各项工作有序开展的基础，是数据治理沟通和实施的依据。其主要活动和工作要点包括：制定数据制度框架；整理数据制度内容；数据制度发布；数据制度宣贯；数据制度实施。

数据制度框架分为策略、办法、细则三个层次。组织数据制度体系由数据管理策略与数据管理办法、数据管理细则共同构成。数据管理策略说明数据管理和数据应用的目的，明确其组织与范围；数据管理办法是为数据管理和数据应用各领域内活动的开展而规定的相关规则和流程；数据管理细则是为确保各数据方法执行落实而制定的相关文件。

（3）数据治理沟通。数据治理沟通旨在确保组织内全部利益相关者都能及时了解相关策略、标准、流程、角色、职责、计划的最新情况，开展数据管理和应用相关的培训，掌握数据管理相关的知识和技能。数据治理沟通主要活动和工作要点包括：沟通路径；沟通计划；沟通执行；问题协商机制；建立沟通渠道；制订培训宣贯计划；开展培训。

15.3　数据管理组织与职能考点梳理

【基础知识点】

数据管理组织作为组织数据相关工作机制建设中不可或缺的重要组成部分，直接关系到数据要素价值的实现。

1. 组织模式

常见的数据管理组织模式通常有集中式、分布式、离散式三种，组织可以根据自身业务和数据能力建设情况，实时调整、优化或组合不同的组织模式。

（1）集中式。采用集中式实施数据管理的组织，通常设立专门的数据管理团队/部门，并明确数据管理相关负责人，采用专职岗位与角色，对组织所有数据的产生、采集、存储、传输、交换等进行一体化管理。这种模式一般适用于业务模式相对单一的中大型组织或集团等。

（2）分布式。分布式数据管理模式是按照职能和业务流程进行纵向和横向的划分，即在信息化部门和各业务部门中设置专门的岗位实施数据管理，信息部门的数据管理岗位负责统筹数据管理的政策、制度和流程等，各业务部门设置专门的岗位或角色，实施本部门的数据管理和技术操作执行等。分布式数据管理模式适用于业务类型众多、业务模式复杂多变的中大型组织或集团。

（3）离散式。离散式数据管理模式是指组织不指定统筹数据管理的团队或部门，数据工作由各业务体系自行设置和承担，相关人员与业务部门深度融合，从而支撑业务的数据能力建设和数据创新等。

采用离散式的数据管理组织架构比较容易设置，但跨业务部门的协作难度大，沟通成本高，容易形成资源的重复建设。离散式数据管理模式适用于中小组织或者刚刚起步建设组织数据管理能力的组织。

2. 组织架构确立

组织数据管理层级通常包括决策层、管理层和执行层，三层对应的是数据治理委员会、数据管理办公室、数据管理团队。实际操作中根据每个组织的实际情况，每一层由不同的人员或组织担任，形成实体或虚拟的数据管理组织。

（1）数据治理委员会。数据治理委员会是由组织高级管理层领导组成的决策层，承接组织数据战略，是组织数据治理高级组织，将履行以下职责：根据外部数据治理相关的法律法规，落实相关方针政策，制定战略规划。决议裁定数据治理相关的重大工作事项。执行监督、审批、指导、协调等工作。颁布数据治理相关的重要制度、流程等。

（2）数据管理办公室。数据管理办公室作为管理层级，负责推进数据工作的日常开展和各项组织管理工作，团队包括业务管理专家、数据管理专家及技术管理专家等角色。

业务管理专家负责组织制定数据资源目录、数据标准、数据质量规则、数据安全定级、定期发布数据质量分析报告。

数据管理专家负责推动落实数据管理体系、拟定数据管理制度及标准规范，推动数据管理在组织内部的有效运转，协调跨部门、跨领域的数据管理问题。

技术管理专家负责整体数据架构标准的制定，数据治理成果在数据治理平台、信息系统的落地，挖掘数据潜在价值。

数据管理办公室的职责包括：推动各项决策落地，部署规划具体工作内容。根据上层指导意见和战略规划制定、修订各项数据治理/管理相关制度、规则、标准。执行监督、审计工作，通过推动标准的制定和流程的迭代对组织数据安全和数据质量负责。发现、协调、追踪、解决数据质量和数据治理工作中的问题；受理、调解跨部门的数据需求或问题。定期向上级执行汇报、交付工作。

（3）数据管理团队。数据管理团队作为执行层级，设置业务架构师、数据架构师、技术架构师、数据协调员等角色。

业务架构师负责落实数据管理各项规定和要求，组织本部门、数据支持团队、信息系统项目组开展数据管理活动，负责数据资源目录、数据标准、数据质量规则的维护更新。

数据架构师负责数据采集、数据模型、数据分析应用等方案设计及评审。

技术架构师负责技术架构设计、组织技术人员开展数据治理平台建设和运维工作。

各部门都应设置数据协调员岗位。

（4）关键成功要素。数据管理组织建设的关键成功要素包括：落实有力的常设机构、完整的数据管理组织和架构、跨部门合作、适宜的管理规章制度。

数据工作需要依靠常设机构来落实，避免因为现有业务的工作量、工作优先级等因素难以推动。

数据管理组织需要建立高层领导组成的数据治理委员会，同时设立数据治理/管理办公室，组织各方共同推进数据工作。

数据工作需要由各部门通力合作、共同推动、共同完成，业务部门的参与程度将会影响数据治理工作的成败。

在数据管理组织建立的基础上，进一步建立数据管理规章制度。

在数据工作过程中，需要确定一个专门的组织架构来负责管理和维护数据。这个组织架构需要包括数据治理委员会、数据管理办公室和各专业部门。

3. 主要岗位设定

数据治理与管理组织中涉及的主要岗位包括首席数据官（Chief Data Officer，CDO）、数据治理经理（Data Governance Manager）、数据质量经理（Data Quality Manager）、数据隐私与合规官（Data Privacy and Compliance Officer）、数据安全经理（Data Security Manager）、数据架构师（Data Architect）、数据分析师（Data Analyst）、元数据管理师（Metadata Manager）、数据培训与宣传经理（Data Training and Communication Manager）、数据持续改进经理（Data Continuous Improvement Manager）。

4. 关键绩效定义

关键绩效指的是衡量数据管理和数据治理活动成功与否的关键性指标和度量标准。定义关键绩效是数据治理与管理中的重要环节，它有助于确保组织的数据管理和治理活动能够实现预期的业务目标，并持续不断地提升绩效水平。相关关键绩效的一般步骤包括：①明确业务目标；②识别关键绩效指标；③量化指标；④设定目标和标准；⑤数据收集和监测；⑥分析和解释；⑦持续改进；⑧沟通与透明度。

15.4　数据采集与预处理考点梳理

【基础知识点】

广泛多元的数据采集以及必要的预处理，是支撑和保障数据获取的主要活动。

1. 数据采集

采集的数据类型包括结构化数据、半结构化数据、非结构化数据。

数据采集的方法可分为传感器采集、系统日志采集、网络采集、其他数据采集等。

数据采集传感器包括重力感应传感器、加速度传感器、光敏传感器、热敏传感器、声敏传感器、气敏传感器、流体传感器、放射线敏感传感器、味敏传感器等。

系统日志采集是通过平台系统读取收集日志文件变化。

网络采集是指通过互联网公开采集接口或者网络爬虫等方式从互联网或特定网络上获取大量数据信息的方式。数据采集接口一般通过应用程序接口（API）的方式进行采集。网络爬虫（Web Crawler、Web Spider）是根据一定的规则来提取所需要信息的程序。

其他的数据采集方式有通过与数据服务商合作、使用特定数据采集方式开展获取数据等。

2. 数据预处理

数据的预处理一般采用数据清洗的方法实现。数据预处理主要包括数据分析、数据检测和数据修正三个步骤。

数据分析是指从数据中发现控制数据的一般规则，如字段域、业务规则等。

数据检测是指根据预定义的清理规则及相关数据清理算法，检测数据是否正确，是否满足字段域、业务规则等，检测记录是否重复。

数据修正是指手动或自动地修正检测到的错误数据或重复的记录等。

3. 数据预处理方法

需要进行预处理的数据主要包括数据缺失、数据异常、数据不一致、数据重复、数据格式不符等情况。

缺失数据的预处理的方法有删除缺失值、均值填补法、热卡填补法、最近距离决定填补法、回归填补法、多重填补法、K-最近邻法、有序最近邻法、基于贝叶斯的方法等。

对于异常数据预处理的方法，如超过明确取值范围的数据、离群点数据，可以采用分箱法和回归法进行处理。

分箱法通过考察数据的"近邻"（即周围的值）来平滑处理有序数据值，这些有序的值被分布到一些"桶"或"箱"中，进行局部光滑。

回归法用一个函数拟合数据来光滑数据,消除噪声。线性回归涉及找出拟合两个属性(或变量)的"最佳"直线,使得一个属性能够预测另一个。多线性回归涉及多于两个属性,并且数据拟合到一个多维面。

具有逻辑错误或者数据类型不一致的数据的预处理的方法,可以使用人工修改,或者借助工具来找到违反限制的数据,可以通过函数关系修改属性值,或者数据变换,有一些数据迁移工具和 ETL 工具的商业工具可以提供数据变换的功能。

重复数据的预处理操作一般最后进行,可以使用 Excel、VBA、Python 等工具处理。

格式不符数据的预处理方法是通过将不同类型的数据内容清洗成统一类型的文件和统一格式。

15.5　数据存储与容灾考点梳理

数据往往是组织具备较高价值的数字资源,需要采用最合适的存储介质、存储方法、管理体系、管理措施等做适当的保管和管理。

(1)数据存储。数据存储需要数据临时或长期驻留的物理媒介,是同时要保证数据完整安全存放和访问而采取的方式或行为。

存储介质的类型主要有磁带、光盘、磁盘、内存、闪存、云存储等。

存储形式主要有三种,分别是文件存储、块存储和对象存储。

存储管理有资源调度管理、存储资源管理和负载均衡管理、安全管理。

在存储介质选择方面,磁带是存储成本低、容量大的存储介质,缺点是速度比较慢;光盘具有只读性、不受电磁的影响、容易大量复制的特点,特别适用于对数据进行永久性归档;利用磁盘存储数据时,一般采用独立冗余磁盘阵列 RAID 将数个单独的磁盘以不同的组合方式形成一个逻辑磁盘,不仅提高了磁盘读取的性能,也增强了数据的安全性;内存是计算机用于存放 CPU 中的运算数据,与硬盘等外部存储器交换数据的硬件,稳定性高,反应速率快,但会在断电后丢失所有数据;闪存是一种固态技术,具有集内存的访问速度和存储持久性于一体的特点,常作为磁盘的替代品;云存储将数据存储在异地位置,可通过公共互联网或者专用私有网络进行访问。

在存储形式上,文件存储也称为文件级或基于文件的存储,数据存储在文件中,文件被组织在文件夹中,文件夹则被组织在目录和子目录的层次结构下。块存储是一种用于将数据存储成块的技术。块作为单独的部分存储,每部分都有一个唯一的标识符,适合需要快速、高效和可靠的数据传输的计算场景。对象存储是基于对象的存储,用于处理大量非结构化数据的数据存储,如电子邮件、视频、照片、网页、音频文件、传感器数据以及其他类型的媒体和 Web 内容。

在存储管理方面,资源调度管理的功能主要是添加或删除存储节点、编辑存储节点的信息、设定某类型存储属于某个节点,或者设定这些资源比较均衡地存储到节点上。存储资源管理是一类应用程序,简化资源存储资源,如监控存储系统的状况、可用性、性能以及配置情况,还包括容量和配置管理以及事件报警等,从而提供优化策略。负载均衡是为了避免存储资源由于资源类型、服务器访问频率和时间不均衡造成浪费或形成系统瓶颈而平衡负载的技术。存储系统的安全主要是防止恶意用户攻击系统或窃取数据。

（2）数据归档。数据归档是将不活跃的"冷"数据从可立即访问的存储介质迁移到查询性能较低、低成本、大容量的存储介质中，且归档的数据可以恢复到原存储介质中。数据归档策略需要与业务策略、分区策略保持一致，以确保最需要数据的可用性和系统的高性能。数据归档活动时，需注意三点：数据归档一般只在业务低峰期执行；数据归档之后，会删除生产数据库的数据，表空间并未及时释放，当长时间没有新的数据填充，会造成空间浪费的情况；如果数据归档影响了线上业务，一定要及时止损，结束数据归档，进行问题复盘，及时找到问题和解决方案。

（3）数据备份。数据备份是为了防止数据丢失，而将整个应用系统的数据或一部分关键数据复制到其他存储介质上的过程。

数据备份结构可以分为 4 种，即 DAS 备份结构、基于 LAN 的备份结构、LAN-FREE 备份结构和 SERVER-FREE 备份结构。

DAS 备份结构最简单，将 RAID 或磁带库等备份设备直接连接到备份服务器上，适合数据量不大、操作系统类型单一、服务器数量少时。

基于 LAN 的备份结构是一种 C/S 模型，多个服务器或客户端通过局域网共享备份系统。这种结构在小型的网络环境中较为常见。优点是用户可以通过 LAN 共享备份设备，并且可以对备份工作进行集中管理。缺点是备份数据流通过 LAN 到达备份服务器，这样就和业务数据流混合在一起，会占用网络资源。

LAN-FREE 克服了 LAN 备份结构的缺点，将备份数据流和业务数据流分开，业务数据流主要通过业务网络进行传输，备份数据流通过 SAN 进行传输。主要缺点是由于备份数据备份结构流还是要经过应用服务器，影响到应用服务器提供正常的服务。

SERVER-FREE 是 LAN-FREE 备份结构的改进。它不是通过 SERVER 上第三方备份代理直接将数据从应用服务器的存储设备传送到备份设备上，而不再依赖应用服务器。第三方备份代理通过备份设备使用网络数据管理协议 NDMP 发送命令，从应用服务器上获得需要备份数据的信息，然后通过 SAN 直接从应用服务器的存储设备将需要备份的数据读出，然后存储到备份设备上。

根据需要备份的内容、时间和方式的差异，备份策略分三种：完全备份（Full Backup）、差分备份（Differential Backup）和增量备份（Incremental Backup）。

完全备份：每次都对需要进行备份的数据进行全备份，全备份会占用较多的服务器、网络等资源，而且备份数据中有大量的数据是重复的。

差分备份：每次备份的数据只是相对上一次完全备份之后发生变化的数据，相对完全备份所需时间短，而且节省存储空间，差分备份的数据恢复只需两份备份数据。

增量备份：每次备份的数据只是相对于上一次备份后改变的数据，这种备份策略没有重复的备份数据，节省备份数据存储空间，缩短了备份的时间，但数据恢复时会比较复杂，可靠性没有完全备份和差分备份高。

（4）数据容灾。数据容灾以数据备份为基础。真正的数据容灾就是要在灾难发生时能全面、及时地恢复整个系统。国际标准 SHARE78 定义的容灾系统有 7 个等级，衡量容灾系统有两个主要指标：RPO（Recovery Point Object）和 RTO（Recovery Time Object）。其中，RPO 代表当灾难发生时允许丢失的数据量；RTO 代表系统恢复的时间。数据容灾的关键技术主要包括远程镜像技术和快照技术。

远程镜像技术是在主数据中心和备份中心之间进行数据备份时用到的远程复制技术，分主镜像和从镜像，按位置分为本地镜像和远程镜像。本地镜像的主从镜像处于同一个 RAID 中，而远程镜像的主从镜像通常分布在城域网或广域网中。

快照就是关于指定数据集合的一个完全可用的复制，该复制是相应数据在某个复制时间点上的映射。快照的作用有两个：能够在线恢复快照产生时间点的数据；为用户提供另外一个数据访问通道，在原数据在线运行时，利用快照数据进行其他系统测试、分析、模型训练等。

15.6 数据标准与建模考点梳理

【基础知识点】

数据标准化的主要内容包括元数据标准化、数据元标准化、数据模式标准化和数据分类与编码标准化。数据标准化的具体过程包括确定数据需求、制定数据标准、批准数据标准和实施数据标准。

1. 元数据

元数据是关于数据的数据（Data about Data），是一种信息资源的结构化描述的结构化数据。描述的是信息资源或数据的内容、覆盖范围、质量、管理方式、数据的所有者、数据的提供方式等有关的信息。

元数据描述的对象可以是单一的全文、目录、图像、数值型数据以及多媒体等，或者多个单一数据资源组成的资源集合，或是这些资源全生命周期等过程及其过程中产生的参数的描述等。

元数据根据信息对象从产生到服务的生命周期、元数据描述和管理内容的不同以及元数据作用不同，可以划分为不同类型，并形成一个层次分明、结构开放的元数据体系，包括内容元数据（信息内容）、专门元数据（内容对象）、资源集合元数据（内容对象集合）、管理元数据（对象的管理与保存）、服务元数据（对象的服务及其服务过程与系统）、元元数据（元数据的管理）。（速记词：内容专门集合管理与服务元）

元数据可用于数据维护、历史资料维护等，其具体作用包括描述、资源发现、组织管理数据资源、互操作性、归档和保存数据资源。

2. 数据质量

数据质量是数据产品满足指标、状态和要求能力的特征总和。

数据质量可以通过数据质量元素来描述，分为数据质量定量元素和数据质量非定量元素。

数据质量评价过程是产生和报告数据质量结果的一系列步骤，包括确定适用的数据质量定量元素及数据质量范围、确定数据质量度量方法、选择并适用数据质量评价方法、确定数据质量结果。

数据质量评价方法分为直接评价法和间接评价法。直接评价法通过将数据与内部或外部的参照信息确定数据质量；间接评价法利用数据相关信息，推断或评估数据质量。

数据产品的质量控制分成前期控制和后期控制两部分。前期控制包括数据录入前的质量控制、数据录入过程中的实时质量控制；后期控制为数据录入完成后的质量控制与评价。

3. 数据模型

数据模型划分为三类：概念模型、逻辑模型和物理模型。

（1）概念模型。按用户的观点对数据和信息建模的信息模型，把现实世界中的客观对象抽象为一种信息结构。

概念模型的基本元素包括实体、属性、域、键、关联。

实体：是同一类型实例的共同抽象和分类，如学生实体、教师实体。

属性：指实体的特性，如学生实体的属性包括学号、系名、住处、课程、成绩。

域：指属性的取值范围，域的元素必须是相同的数据类型。

键：能唯一标识每个实例的一个属性或几个属性的组合，如学生实体的键是身份证或者学号。

关联：实体的相互关系，实体之间的关联包括一对一、一对多和多对多三种。

（2）逻辑模型。逻辑模型是在概念模型的基础上确定模型的数据结构，分层次模型、网状模型、关系模型、面向对象模型和对象关系模型。其中，关系模型是在概念模型的基础上构建的，其基本元素包括关系、关系的属性、视图等。

关系数据模型的数据操作主要包括查询、插入、删除和更新数据，这些操作必须满足关系的完整性约束条件。关系的完整性约束包括三大类型：实体完整性、参照完整性和用户定义的完整性。其中，实体完整性、参照完整性是关系模型必须满足的完整性约束条件，用户定义的完整性是应用领域需要遵照的约束条件，体现了具体领域中的语义约束。

（3）物理模型。物理数据模型是在逻辑数据模型的基础上开展数据库体系结构设计，真正实现数据在数据库中的存放。物理数据模型的内容包括确定所有的表和列，定义外键用于确定表之间的关系，基于性能的需求可能进行反规范化处理等内容。物理数据模型的目标是如何用数据库模式来实现逻辑数据模型，以及真正地保存数据。物理模型的基本元素包括表、字段、视图、索引、存储过程、触发器等，表、字段和视图等元素与逻辑模型中基本元素有一定的对应关系。

4. 数据建模

数据建模过程包括数据需求分析、概念模型设计、逻辑模型设计和物理模型设计等过程。

数据需求分析：分析用户对数据的需要和要求，通常融合在整个系统需求分析的过程之中，数据需求分析采用数据流图作为工具，描述系统中数据的流动和数据变化，强调数据流和处理过程。

概念模型设计：将需求分析得到的结果抽象为概念模型，其任务是确定实体和数据及其关联。

逻辑模型设计：主要指关系模型结构的设计。关系模型由一组关系模式组成，一个关系模式就是一张二维表，需要将概念模型中实体、属性和关联转换为关系模型结构中的关系模式。

物理模型设计：针对具体的 DBMS 进行物理模型设计，使数据模型走向数据存储应用环节。物理模型考虑的主要问题包括命名、确定字段类型和编写必要的存储过程与触发器等。

15.7 数据仓库和数据资产考点梳理

【基础知识点】

1. 数据仓库

数据仓库是一个面向主题的、集成的、随时间变化的、包含汇总和明细的、稳定的历史数据集合。数据仓库通常由数据源、数据的存储与管理、OLAP 服务器、前端工具等组件构成。

数据源通常包括组织内部信息和外部信息。内部信息包括存放于关系型数据库管理系统中的各种业务处理数据和各类文档数据。外部信息包括各类法律法规、市场信息和竞争对手的信息等。

数据的存储与管理是数据仓库的真正核心与关键。要针对现有各业务系统的数据，进行抽取、清理，并有效集成，按照主题进行组织。数据仓库可以分为组织级数据仓库和部门级数据仓库（数据集市）。

联机分析处理（On-Line Analysis Processing，OLAP）服务器对分析所需要的数据进行有效集成，按多维模型予以组织，以便进行多角度、多层次的分析，并发现趋势。可分为 ROLAP（关系数据的关系在线分析处理）、MOLAP（多维在线分析处理）和 HOLAP（混合在线分析处理）。ROLAP 基本数据和聚合数据均存放在 RDBMS 中；MOLAP 基本数据和聚合数据均存放于多维数据库中；HOLAP 基本数据存放于 RDBMS 中，聚合数据存放于多维数据库中。

前端工具主要包括各种查询工具、报表工具、数据分析工具、数据挖掘工具以及各种基于数据仓库或数据集市的应用开发工具。其中数据分析工具主要针对 OLAP 服务器，报表工具、数据挖掘工具主要针对数据仓库。

2. 主题库

主题库建设是数据仓库建设的一部分，如人口库、法人库、国民经济统计库等，主题库建设可分数据源层、构件层、主题库层等层次。数据源层是存放数据管理信息的各种管理表和存放数据的各类数据表。构件层包括基础构件和组合构件，基础构件包括用户交互相关的查询数据、展现数据和存储数据构件，以及数据维护相关的采集数据、载入数据和更新数据构件；组合构件由基础构件组装而成，能够完成相对独立的复杂功能。主题库层按业务需求通过构建组合，形成具有统一访问接口的主题库。

3. 数据资产管理

数据资产管理（Data Asset Management）是指对数据资产进行规划、控制和提供的一组活动职能，数据转化成可流通的数据要素，重点包含数据资源化、数据资产化两个环节。

数据资源化以数据治理为工作重点，以提升数据质量、保障数据安全为目标，确保数据的准确性、一致性、时效性和完整性，推动数据内外部流通；数据资产化通过将数据资源转变为数据资产，关注数据资产的成本与效益，使数据资源的潜在价值得以充分释放。

在数据资产化之后，将关注数据资产流通、数据资产运营、数据价值评估等流程和活动，为数据价值的实现提供支撑。数据资产流通采用数据共享、数据开放或数据交易等流通模式，推动数据资产在组织内外部的价值实现。数据共享是指打通组织各部门间的数据壁垒，加速数据资源在组织内部流动。数据开放是指向社会公众提供易于获取和理解的数据。

4. 数据资源编目

数据资源编目是实现数据资产管理的手段，数据资源目录体系设计包括概念模型设计和业务模型设计等，数据资源目录概念模型由数据资源目录、信息项、数据资源库、标准规范等要素构成。

数据资源目录分为资源目录、资产目录和服务目录。资源目录是能够准确浏览组织所记录或拥有的线上、线下原始数据资源的目录。资产目录是对数据资源识别出数据资产及其信息要素，按照分类、分级，登记到数据资产目录中。服务目录是以信息模型、业务模型等形式对外提供的可视化共享数据目录，分为指标报表和共享接口两类。

信息项通过数据标识符挂接到对应的数据目录。信息项常分为数据资源信息项、数据资产信息项和数据服务信息项三种类型。

数据资源库是存储各类数据资源的物理数据库，常分为数据资源库、主题数据资源库和基础数据资源库。

数据资源目录体系标准规范包括数据资源元数据规范、编码规范、分类标准等相关标准。元数据规范描述数据资源所必需的特征要素；编码规范规定了数据资源目录相关编码的表示形式、结构和维护规则；分类标准规定了数据资源分类的原则和方法。

15.8 数据分析及应用考点梳理

【基础知识点】

数据的分析及应用涉及数据集成、数据挖掘、数据服务和数据可视化等。

1. 数据集成

数据集成是将驻留在不同数据源中的数据进行整合，向用户提供统一的数据视图，使用户能以透明的方式访问数据。数据集成系统为用户提供了统一的数据源访问接口，用于执行用户对数据源的访问请求。

数据集成的方法有模式集成、复制集成和混合集成等。模式集成也叫虚拟视图方法，在构建集成系统时，将各数据源共享的视图集成为全局模式（Global Schema），供用户透明地访问各数据源的数据。复制集成将数据源中的数据复制到相关的其他数据源上，并可以复制整个数据源，也可以是仅对变化数据的传播与复制。数据复制方法可减少用户使用数据集成系统时对异构数据源的访问量，提高系统的性能。混合集成方法为提高中间件系统的性能，保留虚拟数据模式视图为用户所用，同时提供数据复制的方法。

数据访问接口标准有 ODBC、JDBC、OLEDB 和 ADO 等。ODBC（Open Database Connectivity）是当前被业界广泛接受的、用于数据库访问的应用程序编程接口（Application Programming Interface，API），使用结构化查询语言（Structured Query Language，SQL）。ODBC 由应用程序

接口、驱动程序管理器、驱动程序和数据源 4 个组件组成；JDBC（Java Database Connectivity）是用于执行 SQL 语句的 Java 应用程序接口，由 Java 语言编写的类和接口组成；OLEDB（Object Linking and Embedding Database）是一个基于组件对象模型 COM（Component Object Model）的数据存储对象，能提供对所有类型数据的操作，甚至能在离线的情况下存取数据；ADO（ActiveX Data Objects）是应用层的接口，可用在 VC、VB、Delphi 等高级编程语言环境及 Web 开发等领域。

Web Services 技术是一个面向访问的分布式计算模型，是实现 Web 数据和信息集成的有效机制。有 SOAP（Simple Object Access Protocol）、WSDL（Web Service Description Language）和 UDDI（Universal Description，Discovery and Integration）等协议。WSDL 是一种基于 XML 格式的关于 Web 服务的描述语言；SOAP 是消息传递的协议；UDDI 是一种创建注册服务的规范。

数据网格是一种用于大型数据集的分布式管理与分析的体系结构，为用户提供数据访问接口和共享机制，统一、透明地访问和操作各个分布、异构的数据资源，提供管理、访问各种存储系统的方法。数据网格的透明性体现为：分布透明性、异构透明性、数据位置透明性、数据访问方式透明性。

2. 数据挖掘

数据挖掘与传统数据分析存在较大的不同，主要表现在以下 4 个方面。

（1）两者分析对象的数据量有差异。数据挖掘所需数据量大，数据量越大，数据挖掘效果越好。

（2）两者运用的分析方法有差异。传统数据分析主要运用统计学的方法手段对数据进行分析，而数据挖掘综合运用数据统计、人工智能、可视化等技术对数据进行分析。

（3）两者分析侧重有差异。传统数据分析通常是回顾型和验证型的，分析已发生了的事情，而数据挖掘通常是预测型和发现型的，预测未来的情况，解释发生的原因。

（4）两者成熟度不同。传统数据分析方法相当成熟，而数据挖掘除基于统计学等方法外，部分方法仍处于发展阶段。

数据挖掘的主要任务包括数据总结、关联分析、分类和预测、聚类分析和孤立点分析。

数据总结的目的是对数据进行浓缩，给出它的总体综合描述。

关联分析就是找出数据库中隐藏的关联网，因此关联分析生成的规则带有置信度，置信度度量了关联规则的强度。

分类和预测使用一个分类函数或分类模型，分析数据的各种属性，并找出数据的属性模型，利用该模型分析已有数据，并预测新数据将属于哪个组。

当要分析的数据缺乏描述信息，或者无法组织成任何分类模式时，可以采用聚类分析。人工智能中的聚类是基于概念描述的。概念描述就是对某类对象的内源进行描述，并概括这类对象的有关特征。概念描述又分为特征性描述和区别性描述，前者描述某类对象的共同特征，后者描述非同类对象之间的区别。

孤立点分析就是从数据库中检测出偏差。偏差包括诸如分类中的反常实例、不满足规则的特例、观测结果与模型预测值的偏差等。

数据挖掘流程包括确定分析对象、数据准备、数据挖掘、结果评估与结果应用 5 个阶段。其中，数据准备包括数据选择和数据预处理，数据预处理包括数据清理、数据集成、数据变换和数据归约。数据挖掘过程细分为模型构建过程和挖掘处理过程，建立一个真正适合挖掘算法的挖掘模型是数据挖掘成功的关键。

3. 数据服务

数据服务主要包括数据目录服务、数据查询与浏览及下载服务、数据分发服务。

数据目录服务是用来快捷地发现和定位所需数据资源的一种检索服务。

数据查询、浏览和下载都属于网上数据共享服务，用户使用数据的方式有查询数据和下载数据两种。用户数据下载首先需要查询数据目录，获得目标数据集的信息，然后到指定的网络位置进行下载操作。

数据分发是指数据的生产者通过各种方式将数据传送到用户的过程。

4. 数据可视化

数据可视化主要运用计算机图形学和图像处理技术，将数据转换成图形或图像在屏幕上显示出来，并能进行交互处理。数据可视化的表现方式主要分为7类，即一维数据可视化、二维数据可视化、三维数据可视化、多维数据可视化、时态数据可视化、层次数据可视化和网络数据可视化。

15.9　数据安全考点梳理

【基础知识点】

数据安全工作涉及数据脱敏、数据分级分类、安全管理等方面。

敏感信息是指不当使用或未经授权被人接触或修改后，会产生不利于国家和组织的负面影响和利益损失，或不利于个人依法享有的个人隐私的所有信息。

1. 数据脱敏

数据脱敏是对数据进行去隐私化处理，实现对敏感信息的保护，可以有效地减少敏感数据在采集、传输、使用等环节中的暴露，进而降低敏感数据泄露的风险，确保数据合规。

敏感数据可以分为个人敏感数据、商业敏感数据、国家秘密数据等；敏感程度可划分为5个等级，分别是L1（公开）、L2（保密）、L3（机密）、L4（绝密）和L5（私密）。

数据脱敏时，要对各类数据所包含的自然人身份标识、用户基本资料等敏感信息进行模糊化、加扰、加密或转换后形成无法识别、无法推算演绎、无法关联分析原始用户身份标识等的新数据。

数据脱敏方式包括可恢复与不可恢复两类。可恢复类脱敏规则主要指各类加解密算法规则。不可恢复类脱敏规则可分为替换算法和生成算法两类。

数据脱敏原则主要包括算法不可逆原则、保持数据特征原则、保留引用完整性原则、规避融合风险原则、脱敏过程自动化原则和脱敏结果可重复原则等。其中，保留引用完整性原则指如果被脱敏的字段是数据表主键，那么相关的引用记录必须同步更改。规避融合风险原则指要对所有可能生成敏感数据的非敏感字段同样进行脱敏处理。例如，如果能够凭借某"住址"的唯一性推导出敏感字段"姓名"，则需要将"住址"一并变换。

2. 数据分级分类

数据分类是根据内容的属性或特征，将数据按一定的原则和方法进行区分和归类，并建立起一定的分类体系和排列顺序，以便于后续数据的管理和使用。

数据分类有分类对象和分类依据两个要素。数据分类时，应优先遵循国家、行业的数据分类要求，如果没有行业数据分类规则，也可从组织经营维度进行数据分类。

数据分级是指按照数据遭到破坏（包括攻击、泄露、篡改、非法使用等）后对受侵害客体合法权益（国家安全、社会秩序、公共利益以及公民、法人和其他组织）的危害程度，对数据进行定级，主要是为数据全生命周期管理进行的安全策略制定。

数据分级常用的有基于价值（公开、内部、重要核心等）分级、基于敏感程度（公开、秘密、机密、绝密等）分级、基于司法影响范围（境内、跨区、跨境等）分级等。

从国家数据安全角度出发，数据分级基本框架分为一般数据、重要数据、核心数据三个级别。分为影响对象、影响程度两个要素。影响对象分国家安全、公共利益、个人合法权益、组织合法权益。影响程度分无危害、轻微危害、一般危害、严重危害。

3. 安全管理

组织的数据安全能力域通常包括数据安全策略、数据安全管理和数据安全审计三个能力项。

数据安全策略是数据安全的核心内容。数据安全策略主要活动和工作要点包括：了解国家、行业等监管需求，并根据组织对数据安全的业务需要，进行数据安全策略规划，建立组织的数据安全管理策略；制定适合组织的数据安全标准，确定数据安全等级及覆盖范围等；定义组织数据安全管理的目标、原则、管理制度、管理组织、管理流程等，为组织的数据安全管理提供保障。

数据安全管理主要活动和工作要点包括：数据安全等级的划分、数据访问权限控制、用户身份认证和访问行为监控、数据安全的保护、数据安全风险管理。

数据安全审计是一项控制活动，负责定期分析、验证、讨论、改进数据安全管理相关的策略、标准和活动。数据安全审计主要活动和工作要点包括：过程审计、规范审计、合规审计、供应商审计、审计报告发布、数据安全建议。

15.10　考点实练

1. DCMM 将组织的数据管理能力成熟度划分为 5 个等级，分别是初始级、受管理级、稳健级、量化管理级和优化级。如果一个组织的数据已被当作实现组织绩效目标的重要资产，在组织层面制定系列的标准化管理流程，促进数据管理的规范化。那这个组织的成熟度则很可能处于（　　）。

　　A．受管理级　　　　B．稳健级　　　　C．量化管理级　　　　D．优化级

答案：B

2. DGI 数据治理框架从三个维度提出了关于数据治理活动的 10 个关键通用组件，以下（　　）不属于三个维度的内容。

　　A．数据集成　　　　B．治理过程　　　　C．治理规则　　　　D．组织结构

答案：A

3. 组织的数据战略通常包括（　　）三个能力项建设。
   A．数据战略规划、数据战略实施和数据战略评估
   B．数据战略计划、数据战略设计和数据战略实施
   C．业务战略能力、系统战略能力和数据战略能力
   D．数据调研分析、数据标准设计和数据战略实施

答案：A

4. 数据制度框架可分为（　　）共三个层次。
   A．决策层、管理层、执行层　　　B．平台、系统、数据
   C．流程、制度、记录　　　　　　D．策略、办法、细则

答案：D

5. 以下不属于组织的数据治理的三个能力建设内容的是（　　）。
   A．数据治理组织　B．数据制度建设　C．数据治理评估　D．数据治理沟通

答案：C

6. 不属于常见的数据管理组织模式的是（　　）。
   A．集中式　　　　B．分布式　　　　C．融合式　　　　D．离散式

答案：C

7. 组织数据管理层级通常包括决策层、管理层和执行层，以下不属于管理层的是（　　）。
   A．业务管理专家　B．数据治理专家　C．数据管理专家　D．技术管理专家

答案：B

8. 以下不属于数据预处理的步骤的是（　　）。
   A．数据采集　　　B．数据分析　　　C．数据检测　　　D．数据修正

答案：A

9. 数据存储有三种不同的记录和存储方式，最适合音频数据存储的方式是（　　）。
   A．文件存储　　　B．随机存储　　　C．块存储　　　　D．对象存储

答案：B

10. 常见的数据备份结构中，备份数据流通过 LAN 到达备份服务器和备份数据流不依赖应用服务器的备份结构分别是（　　）。
    A．SERVER-FREE 备份结构、LAN-FREE 备份结构
    B．基于 LAN 的备份结构、LAN-FREE 备份结构
    C．LAN-FREE 备份结构、SERVER-FREE 备份结构
    D．基于 LAN 的备份结构、SERVER-FREE 备份结构

答案：D

11. 以下备份策略下，存储数据重复最大的是（　　）。
    A．完全备份　　　B．差分备份　　　C．增量备份　　　D．异地备份

答案：A

12．在元数据体系中，描述元数据的元数据是（　　）。

　　A．信元数据　　　B．元元数据　　　C．专门元数据　　　D．管理元数据

答案：B

13．需要考虑数据库体系结构的数据模型是（　　）。

　　A．概念模型　　　B．物理模型　　　C．逻辑模型　　　D．大数据算法模型

答案：B

14．数据脱敏通常需要遵循一系列原则，其中，当"姓名"作为敏感字段打算变换时，发现能够凭借某"住址"的唯一性推导出"姓名"，因此将"住址"一并变换，这体现了（　　）的原则。

　　A．脱敏结果可重复　　　　　　　　B．规避融合风险
　　C．保留引用完整性　　　　　　　　D．保持数据特征

答案：B

15．以下服务中，不属于数据服务的是（　　）。

　　A．数据目录服务　　　　　　　　　B．数据分发服务
　　C．数据查询与浏览及下载服务　　　D．数据可视化服务

答案：D

16．数据分发服务的核心内容不包括（　　）。

　　A．数据发布　　　B．数据共享　　　C．数据评价　　　D．数据发现

答案：B

第 16 章
信息安全管理知识点梳理及考点实练

16.0 章节考点分析

第 16 章主要学习信息安全管理体系、风险管理、安全策略管理、应急响应管理、安全等级保护、信息安全控制措施等内容。

根据考试大纲，本章知识点会涉及单项选择题，按以往的出题规律约占 8～10 分，新改版后的考试大纲明确案例分析也会涉及信息安全知识。本章内容属于常见知识范畴，考查的知识点既来源于教材，也会有信息安全新技术相关的少量扩展内容。本章的架构如图 16-1 所示。

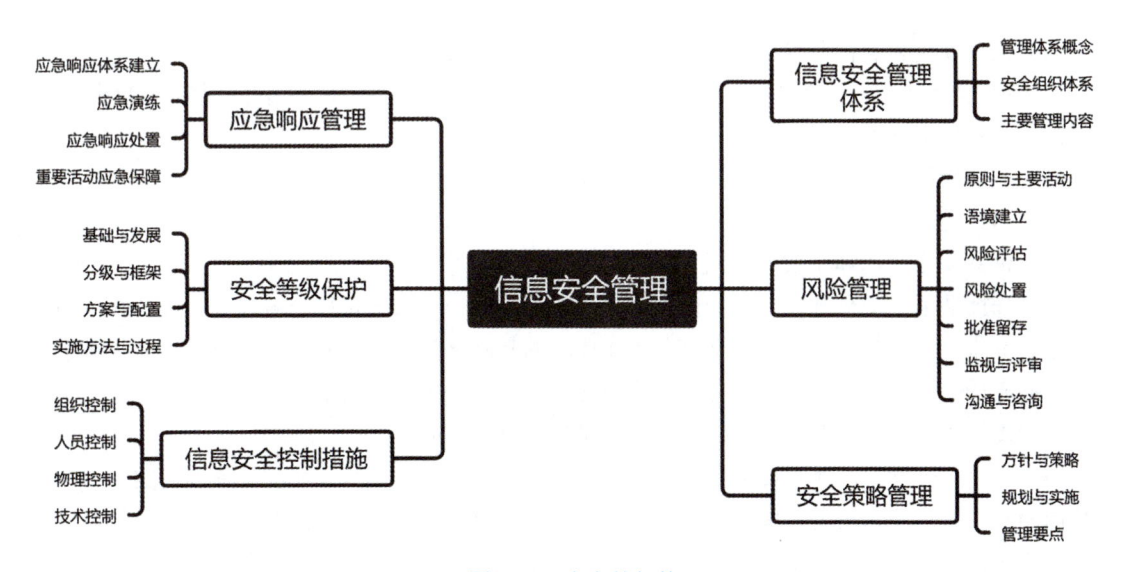

图 16-1 本章的架构

【导读小贴士】

没有信息化就没有国家安全，信息安全是伴随信息化的深入持续发展而同步规划设计、同步建设、同步运维的。信息安全属性包括保密性、完整性、可用性、真实性和可核查性等，最基本的属性是 CIA 三元组，即保密性（Confidentiality）、完整性（Integrity）和可用性（Availability），信息安全保障措施主要包括信息安全管理措施和信息技术措施两个方面。本章主要学习信息安全管理体系的知识，同时也概括了安全技术措施在安全管理支持上的应用。

16.1 信息安全管理体系考点梳理

【基础知识点】

1. 信息安全管理体系概念

（1）信息安全属性包括信息的保密性、完整性、可用性、真实性和可核查性。（速记词：密完可真查）

（2）CIA 是系统安全设计的目标，CIA 三元组即保密性、完整性和可用性。

（3）信息安全管理体系是指对组织内部和外部信息资产进行全面有效管理的体系，旨在保护信息资产的机密性、完整性和可用性，防止信息泄露、破坏和滥用，确保信息资源的安全运行。

2. 信息安全管理体系构成

（1）信息安全管理体系包括：①方针与目标；②组织与人员职责；③资产管理；④人力资源安全；⑤物理与环境安全；⑥通信与操作管理；⑦访问控制；⑧密码管理；⑨供应商与合同管理；⑩信息安全事件管理等方面。

（2）安全组织体系指为了有效保护组织信息资产，在其内部建立的专门管理和负责信息安全工作的部门或团队。

（3）信息安全组织体系建设包括：①高层管理支持；②安全管理委员会；③安全管理部门；④安全工作团队；⑤安全责任人；⑥安全培训和意识提升；⑦安全合作与沟通；⑧安全评估和持续改进。其中：高层管理支持是信息安全工作成功的基础；安全管理委员会是信息安全决策和协调的核心机构；安全管理部门是信息安全管理的执行和监督机构；安全工作团队是信息安全实施的执行和支撑力量；安全责任人是信息安全管理的推动者和实施者。

（4）信息安全管理需要综合考虑过程、技术、方法、人员、工具、环境等各方面的要素，其主要内容涵盖整个信息安全领域的各个方面，管理的主要内容包括：①信息资产管理；②风险管理；③安全控制；④安全策略；⑤事件管理；⑥安全培训与意识提升；⑦安全审计；⑧合规性和持续改进等 8 个方面。8 个安全管理领域要素的内在联系：信息安全资产能够给组织带来持续收益，因此需要保护，保护信息安全资产需要采用事前、事中、事后措施来应对信息安全风险，应

202

对安全风险应有统一的安全策略，采用适合的安全控制措施降低安全风险，一旦发生安全风险事件，需要有预案来积极应对；人是安全风险防范的关键因素，需要开展安全培训并提高全员的安全意识，同时需要开展安全审计活动确保合规性，持续改进信息安全管理工作的水平。

（5）信息资产管理首先需要对信息资产进行分类和标识，确定其价值和重要性；其次制定适合的安全控制措施，如物理安全控制、访问控制、备份与恢复、灾难恢复等。

风险管理包括安全威胁分析、脆弱性评估、安全控制措施的选择和实施等。

安全控制是保护信息安全的技术和管理措施，包括访问控制、身份验证、加密、防火墙、入侵检测和防御系统等。控制措施旨在防止非授权的访问和使用。

安全策略是为了保护信息资产和信息资源而制定的规范和程序，包括信息安全政策、安全标准、安全流程等。

信息安全事件包括未经授权的访问、数据泄露、恶意代码感染等事件，事件管理是及时发现、响应和处理信息安全事件的过程。

安全培训与意识提升是提高员工对信息安全的认识和保护意识，培训员工的安全知识并提高其安全技能。

安全审计与合规性是检查和评估信息安全管理和控制措施的有效性和合规性。

信息安全管理是一个持续不断的过程。组织通过评估和监测，不断改进安全控制措施和策略，以适应新的威胁和技术发展。

16.2 风险管理考点梳理

【基础知识点】

1. 管理原则

（1）概念。信息安全风险管理的目标是在确保安全合规的前提下，平衡组织发展与信息安全之间的关系。通过全面识别风险、科学评价风险、合理处置风险和持续监视风险，将风险控制在可接受程度，保障并促进组织业务运行和发展。

（2）信息安全风险管理的原则主要有分级管理、全面管理、动态调整和科学合理等。

分级管理：分级管理的依据是风险发生的可能性，风险发生后对国家安全、社会秩序、公共利益以及公民、法人和其他组织的合法权益等产生的影响程度。

全面管理：两个全面，一是对网络和系统安全风险、数据安全风险、个人信息安全风险、供应链安全风险、新技术新应用安全风险等进行全面识别、控制和监视；二是对信息安全风险管理涉及的过程、技术、方法、人员和工具等进行全面管理。

动态调整：动态调整风险管理的对象、准则、风险处置措施等内容，持续优化和提升风险管理能力，调整前，应持续监视风险要素变化和风险管理过程，适应相关法律法规、政策、主管部门、自身业务相关要求和技术运行环境的变化。

科学合理：基于组织面临的信息安全形势和环境，综合考虑信息安全投入和收益、风险可接受程度，平衡安全与发展之间的关系。

2. 主要活动

（1）信息安全风险管理活动包括语境建立、风险评估、风险处置、批准留存、监视与评审、沟通与咨询 6 个方面的内容。其中语境建立、风险评估、风险处置和批准留存是信息安全风险管理的 4 个基本步骤，监视与评审、沟通与咨询则贯穿于这四个基本步骤中。

（2）组织信息安全管理需要遵循分级管理、全面管理、动态调整、科学合理等管理原则，建立健全信息安全风险管理保障机制、保障措施，并在资产识别、威胁识别、脆弱性识别、已有措施有效性评价、风险分析与评价、风险处置、风险监测预警和风险信息共享等风险管理能力的基础上，执行语境建立、风险评估、风险处置、批准留存、监视与评审、沟通与咨询等风险管理过程，以实现信息安全风险管理目标。

（3）语境建立是信息安全风险管理的第一步，语境建立的过程包括风险管理准备、风险管理对象调查与分析、信息安全要求分析三个工作阶段。其中：

风险管理准备工作阶段的主要活动：

1）确定风险管理范围和边界。

2）确定信息安全风险管理的目标。

3）制定风险管理总体规划。

4）最高管理者批准风险管理总体规划。

调查与分析时的调查方式主要包括问卷回答、人员访谈、现场考察、辅助工具等多种形式，调查分析主要调查：

1）组织的使命及目标。

2）法律法规及监管要求。

3）业务特性。

4）外部环境。

5）内部环境。

最后汇总上述调查结果，形成描述报告，报告内容包括上述 5 方面的内容。

信息安全要求分析的主要活动内容包括：

1）分析风险管理对象的安全环境。

2）分析风险管理对象的安全要求。

3）确定信息安全风险管理的基本准则。

4）汇总上述分析结果，形成风险管理对象的安全要求分析报告，内容包含风险管理对象的安全环境、安全要求和风险管理基本准则等方面的内容。

风险管理基本准则具体包括风险评价准则和风险可接受准则。其中，风险可接受准则可参考以下准则：风险等级为很高或高的风险建议进行处置，对于现有处置措施技术不成熟的，建议加强监视；风险等级为中的风险可根据成本效益分析结果确定，对于处置成本无法承受或现有处置措施技术不成熟的，可持续跟踪、逐步解决；风险等级为低或很低的风险可选择接受，但需综合考虑组织所处的政策环境、外部相关方要求、组织的安全目标等因素。

（4）风险评估是信息安全风险管理的第二步，风险评估的过程包括风险评估准备、风险要素识别、风险分析和风险评价四个阶段。

风险评估准备工作阶段的主要活动包括：

1）制订风险评估计划书。

2）选择风险评估方法和工具。

3）制订风险评估方案，内容包括风险评估的工作过程、输入数据和输出结果等，风险评估方案需得到风险管理对象和信息安全风险管理管理层的认可和批准。

风险要素识别阶段的主要活动包括：

1）识别业务重要性并赋值。

2）识别需要保护的资产并赋值。

3）识别面临的威胁并赋值。

4）识别存在的脆弱性并赋值。

5）确认已有的安全措施。

风险分析工作阶段的主要活动包括：

1）分析信息安全事件发生的可能性，参数包括威胁属性（威胁发生频率、威胁能力程度等）及脆弱性属性（脆弱性被利用程度等）。

2）分析信息安全事件造成的损失，参数包括业务属性（业务重要性程度等）、资产属性（资产重要性程度等）及脆弱性属性（脆弱性影响程度等）。

3）实施风险计算。

风险评价工作阶段的主要活动包括：

1）评价资产风险等级。

2）评价业务风险等级。

3）综合评估风险状况。

4）形成风险评估记录。

评价等级级数可以分"高、中、低"三级，或"很高、较高、中等、较低、很低"五级。

（5）风险处置的过程包括风险处置准备、风险处置实施、风险处置效果评价三个阶段。

风险处置方式主要包括风险规避、风险转移、风险消减和风险接受。消除风险源头或通过不使用存在风险的资产避免风险的发生属于风险规避；采用购买保险、分包给更加专业的合作方、资产转移等属于风险转移；从构成风险的五个方面（威胁源、威胁行为、脆弱性、资产和影响）采取保护措施属于风险消减。

风险处置准备工作阶段的主要活动包括：

1）组建风险处置团队。处置团队划分为管理层和执行层，包括了风险转移时涉及第三方组织。

2）确定风险处置范围和目标。会产出风险接受等级划分表。

3）选择风险处置方式。产出风险处置列表和风险处置方式。

4）明确风险处置资源。明确处置涉及的部门、人员和资产以及需要增加的设备、软件、工具等所需资源。

5）制订风险处置计划。处置计划需得到组织最高管理者的批准。

风险处置实施工作阶段的主要活动包括：

1）准备风险处置措施，编制初步的风险处置措施列表。

2）成本效益和残余风险分析。成本效益分析可采用定量分析和定性分析两种方法。定量分析首先根据资产价值、面临的损坏程度、发生的可能性，进而以损失价值与发生概率相乘计算出预期损失。

3）处置措施的风险分析及制订应急计划。

4）确定风险处置方式和措施，完成最终的风险处置措施列表。

5）编制风险处置方案。

6）风险处置措施测试。验证风险处置措施是否符合风险处置目标，判断措施的实施是否会引入新的风险，同时检验应急计划是否有效。

7）实施风险处置措施。对具体的操作内容进行记录、验证实施效果，并签字确认，形成风险处置实施的记录。

8）编制风险处置报告。记录风险处置措施的实施过程和结果，形成风险处置实施报告，协助与利益相关方的互动，如风险管理活动负有责任的相关方、用户和主管部门等。

风险处置效果评价工作阶段的主要活动包括：

1）制定评价原则和方案。评价方案包括评价方法、评价目标、评价内容、团队组成和总体工作计划等。评价方案应通过专家评审，并获得组织管理层和风险处置实施团队相关利益方的认可。评价方法可以分为残余风险评价方法和效益评价方法、控制措施有效性评价方法和整体风险控制有效性评价方法。

2）开展评价实施工作。

3）残余风险接受声明。残余风险接受声明需要经风险管理决策层和管理层的认可批准；对于不可接受的残余风险，需继续进行风险处置，直至可接受。

4）编制持续改进方案。

（6）批准留存是信息安全风险管理的第四步，批准是指组织的决策层依据风险评估和风险处置的结果是否满足组织的方针目标和信息安全要求，做出是否认可风险管理活动的决定；留存是指将风险管理所产生的信息形成文档保存。

批准原则主要有业务优先、风险可控、成本适宜、措施有效。

批准依据主要有风险评价准则、风险接受准则、信息安全方针与目标、支持风险处置的资源保障能力。

风险管理的文档留存原则主要有保全证据、统一规范、简明易读、适度使用。

（7）监视与评审是针对信息安全风险管理中的语境建立、风险评估、风险处置和批准留存四个主体步骤的监视和评审。监视是定期或不定期对风险管理过程的运行情况进行查看，了解风险管理过程的执行情况。评审是对监视的结果进行分析和评价，从而确定风险执行情况和执行效果的有效性，最后得出评价结果文件，以持续改进风险管理工作。

风险因素的监视和评审包括语境建立过程中关注的内外部环境以及风险评估过程中识别信息的变化，主要的风险因素变化包括：风险管理范围的信息资产和部门、评估对象价值、威胁、脆弱点、残余风险、网络安全预警、风险发生带来的后果、法律法规、行业监管要求和标准、组织架构、管理层、相关方要求。

风险管理的监视与评审内容包括风险管理过程的执行情况、风险因素识别的全面性和合理性、风险管理目标的实现情况、风险处置计划的实施情况、风险控制措施的运行有效性、风险控制成本效益的合理性、风险评估原则和风险接受原则的合理性、当前风险评估方法的有效性和产生结果的一致性、新的风险评估方法的适用性。

（8）沟通与咨询为信息安全风险管理主循环即语境建立、风险评估、风险处置和批准留存主步骤中的相关方提供沟通和咨询。沟通是为所有参与人员提供交流途径，以保持参与人员之间的协调一致，共同实现信息安全目标。咨询是相关方需要时为其提供学习途径，以增强风险意识、知识和技能，配合实现安全目标。

沟通与咨询发生在决策层、管理层、执行层、支持层、用户层之间。其中决策层、管理层、执行层属于同一单位或部门内部。

沟通与咨询活动包括指导和检查、表态、汇报、宣传和介绍、培训和咨询、反馈、交流。

指导和检查是部门内部上级对下级工作；表态是组织高层的对外表态；汇报是部门内部下级对上级；宣传和介绍是部门对外界；培训和咨询是相对专业的人员对相对非专业人员；反馈是部门使用者对部门管理者；交流是同级或同行之间的对等交流。

16.3　安全策略管理考点梳理

【基础知识点】

1. 安全策略概述

安全策略是指在一个特定的环境里，为保证提供一定级别的安全保护所必须遵守的规则。

信息安全策略是组织安全的最高方针，由高级管理部门支持，形成书面文档、广泛发布到组织所有员工手中。

对所有涉及的人员要针对安全策略的内容和如何实施安全策略进行安全教育培训；对于特殊责任人员要进行特殊的培训。

2. 方针与策略

（1）信息安全方针和策略应由管理层批准后发布，传达并让相关工作人员和相关方知悉，并按计划的时间间隔以及在发生重大变更时对其进行评审。

（2）制定信息安全方针要体现以下三方面的相关要求：业务战略和需求、法律法规和合同、当前和预期的信息安全风险和威胁。

（3）信息安全方针内容：信息安全的定义、信息安全目标或设定信息安全目标的框架、指导所有信息安全相关活动的原则、满足信息安全相关适用要求的承诺、持续改进信息安全管理体系的承诺、对既定角色分配的信息安全管理责任、处理豁免和例外的规程。

（4）安全策略是在统一的安全方针之下针对特定主题的，因此，特定主题策略要与信息安全方针保持一致并与之互补。这些主题包括访问控制、物理和环境安全、资产管理、信息传输、用户终端设备的安全配置和处理、网络安全、信息安全事件管理、备份、密码技术和密钥管理、信息分级和处理、技术脆弱性管理、安全开发等。

（5）开发、评审和批准特定主题策略的责任可根据相关工作人员的职权等级和技术能力进行分派。评审时要评估组织信息安全方针和特定主题策略的改进，重点关注的变化因素有：组织的业务战略、组织的技术环境、法律法规规章和合同、信息安全风险、当前和预期的信息安全威胁环境、从信息安全事态和事件中总结的经验教训。

3. 规划与实施

（1）组织安全策略的规划实施主要涉及确定安全策略保护的对象、开发安全策略、安全策略制定原则、安全策略制定过程、安全策略管理模式等方面。

（2）安全策略保护的对象主要包括信息资源相关硬件、软件、数据和人员等。（速记词：软硬人数）

（3）信息资源管理时，需要一份完整的系统软硬件清单和相关的数据流程图、网络结构图；其次要有数据清单并有完整的机制来监测数据资源在整个系统的活动；要关注信息分类方法和外部数据的版权或者保密协议中关于信息使用的内容。人员因素主要考虑系统资源的访问权限和控制、责任和违规的惩罚。

（4）安全策略通常由组织中的安全负责人、业务负责人及信息资源专家等制定，并最终都必须由组织的高级管理人员批准后发布。

安全策略制定的原则是起点进入原则、长远安全预期原则、最小特权原则、公认原则、适度复杂与经济原则。（速记词：起誓公最长）

安全策略制定过程通常包括理解组织业务特征、得到管理层的明确支持与承诺、组建安全策略制定小组、确定信息安全整体目标、确定安全策略范围、风险评估与选择安全控制、起草安全策略、评估安全策略、实施安全策略和持续改进等。

与组织实施的信息安全管理体系范围内相适应的安全策略具体包括物理安全策略、网络安全策略、数据加密策略、数据备份策略、病毒防护策略、系统安全策略、身份认证及授权策略、灾难恢复策略、事故处理和紧急响应策略、安全教育策略、口令管理策略、补丁管理策略、系统变更控制策略、商业伙伴和客户关系策略、复查审计策略等。

物理安全策略包括环境安全、设备安全、媒体安全、信息资产的物理分布、人员的访问控制、审计记录、异常情况的追查等。

网络安全策略包括网络拓扑结构、网络设备的管理、网络安全访问措施（防火墙、IDS、VPN等）、安全扫描、远程访问、不同级别网络的访问控制方式、识别/认证机制等。

数据加密策略包括加密算法、适用范围、密钥交换和管理等。

数据备份策略包括适用范围、备份方式、备份数据的安全存储、备份周期、负责人等。

病毒防护策略包括防病毒软件的安装、配置、对移动盘使用和网络下载等做出的规定等。

系统安全策略包括 WWW 访问策略、数据库系统安全策略、邮件系统安全策略、应用服务器系统安全策略、个人桌面系统安全策略、其他业务相关系统安全策略等。

身份认证及授权策略包括认证及授权机制、方式、审计记录等。

灾难恢复策略包括负责人员、恢复机制、方式、归档管理、硬件、软件等。

事故处理和紧急响应策略包括响应小组、联系方式、事故处理计划、控制过程等。

安全教育策略包括安全策略的发布宣传、执行效果的监督、安全技能的培训、安全意识的教育等。

口令管理策略包括口令管理方式、口令设置规则、口令适应规则等。

补丁管理策略包括系统补丁的更新、测试、安装等。

系统变更控制策略包括设备、软件配置、控制措施、数据变更管理、一致性管理等。

商业伙伴、客户关系策略包括合同条款安全策略、客户服务安全建议等。

复查审计策略包括对安全策略的定期复查、对安全控制及过程的重新评估、对系统日志记录的审计、对安全技术发展的跟踪等。

16.4　应急响应管理考点梳理

【基础知识点】

1. 信息安全应急响应

信息安全应急响应是指针对已经发生或可能发生的安全事件进行监控、分析、协调、处理、保护信息资产安全的活动。

2. 应急响应方案

应急响应方案包括预案管理、应急行动方案、组织管理、信息管理等环节。

应急响应方案执行主体包括应急响应相关责任组织、应急响应指挥人员、应急响应工作实施组织、事件发生当事人。

（1）在应急响应的准备阶段，需要制定和实施安全防御策略、明确应急响应机制等。建立应急响应体系属于应急响应常用方法的准备阶段，即在事件真正发生前为应急响应做好预备性工作。

（2）常见应急（安全）事件涉及网站安全、终端安全、服务器安全和邮箱安全等。其中：网站主要面临的威胁包括网页被篡改、非法子页面、网站 DDoS 攻击、CC 攻击、网站流量异常、异常进程与异常外联等；终端主要面临的威胁包括运行异常、勒索病毒、终端 DDoS 攻击等；服务器主要面临的威胁包括运行异常、木马病毒、勒索病毒、服务器 DDoS 攻击等；邮箱安全主要面临的威胁包括邮箱异常、邮箱 DDoS 攻击等。

（3）根据安全应急响应事件损失大小主要考虑恢复系统正常运行和消除安全事件负面影响所

需付出的代价，可划分为特别严重的系统损失、严重的系统损失、较大的系统损失和较小的系统损失。

（4）根据事件本身、影响范围、危害程度、商业价值几个维度进行综合评分，确定应急响应事件的等级。通常分为四级：特别重大事件（红色等级）、重大事件（橙色等级）、较大事件（黄色等级）、一般事件（蓝色等级）。

（5）应急响应组织可以是正式的、固定的，也可以是临时组建的。对于大部分组织来说不必设置专门的应急响应岗位，但是职责的负责人一定要事先明确。

应急响应工作的组织体系包括内部协调和外部协调，其中应急办的外部协调对象包括相关政府部门、业务关联方、供应商和专业安全服务商。

组织的应急响应能力建设包括综合分析与汇聚能力、综合管理能力、协同保障能力、信息安全日常管理能力等方面的建设。

3. 应急演练

网络安全法规定，关键信息基础设施的运营者应制定网络安全事件应急预案，并定期进行演练；负责关键信息基础设施安全保护工作的部门应当制定本行业、本领域的网络安全事件应急预案，并定期组织演练。

演练分为桌面推演、模拟演练和实战演练三种形式。其中，实战攻防演练以实战化、可视化、专业化为原则，对实际目标系统以不进行破坏攻击为底线，进行实战攻防对抗。

4. 应急响应处置

应急响应处置通常被划分为准备、检测、抑制、根除、恢复、报告与总结等阶段。

准备阶段的主要工作包括建立合理的防御和控制措施、建立适当的策略和程序、获得必要的资源和组建响应队伍等。

检测阶段要作出初步的动作和响应，根据获得的初步材料和分析结果，估计事件的范围，制定进一步的响应战略，并且保留可能用于司法程序的证据。

抑制阶段要采取抑制措施以达到限制攻击范围的目的。

根除阶段要在事件被抑制之后，通过对有关恶意代码或行为的分析结果，找出事件根源并彻底清除。

恢复阶段的目标是把所有被攻破的系统和网络设备彻底还原到它们正常的任务状态，如攻击者获得了超级用户的访问权，就应该强制性地修改所有口令。

报告与总结阶段的目标是回顾并整理发生事件的各种相关信息，尽可能地把所有情况记录到文档中。

5. 重要活动应急保障

国内重要活动或者会议的组织方及网络安全监管机构，要求在重要活动或者会议期间开展网络安全重保工作，开展网络安全保障及重大事件的应急响应工作。

（1）重保工作对象：首先应该明确重保的对象，从而确定重保工作范围。

重保对象分为三类：与重要活动或者会议主办方相关的信息资源；与负责重保工作的监管机

构相关的信息资源；与其他重点保障组织相关的信息资源。这些信息资源也包括各类基础网络环境。

（2）重保风险分析：针对面向互联网开放的信息资源，重点关注这类资源自身的脆弱性和在重保期间可能面临的外部威胁；针对不面向互联网开放的内部信息资源的信息资源，重点关注这类资源自身的脆弱性和在重保期间可能面临的内部和外部威胁。对重保对象主要面临的高风险，应重点关注和解决。

（3）全面建立主动安全运营机制：基于自适应安全架构的主动安保运营体系，建设积极防御的循环机制，实现由被动安全向主动安全的转换，确保重保时期信息资源的安全稳定运营。

（4）提升数据驱动的威胁对抗能力：基于云端威胁情报数据，与本地的原始数据做快速比对，利用互联网端的资源形成"云端＋本地"的主动风险发现能力，实时监测和分析网络安全风险，及时进行网络安全应急响应和处置，整体提升威胁对抗的能力。

6. 重保总体方案及建设过程

重保建设过程总体上遵循"同步规划、同步设计、同步运行"的安全原则，建立主动安全运营机制。重保安全保障整体工作分为备战阶段、临战阶段、实战阶段和决战阶段 4 个阶段。

备战阶段主要包括重保队伍组建、重保方案设计、业务资产调研、远程安全检查等活动。

临战阶段开展现场安全检查、专项安全检查，对备战阶段发现的各种安全问题进行"清零"式地解决安全隐患。

实战阶段主要通过开展应急预案与演练、实战攻防演练等工作，检验前期重保检查工作的成效。

决战阶段开展安全监测、应急值守、应急处置、总结与报告工作。一般要求在重要活动或者会议召开期间提供 7×24 小时的现场安全服务保障服务。

重保服务团队由一线重保安全检查团队、二线应急支撑团队、三线专项技术专家团队和重保支撑团队等组成。

重保技术平台主要包括互联网资产发现与扫描平台、高级威胁监测平台、攻防演练平台、网站安全监测平台、网站安全云防护平台和安全态势感知平台等。

16.5　安全等级保护考点梳理

【基础知识点】

1. 等保分级（表 16-1）

表 16-1　等保分级

受损害客体	对客体的损害程度		
	一般损害	严重损害	特别严重损害
公民、法人和其他组织的合法权益	第一级	第二级	第三级
社会秩序和公共利益	第二级	第三级	第四级
国家安全	第三级	第四级	第五级

第一级为自主保护级，第二级为指导保护级，第三级为监督保护级，第四级为强制保护级，第五级为专控保护级。

2. 等保基本框架

（1）等保按照"一个中心三重防御"的框架建设，"一个中心"指安全管理中心，"三重防御"指安全计算环境、安全区域边界、安全通信网络，等保 2.0 强化了可信计算安全技术要求的使用。

（2）等保包含技术要求与管理要求，其中：技术要求包括安全物理环境、安全通信网络、安全区域边界、安全计算环境和安全管理中心等。（速记词：勿痛区计管）

管理要求覆盖安全管理制度、安全管理机制、安全管理人员、安全建设管理和安全运维管理等。（速记词：值机人见云）

3. 等保方案与配置

等保相关方案与配置主要涉及技术方案规划、设备/系统配置规划、安全管理规划等。

（1）技术方案规划。

1）安全管理中心：通过大数据安全、IT 运维管理、堡垒机、漏洞扫描、网站检测预警、等保安全一体机、等保建设咨询服务等实现统一安全管理与把控，集中分析和审计并定期识别漏洞与审计。

2）安全通信网络：借助下一代防火墙、VPN、路由器、交换机等构建安全的网络通信架构，保障信息传输安全。

3）安全区域边界：通过下一代防火墙、入侵检测/防御、上网行为管理、安全沙箱、动态防御系统、身份认证管理、流量安全分析、Web 应用防护、准入控制系统等相关技术强化安全边界防护及入侵防护，优化访问控制策略。

4）安全计算环境：通过入侵检测/防御、数据库审计、动态防御系统、网页防篡改、漏洞风险评估、数据备份、终端安全等实现系统及应用安全、加强身份鉴别机制及入侵防范。

（2）设备/系统配置规划。可根据等保分级的相关要求配置防火墙、入侵防御、日志审计、漏洞扫描、上网行为管理、WFA 应用防火墙堡垒机、数据库审计、网站防篡改、运维管理系统、网络版杀毒软件、未知威胁防御、安全流量分析、等保一体机、垃圾邮件网关、沙箱系统、态势感知、终端准入系统、VPN 网关、虚拟化安全系统、网闸、动态防御系统、网站监测预警系统、备份与恢复系统等设备/系统。

（3）安全管理规划。涉及安全管理制度、安全管理机构、安全管理人员管理、安全建设管理、安全运维管理等方面。其中：

安全管理人员管理包括考核录用人员专业技能，签署保密协议；离岗人员及时回收权限、证照等；加强安全意识和安全技能教育培训；定期进行安全技术考核等。

安全建设管理包括等保定级和备案，安全方案设计，安全产品采购和使用，自主和外包软件开发管理，安全防护测试验收，系统验收交付，定期等保测评，监督、评审和审核安全服务提供商等。

安全运维管理包括运行环境管理，被保护资产管理，信息存储介质管理，设备维护管理，漏洞和风险管理，网络和系统安全管理，恶意代码防范管理，系统、变更配置和密码管理，备份与恢复管理，安全事件和应急预案管理，外包运维管理等。

4. 等保实施方法与过程

（1）等保的实施方法包括：安全定级、基本安全要求分析、系统特定安全要求分析、风险评估、改进和选择安全措施、实施（实施安全保护）。

（2）等保实施过程通常包括定级、规划与设计、实施及等级评估与改进三个阶段。

定级阶段主要包括两个步骤：系统识别与描述和等级确定。

规划与设计阶段主要包括三个步骤：系统分域保护框架建立、选择和调整安全措施、安全规划和方案设计。

实施及等级评估与改进阶段主要包括三个步骤：安全措施的实施、评估与验收、运行监控与改进。

16.6 信息安全控制措施考点梳理

【基础知识点】

信息安全控制被定义为改变或维持风险的措施。ISO 27001 提供了一系列组织控制、人员控制、物理控制和技术控制的信息安全控制。

1. 组织控制

组织控制主要包括信息安全策略、信息安全角色和责任、职责分离、威胁情报、云服务使用的信息安全。

威胁情报可分为三个层级：战略级、战术级、运营级。威胁情报具有相关性、洞察力、情境性三个特点。

云服务使用的信息安全：云服务的使用可能涉及云服务提供者和作为云服务客户的组织间的信息安全责任共担和协作。恰当地界定和落实云服务提供者和作为云服务客户的组织的责任对于云服务使用的信息安全是至关重要的。

（1）组织要定义好与云服务使用相关事项，包括：信息安全要求，云服务选择准则和云服务使用范围，角色和职责，云服务提供者管理和云服务客户的组织管理责任和分工，获取和利用云服务提供者提供的信息安全能力，获得对云服务提供者实施的信息安全控制的保证，管理不同云服务的控制、接口和变更，信息安全事件的相关规程，以监视、审查和评估云服务的安全风险、改变或停止使用云服务的策略。

（2）云服务协议：云服务协议通常是预定义且不开放协商。所有使用云服务的组织宜与云服务提供者审查云服务协议并行相关风险评估。云服务协议宜满足组织信息安全要求，并具有适当的云服务级别目标和云服务质量目标。

（3）服务变更：云服务协议通常要求云服务提供者在对服务交付方式作出任何具有实质性影响的变更之前，提前进行通知，具体内容包括：技术基础设施变更，影响或改变云服务产品；在新的地理或法律管辖区处理或存储信息；使用对等云服务提供者或其他分包商，包括变更现有或使用新的相关方合作商；与其云服务提供者保持密切联系，并为云服务的使用相互交换有关信息安全的信息，如监视每个服务特征并报告协议中未能履行的承诺。

业务连续性的信息通信技术就绪：是业务连续性管理和信息安全管理的重要组成部分，以确保在中断期间继续完成组织的目标，信息与通信技术（Information and Communications Technology，ICT）连续性需求来源于业务影响分析（Business Impact Analysis，BIA）的结果，业务影响分析（BIA）确定分配给优先活动的恢复时间目标（RTO）以及在中断期间支持活动所需的信息恢复点目标（RPO）。

基于BIA的输出和涉及ICT服务的风险评估，组织宜识别和选择ICT连续性策略，涉及中断前、中断期间和中断后的可选解决方案。ICT连续性策略涉及：

1）有合适的组织架构，为中断做准备，减轻和应对中断。

2）有经管理者批准的ICT连续性计划，该计划需要通过演练和测试进行定期评估。

3）ICT连续性计划内容包括：达到BIA中规定的业务连续性要求和目标的性能和容量规格；每个优先的ICT服务的RTO和恢复这些组件的规程；定义为信息的优先ICT资源的RPO和恢复信息的规程。

隐私和个人可识别信息保护：为确保遵守与信息安全相关的个人身份信息（Personally Identifiable Information，PII）保护方面的法律、法规、规章和合同要求，组织需根据适用的法律、法规和合同要求，识别并满足有关隐私保护和PII保护的要求。

2. 人员控制

人员控制主要包括审查、任用条款和条件、违规处理过程、任用终止或变更、保密协议、远程工作、报告信息安全事态等。

3. 物理控制

物理控制主要包括物理安全边界、物理入口、物理安全监视、在安全区域工作等。

4. 技术控制

技术控制主要包括配置管理、信息删除、数据脱敏、数据防泄露、监视活动、网页过滤和安全编码等。

配置管理：为确保硬件、软件、服务和网络在要求的安全配置下正常运行，并且配置不会因未经授权或不正确的变更而改变。组织应建立、记录、实施、监视和评审硬件、软件、服务和网络的配置，包括安全配置。

配置记录一般包含的信息有：资产的最新拥有者或联系信息、上次配置变更的日期、配置模板的版本、与其他资产配置的关系。

信息删除：为防止敏感信息不必要的暴露，并遵守法律、法规、规章和合同等有关信息删除的要求，在不再需要或敏感信息超过其所需保存的时间时，宜删除存储在信息资源、设备或任何其他存储媒体中的信息。

删除不再需要的敏感信息可选择如下方式：将系统配置为当不再需要时安全地销毁信息；删除任何位置的过时版本、副本和临时文件；使用经批准、认证的安全处置服务提供者；使用适合于被处置存储媒体类型的处置机制（如消磁）。

数据脱敏：保护敏感数据（如 PII）的数据脱敏技术有数据隐藏技术（数据掩蔽、假名化或匿名化）、加密（需要密钥）、清空或删除字符（防止未经授权的用户看到完整的消息）、不同的数字和日期、替换（将一个值替换为另一个值以隐藏敏感数据）、用散列替换值。

数据防泄露：为检测并防止个人或系统未经授权披露和提取信息，数据防泄露措施宜用于处理、存储或传输敏感信息的系统、网络和任何其他设备。数据防泄露工具用于以下场景：识别并监视处于未经授权披露风险中的敏感信息、检测敏感信息的泄露、阻止暴露敏感信息的用户行为或网络传输、防止对手的情报活动获取保密或秘密信息。数据防泄露措施宜着眼于混淆对手的决策，如将真实信息替换为虚假信息。此类措施包括逆向社会工程或使用蜜罐吸引攻击者。

监视活动：为发现异常行为和潜在的信息安全事件，组织应监视网络、系统和应用程序，以发现异常行为，并采取适当措施评价潜在的信息安全事件。纳入监视系统的事项包括：

（1）网络、系统和应用程序的出入流量。
（2）系统、服务器、网络设备、监视系统、关键应用程序等的访问。
（3）关键或管理级系统和网络配置文件。
（4）来自防病毒、IDS、IPS、防火墙、数据防泄露等安全工具的日志。
（5）与系统和网络活动相关的事态日志。
（6）检查正在执行的代码是否被授权在系统中运行，并且未被篡改。
（7）资源（如 CPU、硬盘、内存、带宽）的使用及其性能。

为了开展监视活动，组织应建立正常行为的基线，并根据该基线监视异常情况，并可通过将自动化监视软件配置为根据预定义阈值生成告警信息。

网页过滤：为保护系统不受恶意软件的危害，并防止访问未授权的网页资源，组织宜管理对外部网站的访问，以减少对恶意内容的暴露。组织宜降低工作人员访问包含非法信息或包含病毒或钓鱼内容的网站的风险。可采用阻止相关网站 IP 地址或域的技术。一些浏览器和反恶意软件会自动地或进行人工配置后执行此操作。组织宜为工作人员确定应当或不应当访问的网站类型。在管理上，组织宜建立安全适当的使用在线资源的规则并保持更新，并向员工提供上网行为安全的有关培训。

安全编码：为确保安全地编写软件，以减少软件中潜在的信息安全脆弱性，软件开发中宜应用安全编码原则，编制安全编码规范并实施检查和测试。安全编码范围应扩展到第三方的或者开源软件的软件组件。

安全编码涉及安全规划和编码前、编码期间、评审和维护期等前中后各项活动。

在安全规划和编码前阶段，应审查批准用于内部自研和外包代码开发的安全编码原则、导致信息安全脆弱性的常见原因和以往编码实操与缺陷的总结，配置开发工具，准备维护和使用更新的开发工具、遵循开发工具供应商及执行环境供应商发布的指南；并审查编写安全代码的开发人员的资格、安全设计和安全架构、安全编码标准、开发秘用的受控环境。

编码期间注意的事项有：针对所使用编程语言和技术的安全编码实践；使用安全编程技术，如结对编程、重构、同行评审、安全迭代和测试驱动开发；使用结构化编程技术；文档化代码并消除那些可能导致信息安全脆弱性被利用的编程缺陷；禁止使用不安全的设计技术。在软件投入运行之前，宜评估分析攻击面和最小特权原则的实施，对最常见的编程错误进行分析，并对这些已得到缓解的错误进行文档记录。

评审和维护期要注意的事项有：通过配置管理工具保护源代码；对程序安全打包与部署；针对已报告的信息安全脆弱性开展系统加固处理；记录错误和可疑攻击，并定期评审日志；对外部库、外来组件（如鉴别和密码组件）及其许可进行管理，确保软件可维护、已追踪并有可信的来源等。

16.7 考点实练

1. CIA 三要素不包括（　　）。
   A．保密性　　　　B．完整性　　　　C．真实性　　　　D．可用性

   答案：C

2. 相关信息安全管理体系不包括（　　）。
   A．方针与目标、密码管理　　　　B．访问控制、物理与环境安全
   C．供应商管理、资产管理　　　　D．人力资源安全、数据管理

   答案：D

3. 以下不是信息安全风险管理原则的是（　　）。
   A．分级管理　　　　B．重点管理　　　　C．全面管理　　　　D．科学合理

   答案：B

4. 信息安全风险管理活动包括（　　）。
   A．语境建立、风险评估、风险处置、批准留存、监视与评审、沟通与咨询
   B．风险评估、风险处置、批准留存、监视与评审
   C．业务连续性影响分析、风险评估、风险处置、批准留存、监视与评审、持续改进

D．现状调研、风险评估、风险处置、批准留存、监视与评审、持续改进

答案：A

5．在信息安全风险管理过程中，语境建立包括风险管理准备、风险管理对象调查与分析、信息安全要求分析三个工作阶段。其中,确定信息安全风险管理的基本准则属于(　　)阶段活动。

A．不属于任何阶段　　　　　　B．风险管理准备

C．对象调查与分析　　　　　　D．安全要求分析

答案：D

6．风险处置可根据不同情况采取合适的方式。一家系统集成公司将集成项目中的安全集成分包给一家信息安全公司，这属于（　　）。

A．风险接受　　　　　　　　　B．风险规避

C．风险转移　　　　　　　　　D．风险消减

答案：D

7．风险评估结果和风险处置结果的批准原则不包括（　　）。

A．风险最小化　　　　　　　　B．措施有效

C．成本适宜　　　　　　　　　D．业务优先

答案：A

8．在沟通与咨询的方式中，宣传和介绍一般不在（　　）中采用。

A．管理层对支持层　　　　　　B．管理层对用户层

C．执行层对支持层　　　　　　D．执行层对用户层

答案：D

9．安全策略保护的对象主要包括信息资源相关的（　　）。

①硬件　②软件　③数据　④著作权　⑤流程与制度　⑥人员

A．①②③　　　　　　　　　　B．①②③④

C．①②③⑥　　　　　　　　　D．①②③④⑤⑥

答案：C

10．根据应急响应事件本身、影响范围、危害程度、商业价值几个维度进行综合评分，确定应急响应事件的等级。如果一个事件标识是黄色，则说明这个事件属于（　　）。

A．一般事件　　　　　　　　　B．特别重大事件

C．较大事件　　　　　　　　　D．重大事件

答案：C

11．应急响应处置活动通常的顺序是（　　）。

①准备　②报告与总结　③检测　④恢复　⑤抑制　⑥根除

A．①⑤⑥③②④　　　　　　　B．①③⑤⑥④②

C. ①③⑥⑤②④   D. ①③④⑥⑤②

答案：B

12. 重保安全保障整体工作分为备战阶段、临战阶段、实战阶段和决战阶段 4 个阶段。远程安全检查活动一般发生在（   ）阶段。

　　A. 备战　　　　B. 临战　　　　C. 实战　　　　D. 决战

答案：A

13. 有一个疫情防控辅助平台，经分析，该平台遭到破坏后对国家安全造成的影响为一般损害，对社会公共利益和公共秩序造成严重损害，同时对人民群众合法权益造成严重损害，这个平台在安全保护定级中很可能定为（   ）级。

　　A. 第一　　　　B. 第二　　　　C. 第三　　　　D. 第四

答案：C

14. 以下措施中，属于信息安全控制措施的是（   ）。
①组织措施　②制度措施　③人员措施　④物理措施　⑤虚拟措施　⑥技术措施　⑦管理措施

　　A. ①②③④⑤⑥⑦   B. ①②③④⑦
　　C. ①③④⑥   D. ②③④⑥⑦

答案：C

第 17 章
人员管理知识点梳理及考点实练

17.0 章节考点分析

第17章主要学习人员管理概述、工作分析与岗位设计、人力资源战略与计划、人员招聘与录用、人员培训、人员职业规划与管理等内容。

根据考试大纲,本章知识点会涉及单项选择题、案例分析题,分值约占2～5分。本章内容属于基础知识范畴,考查的知识点既来源于教材,也有少量扩展内容。本章的架构如图17-1所示。

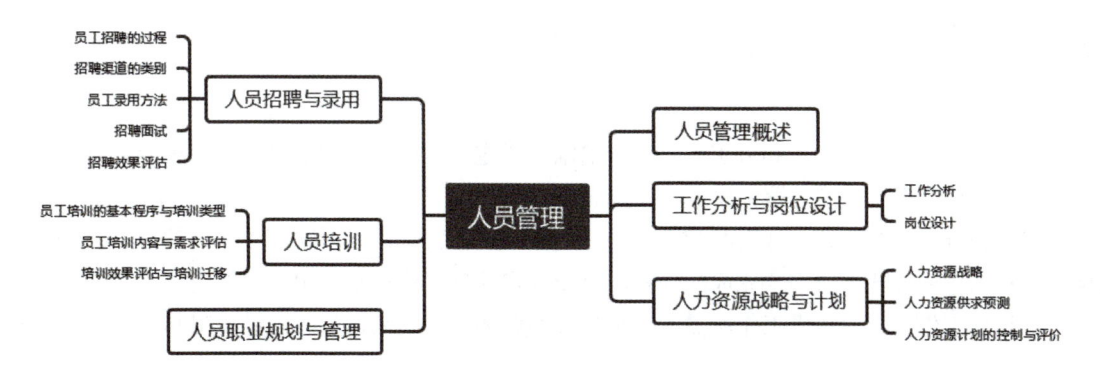

图 17-1 本章的架构

【导读小贴士】

人力资源不仅是组织中最重要的资源之一,同时也是最昂贵的资源,有时甚至是最容易引起问题的资源。高层管理者之所以日益重视人力资源的战略地位,其根本原因在于对人力资源的有效利用是组织在国内外保持竞争优势的必要条件。组织是由人来管理的，优秀的人力资源将助力于组织的生存与发展，组织成员行为的表现是组织能否达成目标的关键。正确处理组织中"人"和"与人有关的事"所需要的观念、理念和技术是人力资源管理的关键所在。

17.1 人员管理概述考点梳理

【基础知识点】

人力资源管理工作直接影响整个组织的经营状况，具体取决于人力资源的具体政策、体制设计和贯彻实施。

（1）人力资源管理目标。

1）建立员工招聘和选择系统，以便雇用到最符合组织需要的员工。

2）最大化每个员工的潜质，既服务于组织的目标，也确保员工的事业发展和个人尊严。

3）保留那些通过自己的工作绩效帮助组织实现目标的员工，同时淘汰那些无法给组织提供帮助的员工。

4）确保组织遵守政府关于人力资源管理方面的法令和政策。

（2）人力资源管理的广义目标：充分利用组织中的所有资源，使组织的生产力水平达到最高。

（3）人力资源管理的狭义目标：帮助各部门的业务经理更加有效地管理员工。

（4）人力资源管理主要包括：①吸引；②录用；③保持；④发展；⑤评价。

17.2 工作分析与岗位设计考点梳理

【基础知识点】

工作分析是对组织分工和分工内容进行清晰的界定，让任职者更清楚工作的内容，甚至未从事过某项工作的人也能清楚该工作是怎样完成的。

岗位设计是指如果岗位工作内容和工作设置不是最优的，则需对工作的内容进行重新界定。确定完成工作的方式、所需要完成的任务，以及界定该项工作在组织中与其他岗位工作的关系的过程。是把工作内容、从事工作所需的资格条件和薪酬结合起来，从而满足员工和组织建设与发展的需要。

1. 工作分析

（1）工作分析的用途。

1）招聘与选择员工。

2）发展和评价员工。

3）薪酬政策。

4）组织与岗位设计。

（2）工作分析过程的 4 个阶段和包含的 10 个步骤，见表 17-1。

表 17-1 工作分析过程的 4 个阶段和包含的 10 个步骤

阶段	步骤	内容
第一阶段：明确工作分析范围	1	确立工作分析的目的
	2	确定工作分析的对象
第二阶段：确定工作分析方法	3	确定所需信息的类型
	4	识别工作信息的来源
	5	明确工作分析的具体步骤
第三阶段：工作信息收集和分析	6	收集工作信息
	7	分析收集的信息
	8	向组织报告结果
	9	定期检查工作分析情况
第四阶段：评价工作分析方法	10	以收益、成本、合规性和合法性等为标准评价工作分析的结果

（3）工作分析方法。

工作分析的方法划分为定性和定量两类。

1）定性：工作实践法、直接观察法、面谈法、问卷法、典型事例法。

2）定量：职位分析问卷法、管理岗位描述问卷法、功能性工作分析法。

2. 岗位设计

岗位设计的目的是明确某类或某组工作的内容和方法，明确能够满足技术上和组织上所要求的工作与员工的社会和个人方面所要求的工作之间的关系。

岗位设计关注工作、任务和角色如何被构建、制定和修正，以及其对个人、群体和组织的影响。

岗位设计的主要内容包括 3 个方面：工作内容设计、工作职责设计、工作关系设计。

工作内容设计（是岗位设计的重点）：①工作的广度（即工作的多样性）；②工作的深度；③工作的完整性；④工作的自主性；⑤工作的反馈性（包括两方面信息：一是同事及上级对自己工作意见的反馈，如对自己工作能力、工作态度的评价等；二是工作本身的反馈，如工作的质量、数量、效率等）。

工作职责设计：①工作责任设计（工作负荷设定）；②工作权利（与责任有一定对应）；③工作方法（包括领导对下级的工作方法、组织和个人的工作方法设计等）；④工作中的相互沟通（是整个工作流程顺利进行的信息基础，包括垂直沟通、平行沟通、斜向沟通等形式）。

工作关系设计：岗位间的协作关系、监督关系等。

3. 岗位设计方法

岗位设计方法包括科学管理方法、人际关系方法、工作特征模型方法、高绩效工作系统等。

17.3　人力资源战略与计划考点梳理

【基础知识点】

1. 人力资源战略

（1）人力资源战略管理的目标是有效运用人力资源去实现组织的战略性要求和目标。

（2）人力资源战略是指人力资源在组织目标实现的过程中产生何种作用，即根据自身情况选择人力资源实践模式。

（3）人力资源管理系统是指人力资源管理的实践，即在人力资源战略模式的指引下，具体如何实现选人、育人、用人和留人，包括招聘、培训开发、薪酬福利、绩效考核等具体的人力资源管理行为。

（4）人力资源战略管理致力于保证：

1）人力资源管理充分与组织的战略和战略性需求相整合。

2）人力资源政策应该涵盖政策本身和各层级。

3）人力资源实践作为一线管理者和员工日常工作的一部分不断得到调整、接受和运用。

（5）人力资源战略管理被分成两部分：一是人力资源战略；二是人力资源管理系统。

（6）人力资源战略管理过程包括"战略制定和战略执行"两个相辅相成的阶段。

1）在战略的制定阶段，需要确定组织的文化、绩效、目标等决定组织的战略方向，组织的战略方向将直接影响组织在人力资源战略管理上的选择。

2）在战略的执行阶段，组织要按照所选择的人力资源战略管理开始贯彻实施。

最后，组织还要根据人力资源战略管理的结果、人力资源绩效、组织绩效、财务绩效等，对人力资源战略管理的制定和实施进行评估反馈，实现人力资源战略管理的动态管理。

人力资源战略模式有如下两种。

1）戴尔和霍德分类法将组织人力资源战略分为三种类型：诱因战略、投资战略和参与战略。

①诱因战略的主要特点：

a. 强调对劳工成本的控制；

b. 明确员工的工作职责；

c. 富有竞争力的薪酬水平；

d. 薪酬与绩效密切联系；

e. 员工关系比较简单。

②投资战略的特点：

a. 强调人力资源的投资，重视人员的培训和开发；

b. 在招聘中强调人才的储备；

c. 员工被赋予广泛的工作职责；

d. 注重良好的劳资关系和宽松的工作环境。
③参与战略的特点：
a. 鼓励员工参与到组织的管理和决策中；
b. 管理人员是指导教练；
c. 注重员工的自我管理和团队建设。

2）巴伦和克雷普斯分类法将组织的人力资源战略分为三种类型：内部劳动力市场战略、高承诺战略和混合战略。

①内部劳动力市场战略的特点：
a. 组织内部层级分明，官僚等级式的制度，为员工提供较多的晋升机会；
b. 强调内部招聘渠道；
c. 提供工作保障和发展机会，鼓励员工忠诚于组织，以维护组织独特的知识资本。

②高承诺战略的特点：
a. 更加认同扁平化的组织结构和团队合作；
b. 体现工作成果差别的薪酬制度。

③混合战略：介于内部劳动力市场战略和高承诺战略之间的一种战略模式，它既有内部劳动力市场战略的工作保障和内部晋升，也采用了高承诺战略中基于工作成果的绩效考核和薪酬方案。

2. 人力资源供求预测

（1）人力资源供求预测包括组织内部、外部的劳动力供给预测和组织的劳动力需求预测。

1）内部供给预测与组织中的各类工作的劳动力年龄分布、离职、退休和新员工情况等组织内部条件有关。

2）外部供给预测主要考量劳动力市场上相关劳动力的供给量与供给特点。

3）组织的需求预测主要以与人力需求有关的预计业务量等组织因素的变化规律为基础进行预测。

（2）人力资源需求预测受许多因素的影响，包括技术变化、消费者偏好变化和购买行为、经济形势、组织的市场占有率、政府的产业政策等。

（3）人力资源需求预测的解释变量一般包括：

1）组织的业务量或产量，由此推算出人力需要量。

2）预期的流动率，指出由辞职或解聘等原因引起的职位空缺规模。

3）提高产品或劳务的质量，或者进入新行业的决策对人力需求的影响。

4）生产技术水平或管理方式的变化对人力需求的影响。

5）组织所拥有的财务资源对人力需求的约束。

（4）人力资源需求预测的方法：

1）集体预测方法（德尔菲预测技术）。

2）回归分析方法。

3）转换比例分析方法。

（5）内部人力资源供给预测的方法：
1）人才盘点与技能清单（全面人才评价）。
2）管理人员置换图（职位置换卡）。
3）人力资源接续计划。
4）转换矩阵方法（马尔可夫方法）。
5）人力资源信息系统。
6）外部人力资源供给。

3. 人力资源计划的控制与评价

（1）整体性的人力资源计划应该包括三部分：
1）供给报表，指明每个重要员工在今后五年内晋升的可能性。
2）需求报表，指明各部门由于调遣、离职和新职位的产生等引起的今后五年中需要补充的职位。
3）人力报表，是将供给报表和需求报表结合在一起得到的实际人事计划方案。

（2）评价人力资源计划目标的合理性时需认真考虑的内容：
1）人力资源计划者熟悉人事问题的程度以及对其重视程度。
2）人力资源计划者与提供数据以及使用人力资源计划的管理人员之间的工作关系。
3）人力资源计划者与相关部门进行信息交流的难易程度。
4）管理人员对人力资源计划中提出的预测结果、行动方案和建议的重视与利用程度。
5）人力资源计划在管理人员心目中的地位和价值。

（3）评价人力资源计划时，主要应参照比较的工作内容：
1）实际的人员招聘数量与预测的人员需求量。
2）劳动生产率的实际水平与预测水平。
3）实际的和预测的人员流动率。
4）实际执行的行动方案与计划的行动方案。
5）实施计划的行动方案的实际结果与预期结果。
6）人力费用的实际成本与人力费用预算。
7）行动方案的实际成本与行动方案的预算。
8）行动方案的成本与收益。

17.4　人员招聘与录用考点梳理

【基础知识点】
组织的绩效是由员工来实现的，做好员工进入组织前的选拔工作，可以避免日后的请职或解聘。
员工的雇佣成本是很高的，通常包括人力资源市场的搜索费用、面试费用、体检费用、测评费用、旅行费用、安家费用、迁移费用和红利保证等。

员工的选拔工作还可能受到劳动就业法规的约束。

员工测评不仅能够帮助组织制定员工雇用的决策，也能够帮助组织制定晋升决策。

1. 员工招聘的过程

（1）招聘计划的制订。

（2）招聘信息的发布。

（3）应聘者申请。

（4）人员甄选与录用。

（5）招聘评估与反馈。

2. 招聘渠道的类别

（1）招聘策略包括负责招聘的人员、招聘来源和招聘方法三方面。

（2）在设计外部招聘策略时可以按照以下步骤进行：

1）对组织总体的环境进行研究。

2）在此基础上推断组织所需要的人力资源类型。

3）设计信息沟通的方式，使组织和申请人双方能够彼此了解各自相互适应的程度。

（3）招聘渠道。

1）应征者的内部来源。

2）招聘广告。

3）职业介绍机构。

4）猎头组织。

5）校园招聘。

6）员工推荐和申请人自荐。

7）网络招聘。

8）临时性雇员。

3. 员工录用方法

（1）组织招聘录用员工环节主要的筛选方法：申请表格、员工测评和录用面试。

（2）招聘的录用环节需要开展的工作内容：

1）对工作申请人的背景材料进行调查。

2）对工作申请人进行测试。测试方法有：①能力测试；②操作能力与身体技能测试；③人格与兴趣测试；④成就测试；⑤工作样本法；⑥测谎器法；⑦笔记判定法；⑧体检。

3）建立工作申请人录用取舍的标准。

4）员工录用原则：①补偿性原则；②多元最低限制原则；③混合原则。

4. 招聘面试

（1）最常被使用的选拔工具是面试，面试被重视的原因：

1）面试人员有机会直接判断应征者，并随时解决各种疑问，这是申请表格和测评无法做到的。

2）面试可以判断应征者是否具有热诚和才智，还可以评估应征者的面部表情、仪表及情绪控制能力等。

3）许多主管人员认为在录用员工之前必须与申请人面试一次，否则难以做出最终的录用决策。

（2）面试的程序：

1）面试前的准备。

2）实施面试。

3）评估面试结果。

（3）按照面试问题的结构化程度，可以将招聘面试分为三类：结构化面试、半结构化面试、非结构化面试。

5. 招聘效果评估

（1）衡量工作岗位与申请人的合适性的指标有：全部申请人中合格的数量所占的比例、合格申请人的数量与工作空缺的比例、实际录用到的数量与计划招聘数量的比例、录用后新员工的绩效水平、新员工总体的辞职率以及各种招聘渠道得到的新员工的辞职率等。

（2）招聘效果主要从招聘周期、用人部门满意度、招聘成功率、招聘达成率、招聘成本（包括显性成本和隐性成本）5个方面进行评估。

17.5　人员培训考点梳理

【基础知识点】

1. 员工培训的基本程序与培训类型

（1）员工培训的基本步骤。

1）评估组织开展员工培训的需要，确定组织绩效方面的偏差是否可以通过员工培训来弥补。

2）设定员工培训的目标。

3）设计培训项目。

4）培训的实施和评估。

（2）培训的类型包括入职培训及员工在职培训。

2. 员工培训内容与需求评估

（1）新员工需要的培训内容。

1）组织的标准、行为规范、期望、传统与政策包括领薪的手续、证件的取得方法和工作时数等。

2）新员工需要被社会化，即需要学习整个组织和管理层所期望的态度、价值观和行为规范。

3）工作中技术方面的问题。

（2）入职培训的形式有简单的口头介绍，也有手册形式的正式培训计划。

（3）员工在职培训内容一般可通过培训需求的循环评估模型及前瞻性培训需求分析模型确定。

（4）循环评估模型需要解决"组织分析、绩效分析和任务分析"三个层面的问题。

（5）随着技术的不断进步和员工在组织中个人成长的需要，即使员工目前的工作绩效是令人满意的，也可能需要为工作调动做准备、为员工职位的晋升做准备，或者适应工作内容要求的变化等而提出培训的要求。前瞻性培训需求分析模型（图 17-2）为这种情况提供了良好的分析框架。

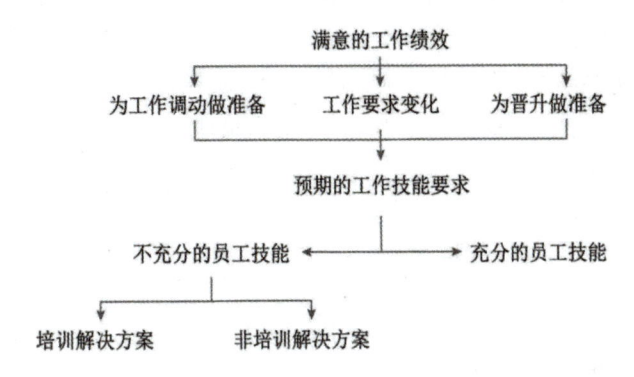

图 17-2　前瞻性培训需求分析模型

（6）基于组织的职业发展通道，利用学习地图、领导梯队模型这样的工具进行前瞻性培训需求分析，是非常有效的途径。

3. 培训效果评估与培训迁移

评估培训项目的结果时需要研究以下问题：

（1）员工的工作行为是否发生了变化？
（2）这些变化是不是培训引起的？
（3）这些变化是否有助于组织目标的实现？
（4）下一批受训者在完成相同的培训后是否会发生相似的变化？（对变化的衡量涉及：反映、学习效果、行为变化和培训效果四个方面）

17.6　人员职业规划与管理考点梳理

【基础知识点】

1. 对员工职业道路的要求

（1）应该代表员工职业发展的真实可能性，无论是横向发展还是纵向升迁都不应该以通常的速度为依据。
（2）应该具有尝试性，能够根据工作的内容、任职的顺序、组织的形式和管理的需要进行相应的调整，同时也不要过分集中于一个领域。
（3）具有灵活性，要具体考虑每位员工的薪酬水平，以及对工作方式有影响的员工的薪酬水平。
（4）说明每个职位要求员工具备的技能、知识和其他品质，以及具备这些条件的方法。

2. 组织的管理人员在员工的职业规划中应该承担的工作

（1）充当一种催化剂，鼓励员工为自己建立职业规划。

（2）评估员工表达出来的发展目标的现实性和需要的合理性。
（3）辅导员工做出双方都愿意接受的行动方案。
（4）跟踪员工的前程规划并进行适当的调整。

3. 组织在员工职业前程规划中的责任

（1）提供员工制定自己的职业规划所需要的职业规划模型、信息、条件和指导。
（2）为员工和管理人员提供建立职业规划所需要的培训。
（3）提供技能培训和在职培训。

4. 管理人员在组织的员工职业管理过程中的责任

（1）发挥员工提供的信息的作用。
（2）向员工提供自己负责的职位空缺的信息。
（3）管理人员要综合有关的信息，为职位空缺确定合格的候选人并进行选择，同时为员工发现职位空缺、培训项目和工作轮换等职业发展机会。

5. 组织在员工职业管理中的责任

（1）为管理人员的决策过程提供信息系统和程序。
（2）负责组织内部各类信息的及时更新。
（3）设计出收集信息、分析信息、解释信息和利用信息的便捷方法，以确保信息利用的有效性。
（4）监控和评价员工职业管理过程的执行效果。

17.7 考点实练

1. 岗位设计的主要内容不包括（　　）。
　　A．工作绩效设计　　　　　　　　B．工作内容设计
　　C．工作职责设计　　　　　　　　D．工作关系设计
　答案：A

2. 整体性人力资源计划不包括（　　）。
　　A．供给报表　　B．人力报表　　C．绩效报表　　D．需求报表
　答案：C

3. 常用的招聘策略内容不包括（　　）。
　　A．招聘对象　　　　　　　　　　B．招聘来源
　　C．负责招聘的人员　　　　　　　D．招聘方法
　答案：A

4. （　　）不属于员工录用的原则。
　　A．混合原则　　　　　　　　　　B．补偿性原则
　　C．交叉评估原则　　　　　　　　D．多元最低限制原则
　答案：C

5. 关于员工培训的描述，不正确的是（   ）。

   A．员工培训能够提高员工的技能水平，是一个系统性的过程

   B．员工培训效果一定是积极的，工作绩效可以得到提高

   C．员工培训能够改进员工的知识、技能、工作态度和社会行为，为提高组织效益而服务

   D．员工培训可增强员工对组织的规则和理念的理解

答案：B

第 18 章

知识管理知识点梳理及考点实练

18.0 章节考点分析

第 18 章主要学习知识管理相关的概述、获取与收集、层次与模型、交流与共享、转移与应用、协同与创新及个人知识管理等内容。

根据考试大纲，本章知识点会涉及单项选择题、案例分析题，分值约占 2～4 分。本章内容属于基础知识范畴，考查的知识点既来源于教材，也有少量扩展内容。本章的架构如图 18-1 所示。

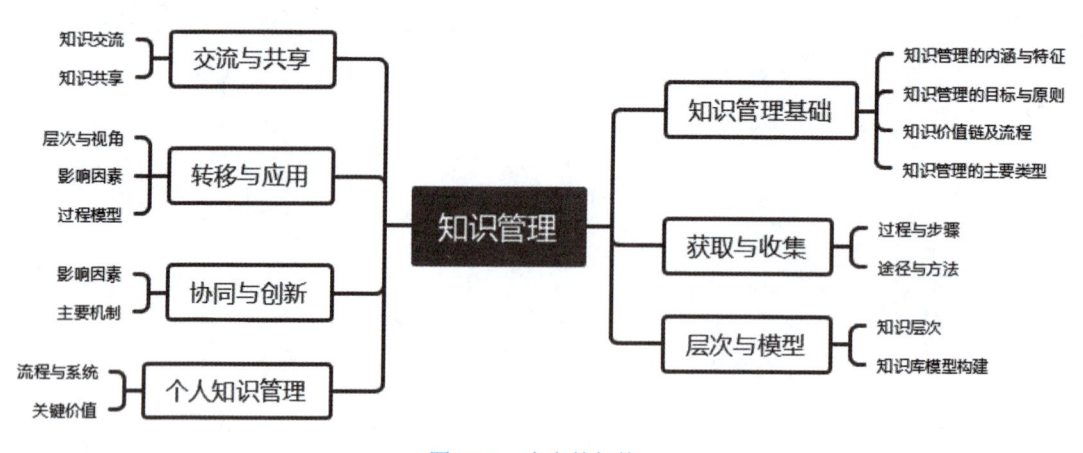

图 18-1 本章的架构

【导读小贴士】

知识管理是协助组织和个人，围绕各种来源的知识内容，利用知识、技术等手段，实现知识的生产、分享、应用以及创新,并在个人、组织、业务目标、经济绩效和社会效益等方面形成知识优势和产生价值的过程。知识管理以"知识"为管理对象,包括知识的获取与收集、组织与存储、交流与共享、转移与应用、协同与创新,运用集体的智慧提高组织的应变能力和创新能力,以增加产品和服务的知识价值含量,提高组织的竞争力。知识管理是通过人、技术、环境的协同交互,将个体或组织内外知识进行系统的收集、共享、学习、交流、融合、应用和创新等活动,从而提高个体或组织的发展能力和竞争优势。

18.1 知识管理基础考点梳理

【基础知识点】

(1)知识管理是一个持续的过程,需要组织和个人的积极参与和持续投入。

(2)知识管理从管理视角出发,它是一个系统化、程序化的过程。<u>知识管理过程通常包括知识获取与采集、知识组织与存储、知识交流与共享、知识转移与应用、知识管理审计与评估</u>。

(3)知识可以分为显性知识和隐性知识,<u>显性知识与隐性知识可相互转换</u>。

1. 知识管理的内涵与特征

(1)知识管理是提高组织应变能力和创新能力的重要途径。

(2)知识管理的定义。知识管理是以知识为对象,以知识、技术为手段,运用知识进行的管理。知识管理能给组织带来知识增值,进而为组织创造新的价值,驱动组织把握发展战略,带来决策的效能和水平提升。

(3)知识管理的特征。

1)知识管理是优化的流程。

2)知识管理是管理。

3)知识管理依赖于知识。

2. 知识管理的目标与原则

(1)知识管理的目标。

1)实现组织的可持续发展。

2)提高员工素质及工作效率。

3)增强服务对象满意度。

4)提升组织的运作绩效。

(2)实施知识管理一般遵循的原则:<u>①领导作用;②战略导向;③业务驱动;④文化融合;⑤技术保障;⑥知识创新;⑦知识保护;⑧持续改进</u>。

3. 知识价值链及流程

(1)知识价值链含义:知识价值链是指将知识转化为实际价值的一系列过程和活动。它描述了从获取知识到运用知识的过程,涵盖了知识的各个阶段和环节。通过有效地管理知识价值链,组织和个人能够更好地利用和创造知识,提高工作效率、促进创新、增强竞争力,并最终实现长期可持续发展。

（2）知识价值链流程。

1）知识管理的流程依附于知识价值链。

2）知识工作者的主要任务是知识获得与知识发展，决策制定者的主要任务是应用知识得到较佳的决策与行动方案，以获得组织期待的结果。

3）知识价值链是一个包含知识输入端、知识活动面、价值输出端的整合模式，是指知识以多元管道汇集，并收敛至单一窗口进入组织中，通过各种知识活动运作后，再以发散式的多元价值贡献输出。

4）知识价值链流程主要包括：①知识创造；②知识分类；③知识审计；④知识储存；⑤知识分享；⑥知识更新。

5）组织进行知识审计的三个步骤：①定义组织目前存在的重要知识，包括隐性知识与显性知识，并建立知识地图；②定义组织有哪些重要知识正在流失，评估其对组织目标的影响，以及确认哪里需要那些正在流失的知识；③针对盘点结果所呈现的组织现状及可能改善的劣势，提出涵盖知识库、社群、实务学习、知识管理网站等执行方向的建议，作为知识管理活动优化的参考依据。

4. 知识管理的主要类型

（1）基于内容对象的视角。知识可以根据是否容易被外显表达分为显性知识和隐性知识。显性知识可以通过教育培训、书籍、网络等途径较为容易地获取和传播，隐性知识则通常需要通过亲身经历或与他人的交流与互动来传递和获取，两者相辅相成。

1）显性知识管理。显性知识是在一定条件下，即特定的时间里具有特定能力的人，通过文字、公式、图形等表述或通过语言、行为表述，并体现于纸、光盘、磁带、磁盘等客观存在的载体介质上的知识。它是客观存在的，不以个人意志为转移。

显性知识作为可以借助于言语表达的明确性知识，是从隐性知识中分离出来的系统性知识，其构造极具系统性和体系性，具有明确的方法和步骤，有助于人们更好地理解各类信息，它也是客观性的、社会性的、组织化的知识，具有理性和逻辑性。

显性知识也是数据知识，推动认识的知识。通过信息系统的应用支撑，可以实现显性知识的转移、转换和再利用，还可以通过语言媒介实现共享和编辑。

2）显性知识具有四个主要特征：

①客观存在性。显性知识一旦表达出来就是脱离个人自身的知识，它通过言传、身教或附于某种介质上的编码等方式表现出来，它不依赖于个人而客观存在。正是由于显性知识的这种特性，才有利于显性知识的保存、记录、交流和传播等。

②静态存在性。显性知识不随时间或环境的变化而变化，一旦表达出来就不再变化。

③可共享性。显性知识可以被传播并共享，而隐性知识不具有这个能力，因此要实现知识的传播和共享必须将隐性知识转化为显性知识。

④认知无能性。显性知识直接来源于实践技能等这类隐性知识，但最终来源于个人的心智模

式和元能力。

3）隐性知识管理。隐性知识是指个人在实践和经验中所获得的、难以明确表达和传递的知识。与明确的书面知识不同，隐性知识通常存在于个人的思维、见解、洞察力、技能和直觉等方面，难以以明确的形式进行记录和传授。

在组织环境中，隐性知识由技术技能、个人观点、信念和心智模型等认知维度构成，隐性知识交流在很大程度上依赖于个人经验和认知，难以交流和分享，如主观见解、直觉和预感等这一类的知识。

隐性知识交流是通过知识主体（知识拥有者）与知识客体（知识需求者）协同互动，以可接受、可理解、可消化的方式使知识客体获得、吸收并且消化知识，形成隐性知识供应方与隐性知识需求方相匹配的过程。隐性知识作为智力资本，可以提高决策质量。

隐性知识具有六个主要特征：

①非陈述性。隐性知识嵌入在个人的心智或者知觉中，难以明确阐述或编码。隐性知识包括个人理解、技能、能力和经验等，难以定义和解释，难以评估和衡量。隐性知识需要被发现、提取和捕获，它必须创造性地传播与共享，从而有效地扩充知识库。

②个体性。隐性知识为个人知识，来自于个人经验且存储在拥有它的个人头脑中。隐性知识由个体在某种情境下的心智模式构成，并深深地嵌入个体中，被个体认为是理所当然的，这也造成隐性知识难以表述。由于个体自身利益、兴趣爱好等方面的考虑，隐性知识拥有者不会将有价值的隐性知识轻易转移出去。

③实践性。隐性知识是基于实践过程的，因为隐性知识的认知具有实践属性，缺少实践过程往往难以获得。隐性知识嵌入在组织的实践、流程及结构中，隐性知识交流并非按规划或计划进行，其交流过程是非正式的、缓慢积累的实践过程。

④情境性。隐性知识是基于情境的，一般隐性知识是在工作和其使用情境中获得的，隐性知识深深扎根于特殊情境中。个体隐性知识存在于人头脑中，来自情境、动机、机遇和接触。通过特定情境，经验和教训的反复尝试，可以增强和扩充隐性知识。隐性知识需要嵌入特定的情境，包括组织文化、结构和流程中才可以发挥价值。

⑤交互性。隐性知识通过个体交互过程可以获得，这些交互过程包括人与人之间的经历、反思、内化和个人才能的交流。因此，隐性知识不能以与显性知识相同的方式进行管理，学徒制、直接交互、交流和行动学习、面对面社交互动以及经验实践等交互方式更适合隐性知识交流。隐性知识交流中人与人交互的关键是个人愿意且有能力分享其所知。开放、信任和组织成员之间良好的沟通交互可以促进隐性知识的交流。

⑥非编码性。隐性知识不像显性知识那样可以通过技术工具实现编码化，隐性知识大部分都是非结构化知识，难以用数字、公式和科学规则等来表达，也难以用文字、语言来表达，交流与转化速度相对较慢，且成本较高。

（2）基于行为主体的视角。按照知识管理的主体来分类，知识管理可分为个人知识管理和组织知识管理。

个人知识管理和组织知识管理相互关联,通过个人知识管理的活动可以为组织知识管理提供源源不断的知识输入,组织知识管理的支持和平台则能够促进个人知识管理的活动和价值的发挥。

1)个人知识管理。个人知识管理关注的是个体在个人层面上对知识的获取、组织、应用和分享,包括个体如何有效地获取知识、如何将知识整理和存储、如何应用知识解决问题、如何与他人分享知识等个人层面的活动。个人知识管理的目标是提升个体的学习能力和工作效率,促进个人的成长和发展。个人知识管理的特征:

①主体性。个人知识管理是由个体自主进行的,个体可以自行选择获取、整理、应用和分享知识的方式和工具。每个人的知识需求和偏好都可能不同,因此个人知识管理注重个体的主观意愿和主动性。

②多样性。个人知识管理涉及各种形式的知识,包括书籍、文章、文档、笔记、经验、技能等。个体可以通过多种途径和渠道获取和组织知识,如阅读、学习、实践、反思等。个人知识管理也可以采用多种工具和方法,如笔记本、知识管理软件、个人知识库等。

③循环性。个人知识管理是一个不断迭代的过程,包括获取、整理、应用和分享知识的循环。个体从不同的来源获取知识,经过整理和归纳后应用于实际问题中,通过分享和交流又能够重新获取新的知识,形成良性循环。

④自适应性。个人知识管理需要根据个体的需求和环境进行灵活调整和自适应。个体需要根据自身的学习目标和工作需求来选择适合的知识获取和整理方式,也需要根据变化的情境和问题来灵活应用已有的知识。

⑤社交性。个人知识管理并不是孤立的,它与他人的知识共享和合作密切相关。个体可以通过与他人的交流和分享来扩大知识的范围和深度,也可以通过参与社区、团队等协作环境来共同创造和应用知识。

2)组织知识管理。组织知识管理关注的是组织内部对知识的获取、创建、存储、分享和应用。它涉及组织内部的知识资产和知识流程的管理,包括建立知识库、知识共享平台、专家系统等,以促进知识在组织内部的流动和共享。

组织知识管理的目标是提升组织的创新能力、竞争力和持续发展能力。组织知识管理的特征:

①组织性。组织知识管理是在组织层面进行的活动,关注的是组织内部对知识的获取、创建、存储、分享和应用。它涉及整个组织的知识资产和知识流程的管理,包括建立知识库、知识共享平台、专家系统等。组织知识管理需要有组织的支持和资源投入。

②共享性。组织知识管理强调知识的共享和流动。通过建立合适的知识共享平台和机制,组织成员可以将各自的知识和经验分享给他人,实现知识的共享和互补。这不仅能够提高组织内部的创新能力和问题解决能力,还能促进组织内部的学习和发展。

③学习性。组织知识管理注重组织的学习能力和学习型组织的建设。通过不断获取、整理、应用和分享知识,组织可以积累和更新知识资产,提升组织的学习能力和适应能力。组织知识管理也强调组织成员的学习和成长,鼓励员工不断学习和创新。

④文化性。组织知识管理与组织文化密切相关。知识共享和知识分享需要建立一种开放、信

任和合作的组织文化。组织需要鼓励员工之间的交流和合作，营造良好的知识分享氛围，并通过奖励和认可来激励和支持知识管理的活动。

⑤持续性。组织知识管理是一个持续的过程，要求组织能够不断更新和维护知识资产，并随着环境的变化进行调整和优化。组织需要关注知识的更新和创新，建立一套有效的知识管理机制和流程，使知识能够得到持续积累和应用。

18.2　获取与收集考点梳理

【基础知识点】

知识获取是对组织内部已经存在的知识进行整理积累或从外部获取知识的过程。知识获取的本质在于知识量的积累。

知识收集是指通过适当的方法、途径和工具，将知识聚集在一起的过程。

知识获取与收集分为主动式和被动式两类：主动式知识获取与收集是知识处理系统根据领域专家给出的数据与资料，利用工具直接自动获取或产生知识，并装入知识库中，所以也称知识的直接获取与收集。被动式知识获取与收集是间接通过一个中介人并采用知识编辑器之类的工具，把知识传授给知识处理系统，所以亦称知识的间接获取与收集。

1. 过程与步骤

知识获取与收集主要过程与步骤有：

（1）确定需求。明确个体或组织的知识需求和目标。这可以通过问题定义、目标设定和需求分析来实现。

（2）确定信息源。确定可以获取所需知识的信息源和渠道，包括书籍、学术论文、互联网、专家访谈、培训课程等。

（3）搜集信息。使用适当的工具和技术,搜集相关的信息和知识，包括图书馆研究、网络搜索、访谈、调查问卷等。

（4）评估信息质量。对搜集到的信息和知识进行评估和筛选,确保其可靠性、准确性和相关性。可以通过考虑信息来源的可信度、作者的资格、研究方法等来实现。

（5）整理和组织。整理和组织搜集到的信息和知识，使其更易于理解和使用。可以通过分类、标签、总结、摘要等方式来实现。

（6）分析和综合。对搜集到的信息和知识进行分析和综合，寻找其中的关联、模式和洞察力。这有助于深入理解知识，并将其应用于实际情境中。

（7）应用与实践。将获取到的新知识运用到实践中，通过实际运用和经验积累进一步加深理解和掌握。

（8）反思和反馈。在应用新知识的过程中，不断进行反思并获取反馈。这有助于识别知识获取过程中的不足和改进点，并调整相应的方法和策略。

（9）持续学习。知识获取是一个持续的过程。保持对新知识的求知欲望，持续学习和更新自己的知识储备，以适应不断变化的环境和需求。

2. 途径与方法

知识获取与收集有多种途径和方法，重要的是根据需求和兴趣选择合适的途径和方法。多样化的途径有助于获取不同角度的知识，深化对特定领域的理解。在收集知识的过程中，要注重信息的<u>可靠性和准确性</u>，<u>审慎甄别信息的来源和质量</u>。

（1）知识获取与收集常见的途径和方法：①书籍和文献；②互联网搜索引擎；③学术数据库；④在线课程和教育平台；⑤社交媒体和社区；⑥专家访谈和讨论会；⑦实地考察和实践经验；⑧数据分析和统计报告；⑨科普媒体和科学博物馆；⑩同行评审和同侪交流。

（2）显性知识获取与采集。

1）个人获取显性知识与收集的途径：

①通过教育、培训等可以系统、完整、正规地获取知识。

②通过计算机网络获取知识，如搜索引擎能根据使用者提供的关键词进行模糊搜索，可以十分方便地获取所需知识；利用现代化传播手段，如通过社群进行知识学习。

③将数据挖掘技术作为知识获取的常用工具，使其成为知识发现的核心部分，这也是采用机器学习、统计等方法进行知识学习的阶段。

④通过成果转让获取知识。知识转化为科技成果之后，成果转让也是获取知识的常用方法。

⑤充分利用图书馆文献信息资源获取知识。

2）组织显性知识获取与收集的途径：①图书资料；②数据访问；③数据挖掘；④网络搜索；⑤智能代理；⑥许可协议；⑦营销与销售协议。

（3）隐性知识获取与采集。隐性知识是难以编码的知识，主要基于个人经验。隐性知识获取方式主要有结构式访谈、行动学习、标杆学习、分析学习、经验学习、综合学习、交互学习等。

1）个人获取隐性知识与收集的途径：①反思与回顾；②学习与研究；③寻求导师或专家指导；④社交网络；⑤实践与实验；⑥写作和记录。

2）组织获取和收集隐性知识的途径：①内部沟通与知识共享；②社交化学习与社区建设；③导师制度与知识传承；④后续总结与案例分析；⑤外部资源与合作伙伴；⑥数据分析与学习挖掘。

18.3 层次与模型考点梳理

【基础知识点】

知识组织是以知识为对象的，如整理、加工、表示、控制等一系列组织过程及方法，其实质是以满足各类客观知识主观化需要为目的，针对客观知识的无序化状态所实施的一系列有序化组织活动。

知识存储是指在组织中建立知识库，将知识存储于组织内部，知识库中包括显性知识和隐性知识。

1. 知识层次

(1) 知识层次理论。从主体需求知识的层次角度出发，将知识分为4个层次：基于生存方面的知识（生存知识）、基于技能方面的知识（技能知识）、基于消遣需求方面的知识（消遣知识）、基于实现自我追求方面的知识（自我实现知识）。知识层次理论模型如图18-2所示。

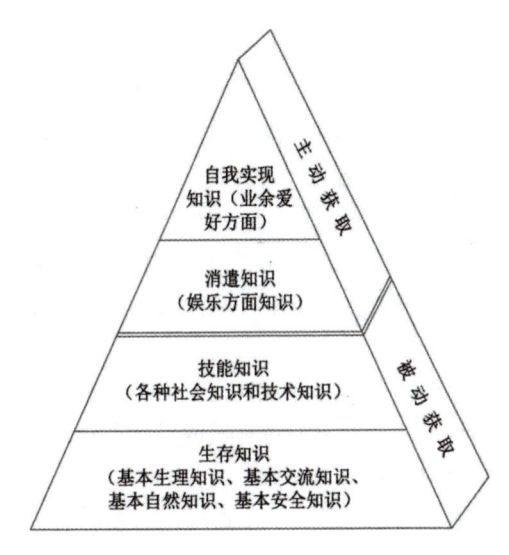

图 18-2　知识层次理论模型

该层次的划分需要注意两个原则：第一，对大多数主体而言，已经掌握的知识不再是推动知识学习的动力，取而代之的是追求学习较高层次知识；第二，作为主体的人，都潜藏着四种层次的知识追求（乐于不断学习）。

(2) 知识组织的层次模型。知识组织是以知识为对象的，诸如整理、加工、表示、控制等一系列组织化的过程及其方法。其实质是以满足人类的客观知识主观化的需要为目的、针对客观知识的无序化状态所实施的一系列有序化组织活动。

知识组织的首要任务是将客观知识的元知识关系表示出来，以便人们识别、理解和学习知识。

知识结构要想全面完整地表现出来，可以按照"知识组织层次模型"对知识的结构进行细分，得出合理的层次，继而在该层次上开展知识组织活动。

1) 知识层次模型主要思想。知识组织层次模型的主要思想是，在进行知识组织之前，按照4个层次把发现的知识体系进行划分，再将4个不同体系中的元知识利用知识链进行关联。

2) 知识层次模型。知识组织层次模型将知识划分成生存知识体系、技能知识体系、消遣知识体系和自我（实现）知识体系。

生存知识体系中的知识属于最底层知识，起着基础性作用，这是作为主体的社会人为了确保最基本的生存而学习后形成的知识体系，主体的社会人往往是基于生存的需要而被迫地学习。

技能知识体系中的知识具有专业性、选择性和强迫性的特点，主体的社会人通过学习（被迫性）该体系的知识，可以获得较好的社会生存环境与生活状态。

消遣知识体系是基于技能知识体系上的，即作为主体的人为了缓解各种压力，通过自主地学习一些休闲、娱乐方面的知识可以更好地生存下去，所以学习这个层次的知识也是很有必要的。

最高层次的知识体系是自我（实现）知识体系，该体系的知识是为了满足主体对更高层次知识的追求和享受而产生的，主要是由个人爱好方面的知识组成的知识体系，主体也是乐于主动获取的。

3）关于知识组织层次模型的说明。

①横坐标表示知识的总量，含义有两层：其一，整个人类社会知识的总量不断增加；其二，作为主体的个人的知识汲取总量也不断增加。

②纵坐标表示知识的4个层次，由此形成了知识的4层体系。在每层知识体系中，客观分布着众多的元知识，元知识之间的关系由知识链相联系，连接成众多知识聚类。知识聚类可以按照不同的标准分为学科聚类、主题聚类、人物聚类、用途聚类、时空聚类等，不同的知识聚类之间的关联性是体系形成的前提。

③尽管知识可以分为4个层次，但是这4个层次之间并不是相互独立的，而是具有很强的关联。将4个知识体系再按照知识组织的思想和方法进行关联，则会形成理想的知识地图——人类知识地图（包含了以人为主体的所有内容）。

④将知识以相关性原理与概念体系相结合可以形成特定领域内的知识地图。

⑤处于知识地图中的元知识存在两种状态：显性知识和隐性知识。

⑥在被动获取知识体系阶段（生存知识体系和技能知识体系），主体学习知识的过程是相对缓慢的，如果到了主动获取知识体系阶段（消遣知识体系和自我实现知识体系），则主体学习知识的效果相对比较明显，掌握的效果也相对较好。

⑦"徘徊"在4个体系之外的知识包含两方面：其一，指主体未发现的知识；其二，指对主体来说暂时没有用的知识。

知识组织层次模型是在"知识层次理论"基础上形成的。它是将整个人类知识体系进行细分，其主要目的是提高知识组织的活动的可行性与可操作性。其主要目标是在该模型下建立相关领域知识库，继而可以提高知识搜索的效果和质量。

2. 知识库模型构建

知识库是按一定要求存储在计算机中的相互关联的某种事实、知识的集合，是经过分类、组织和有序化的知识集合，是构造专家系统（Expert System，ES）的核心和基础。

影响知识库构建的因素主要包括知识发现、知识组织、构建知识库三方面，知识发现是知识库构建的前提；知识组织是在知识发现的基础上对客观知识的无序化状态所实施的一系列有序化组织活动；构建知识库则是进一步在前两者的基础上运用相关性原理、概念体系等方法和模型，形成特定领域内的概念（知识）体系。

（1）知识库构建环节。从实现步骤看，知识库的构建包括定位目标知识库、抽取概念词汇、关联概念词汇、组织元数据、存储知识库5个环节。

1）定位目标知识库是指确定要构建的知识库所属的知识体系。

2）抽取概念词汇是指对相关领域的元知识进行概念词抽取（包括基本概念、重要概念、相关概念和一般概念）。

3）关联概念词汇是整个环节的关键，直接关系到知识库构建的成败。

4）组织元知识也叫知识表示。知识表示方法主要包括说明性的知识表示、直接式的知识表示、过程式的知识表示、可视化的知识表示和综合性的知识表示。

5）存储知识库是知识库建立的最后一个环节。

事实是对基本知识的描述，是短期的；规则是从领域专家的经验中抽出来的知识，具有长期性。

（2）知识库构建原则：①自顶而下原则；②由外而内原则；③专家参与原则；④高内聚、低耦合原则；⑤定期更新原则。

（3）组建知识库的步骤：①分析构建目标；②构建知识库框架；③净化数据、知识去冗；④知识整序；⑤实施和联网。

（4）知识库构建模型。核心思想是按照知识组织层次划分体系，在不同的体系结构（生存知识体系、技能知识体系、精神知识体系、自我知识体系）中构建相关领域知识库（子库1、子库2、……、子库N）是综合4个体系的相关领域知识库形成的。

有关领域知识库构建模型的说明如下，构建模型如图18-3所示。

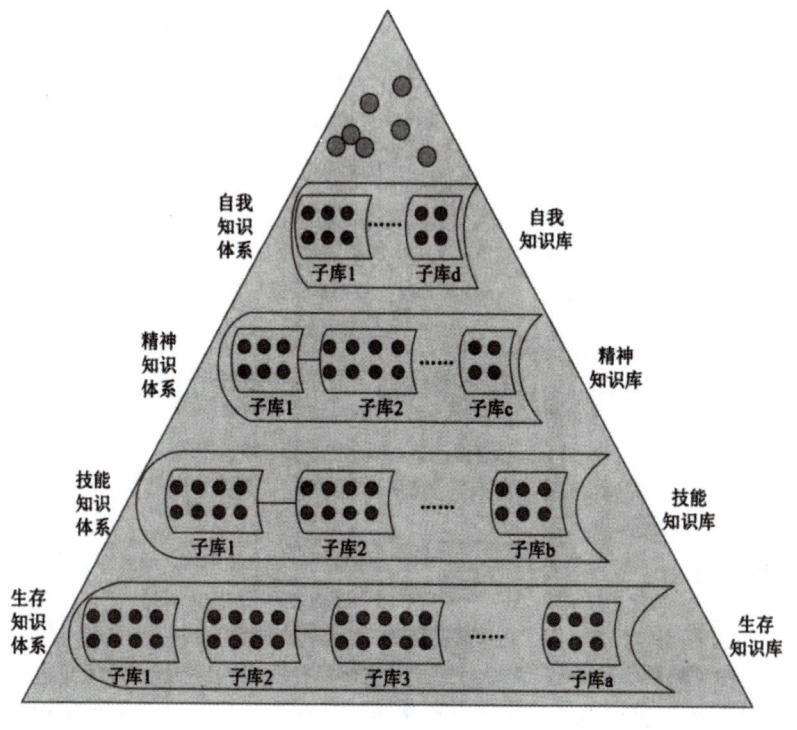

图18-3 知识库构建模型

1）生存知识体系、技能知识体系、精神知识体系和自我知识体系四个知识体系分别对应生存知识库、技能知识库、精神知识库和自我（实现）知识库。

2）元知识分为已组织的元知识和待组织的元知识，这两种状态的元数据都是以知识发现为前提，即它们都是已经发现的元知识。

3）不同体系的子知识库数量是不相同的，这是由不同层次的知识总量不同而决定的。在一个体系中的子知识库中的元知识量也是不同的，这是由具体领域（学科）知识决定的。

4）在每一层知识体系中，存在 N 个子知识库，如生存知识库包括总数为 a 的子知识库，技能知识库包含着总数为 b 的子知识库；精神知识库包含着总数为 c 的子知识库；自我（实现）知识库包含着总数为 d 的子知识库。其中 a、b、c、d 的关系是：$a>b>c>d$。

5）宏观层次上看，图 18-3 所表达的是人类知识的总和。微观层次上，将人类知识集划分为四个层次的知识库，但四个层次的知识库不是相互独立的，而是具有较强的关联性。

6）构建完成的每个子知识库不是一成不变的。

18.4 交流与共享考点梳理

【基础知识点】

1. 知识交流

（1）知识交流的形式：①会议和研讨会；②培训和工作坊；③内部文档和知识库；④社交媒体和协作平台；⑤寻求专家咨询；⑥跨部门合作和团队项目。

（2）知识交流的特征：①针对性；②协调性；③创新性；④临时性；⑤开放性；⑥动态性。

2. 知识共享

知识共享是知识交流的一种重要形式，也是知识交流的核心目标。知识共享就是知识在人与人之间传递的过程，也是人与人之间进行沟通的过程。

知识共享定义为，知识从一个个体、群体或组织向另一个个体、群体或组织转移或传播的行为。

（1）知识共享内涵的四个角度：①信息沟通/信息流动角度；②组织学习角度；③市场角度；④系统角度。

（2）知识共享的要素有共享对象、共享主体和共享手段三方面。

1）共享对象即知识的内容（共享是知识增长最迅速、最便捷的方式）。

2）共享主体即人、团队和组织。

3）共享手段即知识网络、会议和团队学习。

（3）知识共享的模式和策略。

在知识共享的三要素中，人和技术是两个主要维度。

知识共享是新时期科技创新的必要保障，是全民学习的组织基础，还是个体不断完善自身知识结构的有力途径。

18.5 转移与应用考点梳理

【基础知识点】

知识转移是由知识传输和知识吸收两个过程共同组成的统一过程。

在转移过程中会受到知识特性、转移情境、知识源与知识受体双方的认知结构和转移动机等多种因素的影响。

知识的成功转移必须完成知识传递和知识吸收两个过程，并使知识接收者感到满意。知识转移概念需包含三点：知识源和接受者、特定的情境或环境和特定的目的。即将知识拥有者的知识转移成为知识接受者的知识，缩小他们之间的知识差距。

1. 层次与视角

基于创新视角的知识转移与应用研究层次可以分为个人、创新团队、创新组织、创新联盟、创新集群、区域创新网络六个层次。创新联盟主要指以合作创新为目标结成的战略联盟、产业技术创新联盟、知识联盟、虚拟组织（或企业）、管理咨询联盟等。

国外对知识转移与运用的研究，分别从信息技术学、行为学、传播学等视角和综合几种视角切入。

2. 影响因素

从知识、关系、接受和活动的背景出发，影响知识转移与运用的因素主要有知识的嵌入性、可描述性，转移主体之间的组织距离、物理距离、知识距离和规范距离，接受方的学习文化和优先性，以及转移活动的数量等。

四因素分析法将知识转移与运用影响因素的研究归纳为知识自身特性因素、知识发送方因素、知识接受方因素和知识转移与应用过程因素四个方面。

（1）知识自身特性因素主要有知识的可表达性、知识的嵌入性、知识作用的可观察性。

（2）知识发送方因素主要有激励因素、知识源的可靠性、知识源的沟通与编码能力、知识源强烈的社会身份和群体本位可能会影响组织内知识的跨群体或部门转移。

（3）知识接受方因素主要有激励因素、沟通与解码能力、吸收能力、保持能力。

（4）知识转移与应用过程因素主要有个体关系特征、组织关系特征（组织距离、物理距离、知识距离、文化距离）、组织的学习文化、社会网络特征、目标任务特征。

知识转移与运用双因素模型针对组织知识转移而言，即保障因素和促进因素，这两类因素共同决定组织知识转移与应用的成效，但在知识转移与应用过程中，保障因素和促进因素所发挥的作用不同。

保障因素是知识转移与应用能够发生的必要条件，缺失其中任何一个因素，知识转移与应用活动就无法开展。

促进因素是知识转移与运用的激励和约束因素，这些因素并非必不可少，但是如果具备这些因素，知识转移与运用的发生频率和效果就会大大提高，知识转移与运用的保障因素和促进因素相互作用、相互影响，共同决定了组织知识转移与应用活动的最终成效。

3. 过程模型

知识转移与运用的经典过程模型有知识螺旋模型、交流模型和五阶段过程模型。

（1）知识螺旋模型（SECI）。根据知识创新活动的特点提出，该模型将知识创新活动分为社会化（Socialization，个体到个体、隐性到隐性）、外化（Externalization，个体到团体、隐性到显性）、整合（Combination，团体到组织、显性到显性）、内化（Internalization，组织到个体、显性到隐性）四种模式，这实际上是个体知识向组织知识转移与运用的四个阶段，如图18-4所示。

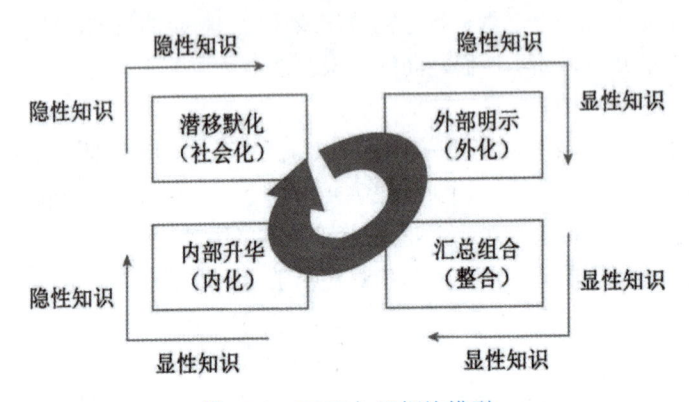

图 18-4　SECI 知识螺旋模型

（2）交流模型。交流模型认为知识转移与运用是在一定的情境中，从知识的源单元到接受单元的信息传播过程，并将知识转移与运用分为四个阶段。

1）第一阶段是初始阶段，主要是识别可以满足对方要求的知识。

2）第二阶段是实施阶段，双方建立起适合知识转移与运用情境的渠道，并且源单元对转移的知识进行调整，以适应接受单元的需要。

3）第三阶段是调整阶段，主要是接受单元对转移的知识进行调整，以适应新的情境。

4）第四阶段是整合阶段，接受单元通过制度化，使转移知识成为自身知识的一部分。

（3）五阶段过程模型。将知识转移与应用过程分为取得、沟通、应用、接受和同化五个阶段，整个过程是一个动态学习的过程。其中同化是知识转移与应用最重要的阶段，被转移的知识只有被同化后才是完全的吸收，成为组织的常规和日常工作。

18.6　协同与创新考点梳理

【基础知识点】

知识管理视角的知识协同将目标定位于知识管理，将知识协同视为知识管理活动的高级形态，强调通过整合组织内外部知识资源，通过知识共享、知识集成、知识转移等管理方式实现知识管理效益最大化。

知识协同定义：以创新为目标，以知识管理为基础，由多主体（组织、团队和个人）共同参与的互动过程，是各组织优化整合相关资源、促进整体业务绩效提升的管理模式和战略手段。

知识创新是指通过对已有知识的整合、转化和应用，创造出新的知识或解决问题的过程。

1. 影响因素

社会网络是影响知识协同和创新的关键因素。社会网络是基于社会成员的关系而组成的集合，它是研究创新的必要元素。社会网络具有传递性和同质性。

密集的社会网络增加了发展牢固关系的可能性，因此促进了隐性知识的传播，这对知识创新有积极的影响。

信任的社会网络氛围增加了社会成员间的互动和交流，为知识创造提供了机会。

密集型社会网络不仅有助于营造信任氛围，而且能够促进共同语言、共同编码等的存在，这对帮助个体理解和吸收新知识是必不可少的。

组织的知识创新主要是指通过知识的产生、创造和发展过程，追求新发现，探索新规律，积累新知识，扩大组织的知识系统、知识存量和知识优势；技术创新则是指开发新技术、创造新工艺或者使用新原料、发明新产品，提高生产以及产品和服务的品质，增强组织的技术竞争力。技术创新以知识创新为基础。

松散型社会网络可以使不相关的社会成员有机会接触到不同的信息和知识。

在动态和复杂的环境中，密集型网络和松散型网络结合起来可以使成员获得更多的益处。知识创新强调通过不同路径获取外部知识资源，弥补自身知识缺乏，通过内外知识资源整合加快知识创新速度，这也表明创新性知识能够渗透网络边界进行扩散及传播。知识创新的关键就是形成开放性的密集型社会网络与松散型社会网络结合的网络体系，获取更多的差异性互补知识，达到创新知识和资源互补的目的。

2. 主要机制

社会网络不仅是知识从知识源传递到接受者的渠道，而且被视为成员间交换显性及隐性知识的有效机制。

知识传递、交流与整合是知识协同与创新的核心环节。在个体层面，知识传递、交流与整合是知识创新的主要机制。

18.7　个人知识管理考点梳理

【基础知识点】

个人知识管理是一套方法、技能、手段，通过对知识进行获取、存储、共享、应用、创新等一系列活动，实现知识转化，满足个人的知识需求，从而提升个人核心竞争力，满足个人生活和工作上的发展要求。

知识是个人核心竞争力的源泉。在知识型社会中，个人知识分享为知识贡献者带来收益并促进个人知识学习。

（1）个人知识管理的意义。

1）随着现代信息技术的迅速发展，网络中充斥着各种杂乱和无序的信息，如何从信息的海洋中提取有用的信息，成为学习者必须面对和解决的问题。而个人知识管理是突破当前信息环境对个体发展的制约和对他人经验智慧的借鉴，提高工作、学习效率，提升个人的核心竞争力的需要。

2）学习方式的变革使自主学习和合作学习都强调以学习者为主体，学习者需要培养自我管理的能力，并且在自主学习过程中实施个人知识管理，有助于信息获取、信息评价、整理加工、表达等能力的不断提高。

3）是提高个人工作效率、平衡知识产出的需要。知识的储备可以大大降低以后的知识搜寻成本，减少重复劳动。

（2）个人知识管理的作用：①有利于培养良好的学习习惯；②有利于提高个人工作、学习效率；③有利于提升个人专业知识和竞争力。

1. 流程与系统

（1）个人知识管理流程包含：①信息需求分析；②信息获取；③信息评估；④信息整合；⑤知识共享。

（2）个人知识管理系统发展阶段：①个体阶段；②交互阶段；③集成阶段。

（3）个人知识管理系统构架。基于简单有效和经济实用的原则，个人知识管理系统的构架包括"三维信息网络架构和个人的知识系统架构"两部分。

三维信息网络架构有人际网络、媒体网络、Internet资源网络。

个人的知识系统架构包括：①对所需管理的知识进行分类；②选择合适的知识管理工具；③建立个人知识库；④应用已有的知识。

应用知识可以遵循以下规则：首先，进行知识收集，把与问题有关的知识找到，在互联网时代这一点并不难做到；其次，进行消化吸收，也就是阅读有关资料，包括向专家请教；然后，建立可比较的模型，以专业知识为基础，设计出比较及评价方案；最后，评估报告将完成知识运用过程，在这些模型中挑选出支持决策或得出结论以完成知识运用。

2. 关键价值

个人知识管理的具体作用表现如下。

（1）帮助我们有计划地建立个人专业知识体系。

（2）有针对性地吸收和补充所需的专业知识资源。

（3）持续性地学习、更新、提高个人专业知识和工作技能以提升个人价值和竞争力。

（4）有效率地提取所需的专业知识资源用于实际工作以获得良好的工作绩效。

（5）更好地展示个人的学习能力和工作能力。

（6）在所在的机构中成为知识交流的重要元素并获得更好的事业发展机遇。

18.8 考点实练

1. ( )不属于显性知识的特征。
   A．客观存在性   B．静态存在性   C．认知元能性   D．非共享性
   答案：D

2. 从主体需求知识的层次角度出发，知识层次中不包含( )。
   A．专业知识   B．技能知识   C．自我实现知识   D．生存知识
   答案：A

3. 影响知识库构建的因素不包括( )。
   A．构建知识库   B．知识模型   C．知识组织   D．知识发现
   答案：B

4. 知识库构建原则不包括( )。
   A．由内而外原则   B．自顶向下原则
   C．专家参与原则   D．定期更新原则
   答案：A

5. ( )不属于知识共享的要素。
   A．共享主体   B．共享对象   C．共享手段   D．共享目的
   答案：D

第 19 章
IT 管理标准化知识点梳理及考点实练

19.0 章节考点分析

第 19 章主要学习 IT 管理标准化知识，主要涉及标准化相关的体系、分类、标准制定和目前主要的标准，如系统与软件工程标准、新一代信息技术标准和信息技术服务标准相关的内容。

根据考试大纲，本章知识点会涉及单项选择题、案例分析题，分值约占 3～5 分。本章内容属于基础知识范畴，考查的知识点既来源于教材，也有少量扩展内容。本章的架构如图 19-1 所示。

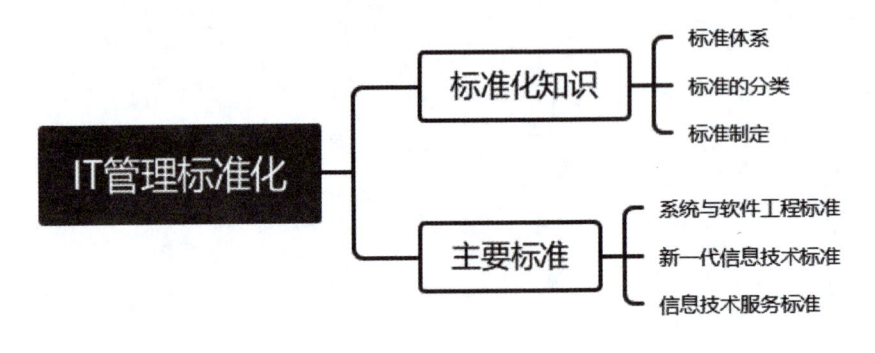

图 19-1 本章的架构

【导读小贴士】

实现 IT 管理的规模化和专业化的必要前提是标准化，标准化同时能够对规范 IT 管理起到重要作用。标准化在 IT 管理标准化过程中的核心作用是规范组成 IT 管理各种要素，并确定 IT 管理的内容和范围。

19.1 标准化知识考点梳理

【基础知识点】

标准是为了在一定范围内获得最佳秩序，经协商一致制定并由公认机构批准共同使用和重复使用的一种规范性文件，是标准化活动的核心产物。

标准是研究制定法律、技术法规、政策和规划的依据，是组织从事生产经营活动、消费者选择产品和服务的主要依据。

标准化是指为了在一定范围内获得最佳秩序，对现实问题或潜在问题制定共同使用和重复使用用的条款的活动。标准化是一项活动，这种活动的结果是制定条款，制定条款的目的是在一定范围内获得最佳秩序，所制定的条款的特点是共同使用和重复使用，针对的对象是现实问题或潜在问题。

1. 标准体系

标准体系是一种由标准组成的系统，为了实现系统的目标而必须具备一整套具有内在联系的、科学的有机整体。标准体系内部各标准按照一定的结构进行逻辑组合，而不是杂乱无序地堆积，它是一个概念系统，是由人为组织制定的标准形成的人工系统。

（1）标准体系结构。标准体系结构是指标准系统内各标准内在有机联系的表现方式。

形成标准体系的主要方式有层次和并列两种：

层次是指一种方向性的等级顺序，彼此存在着制约关系和隶属关系；

并列是指同一层次内各类或各标准之间存在的方式和秩序，如 ITSS 体系主要通过并列方式列出各类和各项标准。

（2）标准体系表。标准体系要用一定的形式表现出来，即标准体系表。

2. 标准的分类

主要划分方式包括按适用范围划分、按涉及的对象类型划分和按标准的要求程度划分。

（1）按适用范围划分。不同层次标准化活动的协商一致程度是不同的，所制定标准的适用范围也是不同的。

依据制定标准的参与者所涉及的范围，也就是标准的适用范围，可将标准分为国际标准、国家标准、行业标准、团体标准、地方标准、企业标准等。

1）国际标准（International Standard）：指国际标准化组织（ISO）、国际电工委员会（IEC）和国际电信联盟（ITU）以及 ISO 确认并公布的其他组织制定的标准。

ISO 确认并公布的其他国际组织主要包括国际计量局（BIPM）、国际原子能机构（IAEA）、国际海事组织（IMO）、联合国教科文组织（UNESCO）、世界卫生组织（WHO）等 49 个国际标准化机构。

2）国家标准（National Standard）：指由国家标准机构通过并公开发布的标准。

对我国而言，国家标准是指由国务院标准化行政主管部门组织制定，并对全国国民经济和技术发展有重大意义，需要在全国范围内统一的标准。国家标准由全国专业标准化技术委员会负责起草、审查，并由国务院标准化行政主管部门统一审批、编号和发布。

3）行业标准（Branch Standard）：指在国家的某个行业通过并公开发布的标准。

对我国而言，行业标准是对没有国家标准而又需要在全国某个行业范围内统一的技术要求所制定的标准。行业标准的发布部门由国务院标准化行政主管部门审查确定。凡批准可以发布行业标准的行业，由国务院标准化行政主管部门公布行业标准代号、行业标准的归口部门及其所管理的行业标准范围。

4）团体标准（Group Standard）：指由团体按照团体确立的标准制定程序自主制定发布，由社会自愿采用的标准。

团体标准可以涵盖各个领域和行业，如产品规范、质量管理体系、环境管理、职业安全健康、信息安全、社会责任等。制定团体标准的目的是满足特定团体的需求和目标，促进内部或特定群体的统一管理、交流和合作。

5）地方标准（Provincial Standard）：指在国家的某个地区通过并公开发布的标准。

对我国而言，地方标准是针对没有国家标准和行业标准，而又需要在省、自治区、直辖市范围内统一的技术要求所制定的标准。

地方标准由省、自治区、直辖市标准化行政主管部门统一编制计划、组织制定、审批、编号和发布。地方标准发布后，省、自治区、直辖市标准化行政主管部门应分别向国务院标准化行政主管部门和有关行政主管部门备案。

6）企业标准（Company Standard）：指针对企业范围内需要协调、统一的技术要求、管理要求和工作要求所制定的标准。

企业标准是企业组织生产、经营活动的依据。企业标准虽然只在某企业适用，但在地域上可能会影响多个国家。

（2）按涉及的对象类型划分。

1）术语标准（Terminology Standard）：指与术语有关的标准，通常带有定义，有时还附有注、图、示例等。术语标准是按照专业范围划分的，包含某领域内某个专业的许多术语。术语标准的主要技术要素为术语条目，通常由条目编号、术语和定义几个部分内容组成，包含术语和相应定义的术语标准，其名称为《×××词汇》，如果仅有术语没有定义，则名称为《×××术语集》。

2）符号标准（Symbol Standard）：指与符号相关的标准。符号是表达一定事物或概念，具有简化特征的视觉形象。通常分为文字符号和图形符号。文字符号又可分为字母符号、数字符号、汉字符号或它们组合而成的符号；图形符号又可分为产品技术文件用、设备用、标志用图形符号。

3）试验标准（Testing Standard）：指与试验方法有关的标准，有时附有与测试有关的其他条款，如抽样、统计方法的应用、试验步骤。试验标准是规定试验过程的标准。试验标准规定了标准化的试验方法。

4）产品标准（Product Standard）：指规定产品应满足的要求以确保其适用性的标准。按照

ISO 对标准化对象的划分，产品标准是相对于过程标准和服务标准而言的一大类标准，与产品有关的标准都可以划入这一类别。产品标准可分为不同类别的标准，如尺寸标准、材料标准等。

5）过程标准（Process Standard）：指规定过程应满足的要求以确保其适用性的标准。按照 ISO 对标准对象的划分，过程标准是相对于产品标准和服务标准而言的一大类标准，与过程有关的标准都可以划入这一类别。

6）服务标准（Service Standard）：指规定服务应满足的要求以确保其适用性的标准。按照 ISO 对标准化对象的划分，服务标准是相对于产品标准和过程标准而言的一大类标准，与服务相关的标准都可以划入这一类别。

7）接口标准（Interface Standard）：指规定产品或系统在其互连部位与兼容性有关的要求的标准。从上述定义可看出，接口标准针对的是一个产品与其他产品连接使用时，其相互连接的界面的标准化问题。

（3）按标准的要求程度划分。

1）规范（Specification）：指规定产品、过程或服务需要满足的要求的文件。几乎所有的标准化对象都可以成为"规范"的对象，无论是产品、过程还是服务，或者是其他更加具体的标准化对象。

2）规程（Code of Practice）：指为设备、构件或产品的设计、制造、安装、维护或使用而推荐惯例或程序的文件。规程所针对的标准化对象是设备、构件或产品。

3）指南（Guideline）：指给出某主题的一般性、原则性、方向性的信息、指导或建议的文件。指南的标准化对象较广泛，但具体到每一个特定的指南，其标准化对象则集中到某一主题的特定方面，这些特定方面是有共性的，即一般性、原则性或方向性的内容。

3. 标准制定

国家标准的制定有一套正常程序，分为预阶段、立项阶段、起草阶段、征求意见阶段、审查阶段、批准阶段、出版阶段、复审阶段以及废止阶段，见表 19-1 和图 19-2 所示。

表 19-1　国家标准制定阶段划分

阶段代码	阶段名称	阶段任务	阶段成果
00	预阶段	提出新工作项目建议	PWI
10	立项阶段	提出新工作项目	NP
20	起草阶段	提出标准草案征求意见稿	WD
30	征求意见阶段	提出标准草案征求意见稿	CD
40	审查阶段	提出标准草案送审稿	DS
50	批准阶段	提出标准出版稿	FDS
60	出版阶段	提出标准出版物	GB、GB/T、GB/Z
90	复审阶段	对实施周期达 5 年的标准进行复审	继续有效 / 修改 / 修订 / 废止
95	废止阶段		废止

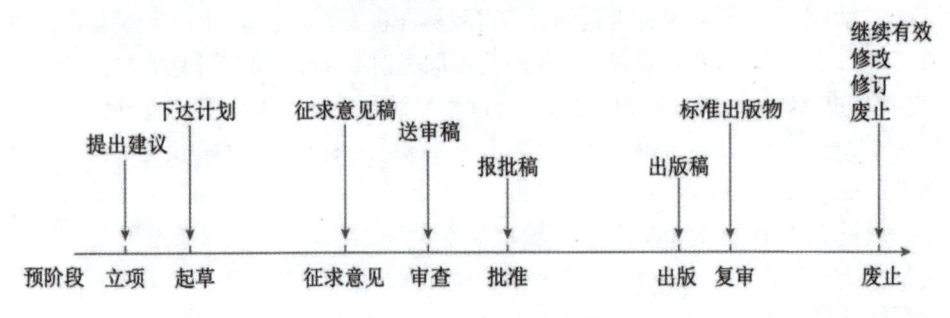

图 19-2　标准制定流程图

19.2　主要标准考点梳理

1. 系统与软件工程标准

系统与软件工程相关标准主要分为基础标准、生存周期管理标准以及质量与测试标准。

（1）基础标准：主要包含《信息技术 软件工程术语》（GB/T 11457）、《软件工程 软件工程知识体系指南》（GB/Z 31102）等标准。

1）《信息技术 软件工程术语》（GB/T 11457）标准给出了 1859 个软件工程领域的中文术语，以及每个中文术语对应的英文词汇，并对每个术语给出相应的定义。

2）《软件工程 软件工程知识体系指南》（GB/Z 31102）作为指导性技术文件描述了软件工程学科的边界范围，按主题提供了访问支持该学科的文献的途径。

制定软件工程知识体系（SWEBOK）指南有 5 个目标：①促进业界对软件工程看法趋于一致；②阐明软件工程的地位，并设定软件工程与计算机科学、项目管理、计算机工程和数学等其他学科之间的界线；③描述软件工程学科的内容；④提供使用软件工程知识体系的主题；⑤为课程制定、个人认证及特许资料提供依据。

（2）生存周期管理标准：主要包含《系统与软件工程 软件生存周期过程》（GB/T 8566）、《系统与软件工程 系统生存周期过程》（GB/T 22032）等标准。

1）《系统与软件工程 软件生存周期过程》（GB/T 8566）为软件生存周期过程建立了一个公共框架，可供软件工业界使用。包括在含有软件的系统、独立软件产品和软件服务的获取期间以及在软件产品的供应、开发、运行和维护期间需应用的过程、活动和任务。此外，该标准还规定了用来定义、控制和改进软件生存周期的过程。

《系统与软件工程 软件生存周期过程》适用于系统和软件产品以及服务的获取，还适用于软件产品和固件的软件部分的供应、开发、操作和维护，可在一个组织的内部或外部实施。适用于供需双方，如供需双方来自同一组织也同样适用。适用于从一项非正式协定直到法律约束的合同的各种情况，适用于系统和软件产品即服务的需方、软件产品的供方、开发方、操作方、维护方、管理方、质量保证管理者和用户。该标准可由单方作为自我改进工作使用。同时，不阻止现货软件的供方或者开发方使用该标准。

2）《系统与软件工程 系统生存周期过程》（GB/T 22032）为描述人工系统的生存周期建立了一个通用框架，从工程的角度定义了一组过程及相关的术语，该标准定义了软件生存周期过程。还提供了一些过程，支持用于组织或项目中生存周期过程的定义、控制和改进。当获取和供应系统时，组织和项目可使用这些生存周期过程。

《系统与软件工程 系统生存周期过程》涉及一个或多个可由以下元素配置的人工系统：硬件、软件、数据、人员、过程（例如给用户提供服务的过程）、规程（例如操作指南）、设施、物资和自然存在的实体。当系统元素是软件时，ISO/IEC/IEEE 12207:2015 可以用于实现此系统元素。两个标准互相协调，可以在单个项目或单个组织中同时使用。

（3）质量与测试标准：主要包含《系统与软件工程 系统与软件质量要求和评价（SQuaRE）》（GB/T 25000）等，分为多个部分，见表 19-2。

表 19-2　GB/T 25000 标准各部分内容

标准号	各部分名称	主要内容	适用范围
GB/T 25000.1	第 1 部分：SQuaRE 指南	该部分为 GB/T 25000 整体标准提供使用指南。该部分旨在为 GB/T 25000 标准的内容、公共参考模型和定义以及各部分间的关系提供一个全面说明，允许用户根据其使用目的应用该部分	标准适用但不限于系统和软件产品的开发方、需方和独立的评价方，特别是那些负责定义系统和软件质量需求及系统和软件产品评价的人员
GB/T 25000.2	第 2 部分：计划与管理	该部分通过提供技术、工具、经验和管理技能，为负责执行和管理系统与软件产品质量需求规约和评价活动的组织提供要求和建议	该部分适用于预期用户执行：①管理用于需求规约和评价执行的技术；②明确系统与软件产品质量要求；③支持系统与软件产品质量要求；④管理系统与软件开发组织；⑤与质量保证职能相关的事项
GB/T 25000.10	第 10 部分：系统与软件质量模型	该部分定义了：①使用质量模型，该模型由 5 个特性组成，每个特性又可进一步细分为一些子特性，这些特性关系到产品在特定的使用环境中使用时的交互结果；②产品质量模型，该模型由 8 个特性组成，每个特性又可进一步细分为一些子特性，这些特性关系到软件的静态性质和计算机系统的动态性质	使用质量模型可以应用于整个人机系统，既包括使用中的计算机系统，也包括使用中的软件产品。产品质量模型既可以应用于计算机系统，也可以应用于软件产品

续表

标准号	各部分名称	主要内容	适用范围
GB/T 25000.12	第12部分：数据质量模型	该部分针对计算机系统中以某种结构化形式保存的数据，定义了通用的数据质量模型。关注于作为计算机系统一个组成部分的数据的质量，并定义由人和系统使用的目标数据的质量特性	数据与数据设计之间的复合型包含在该部分的范围内
GB/T 25000.40	第40部分：评价过程	该部分包含软件产品质量评价的要求和建议，并阐明了一般概念。它为评价软件产品质量提供了一个过程描述，并为该过程的应用明确了要求。该部分建立了评价参考模型与SQuaRE文档之间的关系，也说明了在评价过程的每个活动应如何对应使用SQuaRE文档	该部分主要适用于软件产品的开发方、需方以及独立评价方。评价过程可用于不同的目的和方法。该过程用于预开发软件、商业现货软件或定制软件的质量评价，也可用于开发过程期间或开发之后。该部分不用于软件产品其他方面（如功能性需求、过程需求、业务需求等）的评价
GB/T 25000.41	第41部分：开发方、需方和独立评价方评价指南	该部分提供了软件产品质量评价的要求、建议和指南。该部分提供了对软件产品质量评价的过程描述，并从开发方、需方和独立评价方的视角陈述了应用评价过程的具体要求	该部分不限于任何特定的应用领域，可用于任何类型软件产品的质量评价方。评价过程可用于不同的目的和方法，也可用于预开发软件、商业现货软件或定制软件的软件产品质量评价，并可用于开发过程期间或开发之后。该部分旨在供负责软件产品质量评价的人员使用，并适用于产品的开发方、需方和独立评价方。该部分不适用于软件产品其他方面（如功能性需求、过程需求、业务需求等）的评价
GB/T 25000.45	第45部分：易恢复性的评价模块	该部分提供了软件产品易恢复性质量评价的评价方法、过程、测度和结果说明。采用干扰注入方法和基于常见类别的操作故障和事件的干扰列表来评价承受力的质量测度。应用基于对每种干扰定义一组问题集，通过评估系统在没有人为干预的情况下检测、分析和解决干扰的程度，来评价自主恢复指数的质量测度	适用于软件产品（包括中间工作产品和最终产品）、支持单个或多个并发用户的交易系统的易恢复性质量评价。该部分旨在供负责软件产品质量评价的人员使用，并适用于产品的开发方、需方（用户）和独立评价方
GB/T 25000.51	第51部分：就绪可用软件产品（RUSP）的质量要求和测试细则	该部分确立了就绪可用软件产品（RUSP）的质量要求	用于测试RUSP的包含测试计划、测试说明和测试结果等的测试文档集要求

续表

标准号	各部分名称	主要内容	适用范围
GB/T 25000.62	第62部分：易用性测试报告行业通用格式（CIF）	该部分规范了用户测试过程中获取的信息类型。主要的可变因素是综合统计数据、任务描述、测试环境以及为规范研究发现而选择的特别变量	该部分适用于：①供方组织易用性专业人员编写供顾客组织使用的报告时；②顾客组织验证一个特定报告是否符合该文件时；③顾客组织内的人类工效学专家或其他易用性专业人员评价易用性测试的技术价值和产品易用性时；④顾客组织内的其他专业人员和管理者在利用测试结果对产品适宜性和购买进行商业决策时
GB/T 25000.20	第20部分：质量测量框架	该部分规定了开展质量测量工作的框架	该部分可用于设计、识别、评价和执行系统与软件产品质量、使用质量和数据质量的测量模型。该参考模型可被开发方、需方、质量保证人员以及独立评价方，尤其是负责规定和评价信息通信技术系统质量的人员所使用
GB/T 25000.21	第21部分：质量测度元素	该部分旨在定义和/或设计质量测度元素（QME）的初始集，可将其应用在软件产品的整个生存周期，以实现系统和软件质量要求与评价（SQuaRE）标准的目的。还给出了设计QME或对已有QME设计进行验证的规划集	该部分旨在供（但不限于）开发方、需方、产品的独立评价方使用，特别是面向负责定义产品质量需求和产品评价的责任人。当定义拟用来获取质量测度（例如GB/T 25000.22、GB/T 25000.23、GB/T 25000.24中所规定的质量测度）相关的QME时，该部分是适用的
GB/T 25000.22	第22部分：使用质量测量	该部分提出的使用质量测度主要在基于真实使用效果的系统与软件产品的质量保证和管理中使用。测量结果的主要用户是软件与系统开发、获取、评价或维护的管理人员	该部分针对GB/T 25000.10所定义之特性的使用质量测度进行了定义，旨在与GB/T 25000.10搭配使用。该部分能与GB/T 25000.30、GB/T 25000.40和GB/T 25000.41等标准结合使用，并能在产品或系统质量方面更普遍地满足用户需要
GB/T 25000.23	第23部分：系统与软件产品质量测量	该部分基于GB/T 25000.10定义的特性和子特性，规定了用于量化评价系统与软件产品质量的测度	该部分定义的质量测度需要与GB/T 25000.10协同使用，并可以联合系统与软件质量要求和评价（SQuaRE）系列国际标准的质量需求分部（ISO/IEC 2503n）及评价分部（ISO/IEC 2504n），以便更广泛地满足用户对于软件产品和系统质量需求的定义与评价

续表

标准号	各部分名称	主要内容	适用范围
GB/T 25000.24	第 24 部分：数据质量测量	该部分包含：①每一个特性的数据质量测度的基本集合；②在数据生存周期中应用了质量测度的目标实体的基本集合；③对如何应用数据质量测度的解释；④指导组织定义自己的针对数据质量需求和评价的测度	该部分可以应用到用于任何种类应用的计算机系统中的、保持结构化格式的任何种类的数据
GB/T 25000.30	第 30 部分：质量需求框架	该部分为系统、软件产品及数据提供了质量需求的框架，包括质量需求的概念及抽取、定义和管控它们的过程和方法	GB/T 25000 标准中部分引用的文件，其最新版本（包括所有的修改单）适用于该文件

2. 新一代信息技术标准

主要包括物联网、云计算、大数据、区块链、人工智能、虚拟现实、移动互联网等。

（1）物联网相关标准。物联网相关标准主要有《物联网 术语》(GB/T 33745)、《物联网 标准化工作指南》(GB/Z 33750)、《物联网 参考体系结构》(GB/T 33474)等。相关标准的标准编号、标准名称、主要内容及适用范围等见表 19-3。

表 19-3 现行主要物联网相关标准

标准号	标准名称	主要内容	适用范围	类别
GB/T 33745	物联网 术语	该标准界定了物联网中一些共性的、基础性的术语和定义	该标准适用于物联网概念的理解和信息的交流	国家标准
GB/Z 33750	物联网 标准化工作指南	该指南制定了物联网标准化工作原则、工作程序、标准名称的结构和命名以及物联网标准分类	该指导性技术文件适用于：①以物联网作为名称要素的国家标准的管理工作；②物联网基础共性标准的研制工作	国家标准
GB/T 33474	物联网 参考体系结构	该标准给出了物联网概念模型，并从系统、通信、信息三个不同的角度给出了物联网参考体系结构	该标准适用于各应用领域物联网系统的设计，为物联网系统设计提供参考	国家标准
GB/T 35319	物联网 系统接口要求	该标准规定了物联网系统实体间接口的具体功能要求	该标准适用于物联网系统实体间接口的设计、开发和应用	国家标准
GB/T 36478.1	物联网 信息交换和共享 第 1 部分：总体架构	该部分规定了物联网系统之间进行信息交换和共享包含的过程活动、功能实体和共享交换模式	该部分适用于物联网系统之间信息交换和共享的规划、设计、系统开发以及运行维护管理	国家标准

续表

标准号	标准名称	主要内容	适用范围	类别
GB/T 36478.2	物联网 信息交换和共享 第2部分：通用技术要求	该部分规定了物联网系统间进行信息交换和共享的通用技术要求，包括数据服务、数据标准化处理、数据存储与管理、数据传递接口、目录管理、认证与授权、交换和共享监控及安全策略要求等内容	该部分适用于物联网系统之间信息交换和共享的规划、设计、系统开发以及运行维护管理	国家标准
GB/T 36468	物联网 系统评价指标体系编制通则	该标准规定了物联网系统评价指标体系的编制原则、体系结构以及指标描述和设计原则	该标准适用于具体行业物联网应用系统评价指标体系的编制	国家标准
GB/T 36478.3	物联网 信息交换和共享 第3部分：元数据	该部分规定了物联网系统间信息交换和共享的元数据，包括元数据概念模型、核心元数据和扩展元数据	该部分适用于物联网系统间信息交换和共享系统的规划、设计以及维护管理	国家标准
GB/T 36478.4	物联网 信息交换和共享 第4部分：数据接口	该部分规定了物联网系统与外部物联网系统进行信息交换和共享时数据接口的数据推送请求、推送数据、数据获取请求、获取数据、目录获取请求、获取目录数据、目录数据推送请求和推送目录数据等接口参数	该部分适用于物联网系统之间信息交换和共享的设计、系统开发以及运行维护管理	国家标准
GB/T 37684	物联网 协同信息处理参考模型	该标准提出了物联网系统中对任务或服务的协同信息处理的参考模型，规定了实体功能和协同信息处理过程	该标准适用于物联网系统中协同信息处理的设计和开发	国家标准
GB/T 37685	物联网 应用信息服务分类	该标准规定了物联网应用信息服务分类的规则与类别	该标准适用于物联网应用系统规划、设计、研发与应用	国家标准
GB/T 37686	物联网 感知对象信息融合模型	该标准提出了物联网感知对象信息融合的概念模型，描述了感知对象信息融合在物联网参考体系结构中的位置	该标准适用于物联网系统感知对象信息融合的设计和开发	国家标准
GB/T 38637.1	物联网 感知控制设备接入 第1部分：总体要求	该部分规定了物联网系统中感知控制设备接入的接入要求、应用层接入协议和协议适配	该部分适用于物联网感知控制设备的规划和研发	国家标准
GB/T 38624.1	物联网 网关 第1部分：面向感知设备接入的网关技术要求	该部分规定了面向感知设备接入的物联网网关功能要求和通用数据配置要求	该部分适用于面向感知设备接入物联网网关的设计、开发和测试	国家标准

255

续表

标准号	标准名称	主要内容	适用范围	类别
GB/T 38637.2	物联网 感知控制设备接入 第2部分：数据管理要求	该部分规定了物联网感知控制设备接入网关或平台时的数据采集、数据处理、数据交换和数据安全等数据管理要求	该部分适用于物联网感知控制设备接入网关或平台时数据管理功能的设计与实现	国家标准
GB/T 40684	物联网 信息共享和交换平台通用要求	该文件规定了物联网信息共享与交换平台的概念和功能要求，功能要求包括数据管理、目录管理、服务支撑、平台管理和安全机制	该文件适用于物联网信息共享和交换平台的设计、开发和实现	国家标准
GB/T 40688	物联网 生命体征感知设备数据接口	该文件规定了面向物联网应用的生命体征感知设备到生命体征监测系统的数据接口的总则、接口消息格式以及通用接口和业务接口的基本功能和参数的要求	该文件适用于面向物联网应用的生命体征感知设备的设计、生产和使用	国家标准
GB/T 40687	物联网 生命体征感知设备通用规范	该文件规定了面向物联网应用的生命体征感知设备的要求和试验方法	该文件适用于面向物联网应用的生命体征感知设备的设计、生产和使用	国家标准
GB/T 40778.1	物联网 面向Web开放服务的系统实现 第1部分：参考架构	该文件规定了面向Web开放服务的物联网系统的参考架构和功能组件，并对协议适配、物体描述、物体发现、物体共享和安全保障等功能组件进行了描述	该文件适用于面向Web开放服务的物联网系统的顶层设计，为面向Web的开放服务与物体交互实现提供指导	国家标准
GB/T 40778.2	物联网 面向Web开放服务的系统实现 第2部分：物体描述方法	该文件规定了面向Web开放服务的物联网系统的物体描述模型和物体描述元数据的要求	该文件适用于面向Web开放服务的物联网系统设计和开发，为物联网应用服务提供技术支撑	国家标准
YD/T 2437	物联网 总体框架与技术要求	该标准规定了物联网通用分层模型、物联网总体框架、主要部件及能力要求、参考点要求以及物联网共性能力要求	该标准适用于整个物联网	行业标准

（2）云计算相关标准。云计算相关标准主要有《信息技术 云计算 概览与词汇》（GB/T 32400）、《信息技术 云计算 参考架构》（GB/T 32399）等。相关标准的标准编号、标准名称、主要内容及适用范围等见表19-4。

表 19-4　现行主要云计算相关标准

标准号	标准名称	主要内容	适用范围	类别
GB/T 32400	信息技术 云计算 概览与词汇	该标准给出了云计算概览、云计算相关术语及定义。该标准为云计算标准提供了术语基础	该标准适用于各类组织（例如企业、政府机关和非营利性组织）	国家标准
GB/T 32399	信息技术 云计算 参考架构	该标准规定了云计算参考架构（CCRA），包括云计算角色、云计算活动、云计算功能组件以及它们之间的关系	该标准适用于云计算架构参考使用	国家标准
GB/T 35301	信息技术 云计算 平台即服务（PaaS）参考架构	该标准规定了平台即服务（PaaS）参考架构的术语定义和缩略语、图例说明、PaaS 参考架构概念、PaaS 用户视图和功能视图	该标准适用于 PaaS 云计算系统的设计、实现、部署和使用	国家标准
GB/T 35293	信息技术 云计算 虚拟机管理通用要求	该标准规定了虚拟机的基本管理，以及虚拟机的生命周期、配置与调度、监控与告警、可用性和可靠性、安全性等管理通用技术要求	该标准适用于虚拟机相关产品的设计、开发、测评、使用等	国家标准
GB/T 36327	信息技术 云计算 平台即服务（PaaS）应用程序管理要求	该标准提出了平台即服务（PaaS）应用程序的管理流程，并规定了 PaaS 应用程序的一般要求与管理要求	该标准适用于与平台即服务（PaaS）应用程序管理相关的 PaaS 提供者的服务供应，平台即服务（PaaS）客户使用云平台服务部署运行应用程序，以及平台即服务（PaaS）协作者基于平台即服务（PaaS）应用程序管理的功能提供第三方服务的场景	国家标准
GB/T 36326	信息技术 云计算 云服务运营通用要求	该标准给出了云服务总体描述，规定了云服务提供者在人员、流程、技术及资源方面应具备的条件和能力	该标准适用于：①云服务提供者向云服务开发者提出需求的依据；②云服务提供者评估自身的条件和能力；③云服务客户选择和评价云服务提供者；④第三方评估云服务提供者的能力	国家标准
GB/T 36325	信息技术 云计算 云服务级别协议基本要求	该标准给出了云服务级别协议的构成要素，明确了云服务级别协议的管理要求，并提供了云服务级别协议中的常用指标	该标准适用于：①为云服务提供者和云服务客户（简称"双方"）建立云服务级别协议提供指导；②为客户对提供者交付的云服务进行考评提供参考依据；③为第三方进行云服务级别协议评估提供参考依据	国家标准

257

续表

标准号	标准名称	主要内容	适用范围	类别
GB/T 36623	信息技术 云计算 文件服务应用接口	该标准规定了文件服务应用接口的基本接口和扩展接口,并针对 HTTP1.1 协议给出了实现例子	该标准适用于基于文件的云服务应用的开发、测试和使用	国家标准
GB/T 37741	信息技术 云计算 云服务交付要求	该标准规定了云服务交付的方式、内容、过程、质量及管理要求	该标准适用于:① CSP 评估和改进自身的交付能力;② CSC 及第三方机构评价和认定 CSP 的交付能力	国家标准
GB/T 37740	信息技术 云计算 云平台间应用和数据迁移指南	该标准规定了不同云平台间应用和数据迁移过程中迁移准备、迁移设计、迁移实施和迁移交付的具体内容	该标准适用于指导迁移实施方和迁移发起方开展应用和数据迁移活动	国家标准
GB/T 37737	信息技术 云计算 分布式块存储系统总体技术要求	该标准规定了分布式块存储系统的资源管理功能要求、系统管理功能要求、可扩展要求、兼容性要求和安全性要求	该标准适用于分布式块存储系统的研发和应用	国家标准
GB/T 37739	信息技术 云计算 平台即服务部署要求	该标准规定了云计算平台即服务(PaaS)部署过程中的活动及任务	该标准适用于平台即服务提供方进行平台即服务的部署规划、实施和评估	国家标准
GB/T 37736	信息技术 云计算 云资源监控通用要求	该标准规定了对云资源进行监控的技术要求和管理要求	该标准适用于云服务提供者建立云资源监控能力和云服务客户评价云资源的运行情况	国家标准
GB/T 37734	信息技术 云计算 云服务采购指南	该标准规定了云服务采购流程、云服务采购需求分析、云服务提供商选择、协议/合同签订和服务交付与验收的基本要求	该标准适用于云服务客户和云服务提供者,用于指导云服务客户采购云服务	国家标准
GB/T 37738	信息技术 云计算 云服务质量评价指标	该标准规定了云服务质量的评价指标	该标准适用于为云服务提供商评价自身云服务质量提供方法、为云服务客户选择云服务提供商提供依据和为第三方实施云服务质量评价提供参考	国家标准
GB/T 37735	信息技术 云计算 云服务计量指标	该标准规定了不同类型云服务的计量指标和计量单位	该标准适用于各类云服务的提供、采购、审计和监管	国家标准
GB/T 37732	信息技术 云计算 云存储系统服务接口功能	该标准规定了云存储系统提供的块存储、文件存储、对象存储等存储服务和运维服务接口的功能	该标准适用于指导云存储系统的研发、评估和应用	国家标准

续表

标准号	标准名称	主要内容	适用范围	类别
GB/T 40690	信息技术 云计算 云际计算参考架构	该标准规定了云际计算参考架构的功能、角色与活动	该标准适用于云际计算架构的设计、实现、部署和使用,也适用于具有云资源协作需求的各类云服务参与者	国家标准
YD/T 3148	云计算安全框架	该标准分析了云计算环境中云服务客户、云服务提供商、云服务伙伴面临的安全威胁和挑战,阐明了可减缓这些风险和应对安全挑战的安全能力	该标准提供的框架方法,用于确定在减缓云计算安全威胁和应对安全挑战方面,需要对其中哪些安全能力做出具体规范。该标准适用于云计算	行业标准
YD/T 2806	云计算基础设施即服务（IaaS）功能要求与架构	该标准规定了云计算基础设施即服务（IaaS）服务种类与服务模式,功能架构及功能需求,接口及安全要求以及关键业务流程	该标准适用于云计算基础设施即服务（IaaS）	行业标准

3. 信息技术服务标准

信息技术标准（Information Technology Service Standards，ITSS）是一套成体系和综合配套的信息技术服务标准库，全面规范了信息技术服务产品及其组成要素，用于指导实施标准化和可信赖的信息技术服务。

ITSS 中包含了数字化转型、服务产品、IT 治理、服务管理、运维维护、云计算等相关标准。

ITSS 是在工业和信息化部、国家标准化管理委员会的联合指导下而开展相关标准研制工作的，是我国 IT 服务行业最佳实践的总结和提升，也是我国从事 IT 服务研发、供应、推广和应用等各类组织自主创新成果的固化。

（1）要素与生命周期。IT 服务由人员（People）、过程（Process）、技术（Technology）和资源（Resource）组成，简称 PPTR。

人员指提供 IT 服务所需的人员及其知识、经验和技能要求。

过程指提供 IT 服务时，合理利用必要的资源，将输入转化为输出的一组相互关联和结构化的活动。

技术指交付满足质量要求的 IT 服务应使用的技术或应具备的技术能力。

资源指提供 IT 服务所依存和产生的有形及无形资产。

IT 服务生命周期由规划设计（Planning & Design）、部署实施（Implementing）、服务运营（Operation）、持续改进（Improvement）和监督管理（Supervision）5 个阶段组成，简称 PIOIS。

规划设计是从业务战略出发，以需求为中心，参照 ITSS 对 IT 服务进行全面系统的战略规划和设计，为 IT 服务的部署实施做好准备，以确保提供满足客户需求的 IT 服务。

部署实施是在规划设计基础上，依据 ITSS 建立管理体系、部署专用工具及服务解决方案。

服务运营是根据 IT 服务部署情况，依据 ITSS 采用过程方法，全面管理基础设施、服务流程、人员和业务连续性，实现业务运营与 IT 服务运营的全面融合。

持续改进是根据 IT 服务运营的实际情况，定期评审 IT 服务满足业务运营的情况，以及 IT 服务本身存在的缺陷，提出改进策略和方案，并对 IT 服务进行重新规划设计和部署实施，以提高 IT 服务质量。

监督管理是本阶段主要依据 ITSS 对 IT 服务质量进行评价，并对 IT 服务供方的服务过程、交付结果实施监督和绩效评估。

（2）ITSS 标准体系 5.0。ITSS 标准体系 5.0 的建设，结合了新形势下信息技术服务融合创新的特点，对其标准化对象的内涵与外延进行重新界定，明确了"支撑国家战略、引领产业高质量发展、促进新技术创新应用、指导信息技术服务业务升级、确保标准化工作有序开展"五大建设目标，并从"行业监管、产业基础发展、技术创新应用、融合业务场景"四重视角提炼标准化需求，最后提出了以基础服务标准为底座，以通用标准和保障标准为支柱，以技术创新服务标准和数字化转型服务标准为引领，共同支撑业务融合的 ITSS 5.0 标准体系框架，其主要内容包括：通用标准、保障标准、基础服务标准、技术创新服务标准、数字化转型服务标准和业务融合标准。

通用标准指适用于所有信息技术服务的共性标准，主要包括信息技术服务的分类与代码、质量评价指标体系、服务基本要求、从业人员能力评价要求、服务级别协议指南、服务生存周期过程、服务工具及集成框架、服务成本度量指南和服务安全要求等。

保障标准指对信息技术服务提出保障要求的标准，主要包括服务管控标准和外包标准。服务管控标准是指通过对信息技术服务的治理、管理和监理活动，确保信息技术服务管控的权责分明、经济有效和服务可控，服务外包则对组织通过外包形式获取服务所应采取的业务和管理措施提出要求。

基础服务标准指面向信息技术服务基础类服务的标准，包括咨询设计、开发服务、集成实施、运行维护、云服务、数据中心等标准。

技术创新服务标准指面向新技术加持下新业态新模式的标准，包含智能化服务、数据服务、数字内容处理服务和区块链服务等标准。

数字化转型服务标准指支撑和服务组织数字化转型服务开展和创新融合业务发展的标准，包含数字化转型成熟度模型、就绪度评估模型、效果评价模型、数字化监测预警技术要求等标准规范和要求。

业务融合标准指支撑信息技术服务与各行业融合的标准，包括面向政务、广电、教育、应急、财会等行业建立具有行业特点的信息技术服务相关的标准。

（3）主要通用标准见表 19-5。

表 19-5 现行主要信息技术服务通用标准

标准号	标准名称	主要内容	适用范围	类别
GB/T 29264	信息技术服务分类与代码	该标准规定了信息技术服务的分类与代码，是信息技术服务分类、管理和编目的准则，为信息技术服务体系的建立提供了范围基础	该标准适用于信息技术服务的信息管理及信息交换，供科研、规划等工作使用	国家标准
GB/T 33850	信息技术服务质量评价指标体系	该标准建立了信息技术服务质量模型，规定了信息技术服务质量评价指标、测量方法以及质量评价过程等	该标准适用于对信息技术服务质量进行评价	国家标准
GB/T 37696	信息技术服务从业人员能力评价要求	该标准规定了信息技术服务从业人员的职业种类、能力要素等级和评价方法	该标准适用于信息技术服务从业人员的能力评价与培养	国家标准
GB/T 37961	信息技术服务服务基本要求	该标准规定了信息技术服务中服务过程基本要求、信息技术咨询、设计与开发、信息系统集成实施、运行维护、数据处理和存储、运营等服务的活动内容和成果要求	该标准适用于服务供方和需方确立服务内容及签署合同	国家标准
GB/T 39770	信息技术服务服务安全要求	该标准提出了信息技术服务安全模型，规定了安全总则、生存周期和能力要素的安全要求	该标准适用于信息技术服务提供方、服务需求方和第三方	国家标准
SJ/T 11691	信息技术服务服务级别协议指南	该标准给出了信息技术服务级别协议的各项要素，并提出了针对服务级别协议的管理流程	该标准适用于为建立、管理并评价一致的、全面的、可量化的服务级别协议提供指南	行业标准
T/CESA 1154	信息技术服务从业人员能力评价指南设计与开发服务	该标准规定信息技术服务设计与开发专业从业人员的职责要求、职业序列以及等级、各职责等级的准入条件和职业能力要求	该标准适用于提供相关专业信息技术服务的企业及有关组织进行从业人员能力管理、能力评价和技能培训等	团体标准
T/CESA 1155	信息技术服务从业人员能力评价指南集成实施服务	该标准规定信息技术服务集成实施专业从业人员的职责要求、职责序列以及等级、各职责等级的准入条件和职业能力要求	该标准适用于提供相关专业信息技术服务的企业及有关组织进行从业人员能力管理、能力评价和技能培训等	团体标准
T/CESA 1156	信息技术服务从业人员能力评价指南运行维护服务	该标准规定信息技术服务运营维护专业从业人员的职责要求、职责序列以及等级、各职责等级的准入条件和职业能力要求	该标准适用于提供相关专业信息技术服务的企业及有关组织进行从业人员能力管理、能力评价和技能培训等	团体标准

标准号	标准名称	主要内容	适用范围	类别
T/CESA 1157	信息技术服务从业人员能力评价指南云计算服务	该标准规定信息技术服务云计算从业人员的职责要求、职责序列以及等级、各职责等级的准入条件和职业能力要求	该标准适用于提供相关专业信息技术服务的企业及有关组织进行从业人员能力管理、能力评价和技能培训等	团体标准
T/CESA 1158	信息技术服务从业人员能力评价指南信息安全服务	该标准规定信息技术服务信息安全专业从业人员的职责要求、职责序列以及等级、各职责等级的准入条件和职业能力要求	该标准适用于提供相关专业信息技术服务的企业及有关组织进行从业人员能力管理、能力评价和技能培训等	团体标准

19.3 考点实练

1. 标准分类的主要划分方式不包括（　　）。
   A．按适用范围划分　　　　　　　　B．按涉及的对象类型划分
   C．按标准的要求程度划分　　　　　D．按编制机构划分

   答案：D

2. ITSS（国家信息技术服务标准）所指的 IT 服务的四要素是（　　）。
   A．人员、过程、技术、资源　　　　B．人员、过程、技术、资产
   C．人员、容量、质量、技术　　　　D．人员、过程、质量、技术

   答案：A

3. 标准按要求的程度划分，以下（　　）不符合。
   A．指南　　　　B．规定　　　　C．规程　　　　D．规范

   答案：B

4. （　　）不属于系统与软件工程的相关标准。
   A．成本与效益标准　　　　　　　　B．基础标准
   C．生存周期管理标准　　　　　　　D．质量与测试标准

   答案：A

5. ITSS 标准体系 5.0 以（　　）为底座。
   A．通用标准　　　　　　　　　　　B．技术创新服务标准
   C．保障标准　　　　　　　　　　　D．基础服务标准

   答案：D

第 20 章 职业素养与法律法规知识点梳理及考点实练

20.0 章节考点分析

第 20 章主要学习职业素养相关的职业道德、行为规范,以及法律法规相关的概念、体系、效力、效力层级和常用的法律法规简介。

根据考试大纲,本章知识点会涉及单项选择题、案例分析题,分值约占 2～5 分。本章内容属于基础知识范畴,考查的知识点来源于教材,本章的架构如图 20-1 所示。

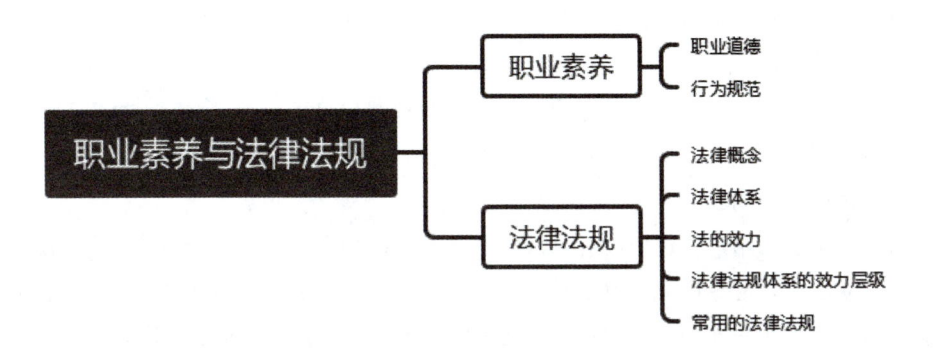

图 20-1 本章的架构

【导读小贴士】

随着信息技术的飞速发展和信息技术服务的广泛应用,应充分利用职业素养和法律法规引导新技术在行业中的应用。职业素养和法律法规作为行为规范，对信息技术的建设发展和管理服务起促进和规范作用，能够规范信息技术服务过程，为过程中的各类活动提供规则和指南，本章侧重学习和掌握相关的概念。

20.1　职业素养考点梳理

（1）职业道德。职业道德是所有从业人员在职业活动中应该遵循的行为准则，是社会上占主导地位的道德或阶级道德在职业生活中的具体体现，是人们在履行本职工作中所遵循的行为准则和规范的总和，它涵盖了从业人员与服务对象、职业与职工、职业与职业之间的关系。

职业道德既是从业人员在职业活动中的行为规范，又是行业对社会所负的道德责任和义务。

职业道德的含义包括以下八个方面：

1）职业道德是一种职业规范，受社会普遍的认可。

2）职业道德是长期以来自然形成的。

3）职业道德没有确定形式，通常体现为观念、习惯、信念等。

4）职业道德依靠文化、内心信念和习惯，通过员工的自律实现。

5）职业道德大多没有实质的约束力和强制力。

6）职业道德的主要内容是对员工义务的要求。

7）职业道德标准多元化，不同组织可能具有不同的价值观。

8）职业道德承载着组织文化和凝聚力，影响深远。

（2）行为规范。行为规范从其职业责任与对客户和公众的责任两方面来规定。

1）职业责任主要包括：

①应遵守相关组织，如甲方、乙方或业内共识的制度和政策。

②在合理和清楚的事实基础上，报告他人在项目管理方面可能违反行为准则的情况，检举和举报违反职业道德的行为。

③有责任向客户、用户、供应商说明可能潜在的利益冲突或明显不恰当的重大情况。

④在职业实践中，应该准确、真实地提供关于资格、经验和服务绩效的信息，并应在提供项目管理服务时，遵守所在地的有关项目管理实践的相关法律、规章和道德标准。

⑤在职业发展中，应认可和尊重他人开发或拥有的知识产权，以准确、真实和完整的方式在所有与项目有关的各项活动中遵守规则，并推动和支持向其同行宣传IT服务经理职业行为准则。

2）对客户和公众的责任主要包括：

①应真正具备专业服务的资格、经验和技能，包括在投标书、广告、说明书及相关资料中向项目干系人提供准确而真实的陈述。

②满足项目管理的目标。

③维护和尊重在项目管理活动中获得的或者负有明确义务的敏感信息的保密。

④在发生利益冲突和其他被禁止的职业行为的情况下，应确保利益冲突既不会损害客户或用户的合法利益，也不会影响或妨碍职业判断。

⑤不提供或接受涉及个人利益的不恰当的付款、礼品或其他形式的补助。

20.2 法律法规考点梳理

（1）法的概念。法是由国家制定、认可并保证实施的，反映由特定物质生活条件所决定的统治阶段意志，以权利和义务为内容，以确认、保护和发展统治阶级所期望的社会关系和社会秩序为目的行为规范体系。

法律是指由国家行使立法权的机关依照立法程序制定和颁布的涉及国家重大问题的规范性文件，通常规定社会政治、经济以及其他社会生活中最基本的社会关系和行为准则。

一般来说，法律的效力仅低于宪法，其他一切行政法规和地方性法规都不得与法律相抵触，凡有抵触，均属无效。

（2）法律体系。法律体系通常是指一个国家全部现行法律规范分类组合为不同的法律部门而形成的有机联系的统一整体。

1）世界法律体系。在世界范围内，延续时间较长且产生较大影响的法系包括大陆法系、英美法系、印度法系、中华法系等。对世界影响最大的法系是大陆法系和英美法系（两者并不对立）。这两种法系涉及历史、文化、信仰立场、社会背景等的不同，从本质到理念上均有较大差别。

大陆法系（Civil Law）又名欧陆法系、罗马法系、民法法系。大陆法系与罗马法在精神上一脉相承。大陆法系沿袭罗马法，重视编写法典，具有详尽的成文法，强调法典必须完整，以致每一个法律范畴的每一个细节，都在法典里有明文规定。大陆法系崇尚法理上的逻辑推理，并以此为依据实行司法审判，要求法官严格按照法条审判。

欧陆法系在形式上具有体系化、概念化的特点，便于模仿和移植，因此容易成为中国、日本等后进国家效仿的对象。我国目前的法律体系主要师于德国，属于大陆体系。

英美法系（Common Law）又称普通法系、海洋法系。英美法系因其起源，又称为不成文法系。同大陆法系偏重于法典相比，英美法系在司法审判原则上更遵循先例，即作为判例的先例对其后的案件具有法律约束力，成为日后法官审判的基本原则。个案判例的形式表现出法律规范的判例法（Case Law）是不被实行大陆法系的国家承认的。

英美法具有适应性和开放性的特点。在审判时，更注重采取当事人进行主义和陪审团制度。下级法庭必须遵从上级法庭以往的判例，同级的法官判例没有必然约束力，但一般会互相参考。在实行英美法系的国家中，法律制度与理论的发展实质上靠的是一个个案例的推动。

2）中国特色社会主义法律体系。中国特色社会主义法律体系，是以宪法为统帅，以法律为主干，以行政法规、地方性法规为重要组成部分，由宪法相关法、民法商法、行政法、经济法、社会法、刑法、诉讼与非诉讼程序法等多个法律部门组成的有机统一整体。

①宪法相关法是与宪法相配套、直接保障宪法实施和国家政权运作等方面的法律规范，调整国家政治关系，主要包括国家机构的产生、组织、职权和基本工作原则方面的法律，民族区域自治制度、特别行政区制度、基层群众自治制度方面的法律，维护国家主权、领土完整、国家安全、国家标志象征方面的法律，保障公民基本政治权利方面的法律。

②民法商法是规范社会民事和商事活动的基础性法律。民法是调整平等主体的公民之间、法人之间、公民和法人之间的财产关系和人身关系的法律规范，遵循民事主体地位平等、意思自治、公平、诚实信用等基本原则。商法调整商事主体之间的商事关系，遵循民法的基本原则，同时秉承保障商事交易自由、等价有偿、便捷安全等原则。

③行政法是关于行政权的授予、行政权的行使以及对行政权的监督的法律规范，调整的是行政机关与行政管理相对人之间因行政管理活动发生的关系，遵循职权法定、程序法定、公正公开、有效监督等原则，既保障行政机关依法行使职权，又注重保障公民、法人和其他组织的权利。

④经济法是调整国家从社会整体利益出发，对经济活动实行干预、管理或者调控所产生的社会经济关系的法律规范。经济法为国家对市场经济进行适度干预和宏观调控提供法律手段和制度框架，防止市场经济的自发性和盲目性所导致的弊端。

⑤社会法是调整劳动关系、社会保障、社会福利和特殊群体权益保障等方面的法律规范，遵循公平和谐和国家适度干预原则，通过国家和社会积极履行责任，对劳动者、失业者、丧失劳动能力的人以及其他需要扶助的特殊人群的权益提供必要的保障，维护社会公平，促进社会和谐。

⑥刑法是规定犯罪与刑罚的法律规范。它通过规范国家的刑罚权，惩罚犯罪，保护人民，维护社会秩序和公共安全，保障国家安全。

⑦诉讼与非诉讼程序法是规范解决社会纠纷的诉讼活动与非诉讼活动的法律规范。诉讼法律制度是规范国家司法活动解决社会纠纷的法律规范，非诉讼程序法律制度是规范仲裁机构或者人民调解组织解决社会纠纷的法律规范。

我国的法律体系中大体包括法律、法律解释、行政法规、地方性法规、自治条例和单行条例以及规章等几种法律法规。

（3）法的效力。法的效力，即法律的约束力，是指人们应当按照法律规定的那样行为，必须服从。通常，法的效力分为对象效力、空间效力和时间效力。

1）对象效力，即对人的效力，是指法律对谁有效力，适用于哪些人。包括两方面：①对中国公民的效力。中国公民在中国领域内一律适用中国法律。在中国境外的中国公民，也应遵守中国法律并受中国法律保护。但是，这里存在着适用中国法律与适用所在国法律的关系问题。对此，应当根据法律区分情况，分别对待。②对外国人和无国籍人的效力。外国人和无国籍人在中国领域内，除法律另有规定者外，适用中国法律，这是国家主权原则的必然要求。

2）空间效力，法律的空间效力指法律在哪些地域有效力，适用于哪些地区，一般来说，一国法律适用于该国主权范围所及的全部领域，包括领土、领水及其底土和领空，以及作为领土延伸的本国驻外使馆、在外船舶及飞机。

3）时间效力，法律的时间效力，指法律何时生效、何时终止效力以及法律对其生效以前的事件和行为有无溯及力。

a．法律的生效时间。法律的生效时间主要有三种：

①自法律公布之日起生效。

②由该法律规定具体生效时间。

③规定法律公布后符合一定条件时生效。

b．法律终止生效的时间。法律终止生效，即法律被废止，指法律效力的消灭。它一般分为明示的废止和默示的废止两类。

c．法的溯及力。法的溯及力是指法律对其生效以前的事件和行为是否适用。如果适用，就具有溯及力；如果不适用，就没有溯及力。

（4）法律法规体系的效力层级。法律法规体系的效力层级是指法律体系中的各种法的形式，由于制定的主题、程序、时间、使用范围等的不同，具有不同的效力，形成法律法规的效力等级体系。

1）纵向效力层级。宪法具有最高的法律效力，随后依次是法律、行政法规、地方性法规、规章。按制定机关来说，全国人大及其常委会制定的法律高于国务院、国务院各部门、各地人大及政府制定的法规和规章；国务院制定的行政法规效力高于国务院各部门制定的规章以及各地制定的地方性法规、地方性规章；地方人大及其常委会制定的地方性法规效力高于当地政府制定的规章。

2）横向效力层级。主要指同一机关制定的法律、行政法规、地方性法规、规章，特别规定与一般规定不一致的，适用特别规定。

3）时间序列效力层级。同一机关制定的法律、行政法规、地方性法规、规章，新的规定效力高于旧规定，也就是我们平常说的"新法优于旧法"。

特殊情况处理有以下处理原则：

①法律之间对同一事项新的一般规定与旧的特别规定不一致由全国人大常委会裁决。

②地方性法规、规章新的一般规定与旧的特殊规定不一致时，由制定机构裁决。

③地方性法规与部门规章之间对同一事项规定不一致，不能确定如何适用时，由国务院提出意见。国务院认为适用地方性法规的应当决定在该地方适用地方性法规的规定，认为适用部门规章的，应当提请全国人大常委会裁决。

④部门规章之间、部门规章与地方政府规章之间对同一事项的规定不一致时，由国务院裁决。

(5)常用的法律法规。

1)《中华人民共和国民法典》（合同编）。

2020年5月，中华人民共和国第十三届全国人民代表大会通过的《中华人民共和国民法典》（合同编）（以下简称"合同编"）是信息化法律法规领域的最重要的法律基础。根据合同编规定，合同是民事主体之间设立、变更、终止民事法律关系的协议。依法成立的合同，受法律保护。

依法成立的合同，仅对当事人具有法律约束力，但是法律另有规定的除外。当事人对合同条款的理解有争议的，应当依法确定争议条款的含义。合同文本采用两种以上文字订立并约定具有同等效力的，对各文本使用的词句推定具有相同含义。各文本使用的词句不一致的，应当根据合同的相关条款、性质、目的以及诚信原则等予以解释。

2)《中华人民共和国招标投标法》。

《中华人民共和国招标投标法》是国家用来规范招标投标活动、调整在招标投标过程中产生的各种关系的法律规范的总称。另外，国家还颁布《中华人民共和国招标投标法实施条例》作为执行补充。这两部法律法规中，对招投标保护及其具体措施作出了明确的规定。

3)《中华人民共和国政府采购法》。

2014年8月31日第十二届全国人民代表大会常务委员会修正了《中华人民共和国政府采购法》，该法律的制定是为了规范政府采购行为，提高政府采购资金的使用效益，维护国家利益和社会公共利益，保护政府采购当事人的合法权益，促进廉政建设。

2015年3月1日施行的《中华人民共和国政府采购法实施条例》规定，政府采购是指各级国家机关、事业单位和团体组织，使用财政性资金采购依法制定的集中采购目录以内的或者采购限额标准以上的货物、工程和服务的行为。政府集中采购目录和采购限额标准依照政府采购法规定的权限制定。

4)《中华人民共和国专利法》。

2020年10月17日第四次修正的《中华人民共和国专利法》通过，并于2021年6月1日正式实施。专利法规定发明创造是指发明、实用新型和外观设计。

5)《中华人民共和国著作权法》。

2020年11月11日发布第三次修正版《中华人民共和国著作权法》。同时，国家主席习近平在2020年11月11日发布主席令，其中指出《全国人民代表大会常务委员会关于修改〈中华人民共和国著作权法〉的决定》已由中华人民共和国第十三届全国人民代表大会常务委员会第二十三次会议于2020年11月11日通过，现予公布，2021年6月1日正式施行。

6)《中华人民共和国商标法》。

2019年4月23日通过，2019年11月1日起施行的最新的《中华人民共和国商标法》（以下简称《商标法》）是信息化领域政策法规的重要的法律基础之一。

国务院工商行政管理部门商标局主管全国商标注册和管理的工作。

国务院工商行政管理部门设立商标评审委员会，负责处理商标争议事宜。

经商标局核准注册的商标为注册商标，包括商品商标、服务商标和集体商标、证明商标。

商标注册人享有商标专用权，受法律保护。

7)《中华人民共和国网络安全法》。

2017年6月1日起正式实施的《中华人民共和国网络安全法》（以下简称《网络安全法》），是我国第一部全面规范网络空间安全管理方面问题的基础性法律。

《网络安全法》中给出了网络、网络安全、网络数据等定义，明确了部门、企业、社会组织和个人的权利、义务和责任。规定了国家网络安全工作的基本原则、主要任务和重大指导思想、理念。适用于在中华人民共和国境内建设、运营、维护和使用网络，以及网络安全的监督管理。

8)《中华人民共和国数据安全法》。

《中华人民共和国数据安全法》（以下简称《数据安全法》）于2021年9月1日起正式施行，从数据安全与发展、数据安全制度、数据安全保护义务、政务数据安全与开放的角度对数据安全保护的义务和相应法律责任进行规定。《数据安全法》作为数据安全领域最高位阶的专门法，与《网络安全法》一起补充了《中华人民共和国国家安全法》框架下的安全治理法律体系，更全面地提供了国家安全在各行业、各领域保障的法律依据。同时，《数据安全法》延续了《网络安全法》生效以来的"一轴两翼多级"的监管体系，通过多方共同参与实现各地方、各部门对工作集中收集和产生数据的安全管理。

20.3 考点实练

1. 以下选项关于职业道德的描述，错误的是（　　）。
   A．职业道德是长期以来自然形成的
   B．职业道德标准多元化，不同企业可能具有不同的价值观
   C．职业道德是一种职业规范，受社会普遍的认可
   D．职业道德有实质的约束力，但没有强制力

   答案：D

2. 法的生效时间不包括（　　）。
   A．民间的协定　　　　　　　　　　B．规定法律公布后符合一定条件时生效
   C．由该法律规定具体生效时间　　　D．自法律公布之日起生效

   答案：A

3. 法的效力即法律的约束力，必须服从。通常，法的效力可分为（　　）。
   ①平衡效力　②公正效力　③时间效力　④空间效力　⑤对象效力
   A．①③④　　　B．③④⑤　　　C．②③④　　　D．①②③

   答案：B

4. 中国特色社会主义法律体系，以（　　）为主干。
   A．法律　　　　　　　　　　　B．行政法规
   C．宪法　　　　　　　　　　　D．行政法规和地方性法规

   答案：A

5. 经商标局核准注册的商标为注册商标，以下（　　）不属于注册商标。
   A．证明商标　　　　　　　　　B．服务商标和集体商标
   C．商品商标　　　　　　　　　D．品牌商标

   答案：D